W0194425

Ya rock and ya don't stop!

XXX
Drei Jahrzehnte HipHop

**von
Nelson George**

Aus dem Amerikansichen
von T. Man

orange press

For the Family

Deutsche Erstausgabe 2002

Titel der Originalausgabe:
HipHop America
First published in the United States by Penguin Books USA Inc.
Copyright © 1998 by Nelson George
Vermittelt durch die Literarische Agentur Thomas Schlück, Garbsen.

Die Deutsche Bibliothek – CIP-Einheitsaufnahme
Ein Titeldatensatz für diese Publikation ist bei Der Deutschen Bibliothek erhältlich.

George, Nelson:
XXX – Drei Jahrzehnte HipHop
Aus dem Amerikan. von T. Man – Dt. Erstausg. –
Freiburg: orange-press 2002

Copyright für die deutsche Ausgabe 2002 bei © orange-press GmbH
Alle Rechte vorbehalten

Cover-Foto »Urban Blight« © Ernie Paniccioli
Covergestaltung: Annette Schneider
Printed in Italy

Die im Text angegebenen URLs verweisen auf Websites im Internet.
Der Verlag ist nicht verantwortlich für die dort verfügbaren Inhalte,
auch nicht für die Richtigkeit, Vollständigkeit oder Aktualität der Informationen.

ISBN 3-936086-03-6

orange-press.com

Inhalt

Erste Worte

»Wir würden gerne so leben wie früher,
aber die Geschichte lässt uns nicht.«

John F. Kennedy, November 1963

Noch in den 30er Jahren gehörte zu einem typischen Sommerwochenende im Süden der USA das »Battle Royal«, ein nächtlicher Boxkampf, der wenig Königliches an sich hatte. »Farbige« Jugendliche – von Pubertierenden bis zu jungen Männern im Collegealter – stiegen in einen Boxring unter freiem Himmel, um mit verbundenen Augen einen Kampf auszutragen, der nur eine Regel kannte: Außer den eigenen Fäusten waren keine Waffen zugelassen. Dennoch war der gesundheitliche Schaden dieses Wahnsinns kolossal. Wer sich am längsten auf den Beinen hielt, wurde mit einem Preisgeld entlohnt, das kaum die Kosten für die verlorenen Zähne und kaputten Knochen deckte.

Für die (weißen) männlichen Zuschauer waren diese Battles Royal der Auftakt zu einer langen Nacht voll Tatendrang. Ernest Hemingway, der Anwalt alles Männlichen *und* Amerikanischen, war in seinem geliebten Key West selbst Veranstalter solcher Kämpfe.

Den jungen Schwarzen, die für eine Handvoll Kleingeld aufeinander eindroschen, bot sich bei diesen Kämpfen die Gelegenheit, Freunden, Feinden und sich selbst ihren Mut zu beweisen. Die größten und rücksichtslosesten unter ihnen konnten sogar in bescheidenem Umfang Geld damit verdienen und, was noch wichtiger war, mit ihrer Körperkraft protzen, was beim weißen Publikum außerhalb der Arena Panik ausgelöst hätte. Hier allerdings, in der aufgeheizten Wettkampfatmosphäre, wo Schwarze als komische Figuren vorgeführt und ihre aggressiven Triebe neutralisiert wurden, war das etwas Anderes.

Es gibt Momente, in denen erinnert mich HipHop an ein Battle Royal, bei dem Afroamerikaner in die Kampfarena steigen, um verbal, emotional und auch physisch aufeinander einzuprügeln – zum Vergnügen eines größtenteils weißen Publikums. In seinem Buch *Der unsichtbare Mann* beschreibt Ralph Ellison ein Battle Royal, das man ebenso gut für die Beschreibung zeitgenössischen Raps halten könnte: »Eine Gruppe gegen die andere ausgespielt, schnell rein ins Gewühl, einen Schlag gelandet und schnell wieder raus, andere ins Gedränge geschubst, damit sie die blinden Schläge trafen, die mir galten. Der Rauch stach in den Augen, Runden gab es keine, auch keinen Gong, der einen nach drei Minuten erlöste. Der Raum drehte sich um mich, ein Wirbel aus Licht, Rauch und schwitzenden Leibern, der um verzerrte weiße Gesichter rotierte.«

Ich weiß schon – und dafür bin ich dankbar –, dass wir nicht in den 30er Jahren leben. Kämpfen mag zwar für die Entwicklung des HipHop, seine Energie und Dynamik wesentlich sein, aber seine Erscheinungsformen und Inhalte sind zu vielfältig und nicht selten widersprüchlich, um sie in einer einzigen Metapher – auch wenn sie noch so anspielungsreich ist – abzubilden. Neben der Bereitschaft zum Kampf findet man diverse andere Elemente: Tanz, Literatur, Verbrechen, Sex, Politik und Lebensfreude – zu viele, um HipHop auf ein oder zwei Schlagworte zu reduzieren.

Ein x-beliebiger Nachmittag in New York. Du schaltest KISS-FM ein, den Oldie-Sender für Black Music, und es läuft »Mr. Magic«, der funkige Pop-Jazz-Standard von Grover Washington Jr. aus dem Jahr 1975. Dann drehst du ein paar Stationen weiter auf den HipHop-Sender HOT 97 und hörst schon wieder »Mr. Magic«, nur diesmal gesampelt für »Candy Rain«, den Techno-R&B-Hit einer Boygroup namens Soul for Real, deren Musiker noch gar nicht auf der Welt waren, als »Mr. Magic« rauskam. In der Ära des Post-Soul leben Teile der schwarzen Geschichte in der Gegenwart fort, in schräger und oft ungelenker Zusammenstellung.

Ganz allgemein kann man sagen, HipHop ist ein Produkt der ersten Generation nach dem Ende der Bürgerrechtsbewegung: eine Kombination von Verhaltens- und Kulturmustern, die ursprünglich von jugendlichen Afroamerikanern, Latinos und Amerikanern karibischer Abstammung in und um New York in den 70er Jahren aufgebracht wurde. Ihre populärste Ausdrucksform war die Musik, obwohl auch Tanz, Malerei, Mode, Video, Verbrechen und Kommerz dazugehören. HipHop ist eine postmoderne Kunstform, weil HipHop schamlos ältere Formen der Popkultur plündert – Kung-Fu-Filme, die »Chitlin' Circuit Comedy«, 70er Jahre Funk und viele andere grundverschiedene Kunstformen – und das Material so umformt, dass es zur Persönlichkeit eines bestimmten Künstlers und zum Geschmack der Zeit passt.

1987 schrieb ich mit *R&B – Die Geschichte der schwarzen Musik* ein Buch, in dem ich mich mit der wechselvollen Geschichte der Black Music von den 30er Jahren bis in die 80er in einer von Weißen dominierten Musikindustrie befasste. Es ging darin um Musik, aber auch um Geld, Medien, Integration, Politik und die Problematik von Hautfarbe und Ökonomie im heutigen Amerika. Es war eine andere Art, die Geschichte der Bürgerrechtsbewegung und ihrer Vertreter auf beiden Seiten der »Color Line« zu schreiben. Das Buch endete mit einer düsteren Prognose: Verwässerung durch Assimilation. Aber ich wies auch auf ein paar Künstler und Produzenten hin, die ein anderes Ziel verfolgten und sich für das Überleben der Black Culture einsetzten. Heute wissen wir, dass Rap und HipHop die Mauern der Ghettos endgültig überwunden haben, in CD-Läden, Filmen und im Fernsehen omnipräsent sind und einen enormen Einfluss auf die amerikanische Bekleidungsindustrie, den Stil von Magazinen, auf Sprache und Sex haben.

XXX – Drei Jahrzehnte HipHop berichtet von den Anfängen der HipHop-Ästhetik und wie sie sich, Amerika und die Welt in den letzten drei Jahrzehnten veränderte. Es geht um den gesellschaftsverändernden Zusammenstoß zwischen schwarzer Jugendkultur und den Massenmedien, um die Entdeckung (oder eher Geiselnahme?) schwarzer Jugendlicher als Künstler wie als Konsumenten. *XXX* beschreibt, wie Werbeindustrie, Magazine, MTV, Modelabels, Bier- und Limonadenhersteller sowie Multimedia-Konglomerate wie Time-Warner den HipHop begierig aufgenommen haben, um damit nicht nur junge schwarze Menschen, sondern *alle* jungen Menschen zu erreichen. Es war die Fortsetzung des Crossover, eines Konzepts der Musikbranche, das aus den 70er Jahren stammt und ein Nebenprodukt der Motown-Erfolge der 60er ist. Irgendwann wurden die Supremes zu Run-D.M.C. Aber in den 90ern mit raffinierteren Marketingstrategien und einem regen Austausch über die alten Rassenbarrieren hinweg konnten mit Musik größere Gewinne gemacht werden als zu Zeiten von Berry Gordy, dem Gründer von Motown. Die Soulmusik der 60er, die vom Rap so häufig gecovert wird, ist das Fundament der Post-Soul-Generation, auch wenn sie zu ihr auf Distanz geht und zuweilen ihren Spott mit ihr treibt.

Ähnlich wie die Soul-Musik gehört der HipHop heute nicht mehr denen, die ihn erschaffen haben. Wie konnte das – schon wieder – passieren? Ich habe keine simple Theorie, weil ich glaube, dass sich die Verwendung und Bedeutung von HipHop zu schnell weiterentwickelt haben, seit er 1979 zum ersten Mal auf dem amerikanischen Radarschirm gesichtet wurde. Um HipHop völlig verstehen zu können, braucht man vermutlich einen Abschluss in Soziologie, mehrere Knastaufenthalte und ein Gefühl für afrikanische Rhythmen. Immer wenn ich denke, jetzt hab ich's kapiert, gibt es einen neuen Schlenker in der Geschichte, eine neue Sichtweise auf diese Kultur und das Land, das sie hervorbrachte.

XXX ist die Geschichte einer Hassliebe, sowohl zwischen HipHop und Amerika, als auch zwischen HipHop und mir. Als ich das erste Mal über HipHop schrieb, ging ich noch ins College: ein Jüngelchen, das Rockkritiker werden wollte. Ich fand das cool damals. Heute, mit grauen Haaren im Bart, schreibe ich noch immer über Musik, aber nicht weil ich noch immer besessen davon bin, sondern weil ich der Musik nicht entkommen kann. Jedes Mal, wenn ich einen Artikel lese, der sich gegen HipHop, HipHop-Musiker oder HipHop–Hörer wendet, werde ich wütend, egal wie viel Richtiges in dem Artikel steht. Die Angriffe, meist von Schwarzen in meinem Alter, sind in der Regel wohlformulierte Anklagen aus durchaus berechtigter Wut – aber nie aus Liebe. Es ist gerade so, als sammle sich in den Angriffen gegen die HipHop-Kultur ein oft verabscheuenswürdiger Rassen- und Generationenhass.

Wenn man sich die Generationen genauer ansieht, wird es etwas verständlicher, wieso HipHop so umstritten ist. Mit Jahrgang 1957 gehöre ich gerade noch so eben zum Baby-Boom. Die Bürgerrechtsbewegung hab ich verpasst – ich sah sie durchs Fenster der Grundschule. Die großen historischen Momente waren für mich eine Fernsehshow. Für die Demonstrationen war ich zu jung, für das demographische Konstrukt namens Generation X zu alt. Obwohl ich mich für viele Aspekte des HipHop interessiere und 20 Jahre an vorderster Front darüber berichtet habe, fühlte ich mich immer in der Rolle des wohlwollenden älteren Beobachters und gehörte nie ganz dazu. Motown-Singles und Rap-LPs haben beide ihren Platz in meiner Plattensammlung, aber sich in der geistigen Nische zwischen Berry Gordy (Motown) und Russell Simmons (Def Jam) zu behaupten, ist nicht immer leicht. Manchmal fühlte ich mich eingezwängt inmitten dieser beiden grundverschiedenen Visionen afroamerikanischer Musik.

Ich liebe den Geist des HipHop und seinen Rhythmus, aber ich muss auch sagen, dass mir einige seiner Werte und Ausdrucksformen fremd sind. Das hängt damit zusammen, dass ich zu einer Zeit aufgewachsen bin, in der HipHop noch nicht die dominierende Richtung der Popmusik war. Die vorbehaltlose Anbetung jüngerer Kollegen teile ich nicht. Es geht nicht um ein paar Kleinigkeiten, die mir nicht gefallen, sondern ich glaube, ich habe ein Gespür dafür, was HipHop leisten kann und wo er nicht mehr trägt. Auf dem Höhepunkt der Begeisterung fühlt sich jede starke kulturelle Bewegung unangreifbar, über jeden Zweifel erhaben und unzerstörbar. Aber ohne dass sie es recht merkt, ist sie ein Stück Nostalgie auf einem Mittelwellensender.

Heute, bereits im dritten Jahrzehnt, ist der Einfluss des HipHop überall zu spüren. Trotz Zeichen der Schwäche – die starke Abhängigkeit von großen Unternehmen, die zuweilen hämische Zelebrierung antisozialer Tendenzen – sieht es nicht danach aus, als wäre die HipHop-Bewegung in absehbarer Zeit auf künstliche Ernährung angewiesen. HipHop hat all seine Feinde überlebt, seine begeisterten Anhänger durch ständige Veränderungen überrascht und bei Laune gehalten und mit jeder Veränderung seine Anhängerschaft vergrößert. HipHop hat Punk und Post-Punk, New Wave, Rave, House, Techno und andere hochgepushte Musikformen überlebt. 1986 schrieb ich zusammen mit ein paar anderen Leuten ein Buch mit dem Titel *Fresh, HipHop Don't Stop*. Ein Ende ist nicht in Sicht.

XXX beginnt »*Back In The Day*«, in den späten 70ern, als HipHop im Norden von New York City entstand und auf Straßenfesten und in Parks zu hören war. Ausgangspunkt war ein neuer Sound, der von einer Handvoll Leuten produziert wurde. Sie legten sich wilde Künstlernamen zu und traten als »DJs« auf. Es dauerte nicht lange, bis die Bezeichnung ganz auf sie überging und die Radio-DJs, die sich als erste so genannt hatten, in Vergessenheit gerieten. Auf ihren »Wheels of Steel«, den Plattentellern, steckten Kool Herc, Afrika Bambaataa und Grandmaster Flash die Claims einer lauten, aggressiven Scratch-Ästhetik ab, die bis heute die HipHop-Kultur prägt. Aber all das kam nicht aus dem luftleeren Raum und war einfach da wie ein neues Virus. B-Boys, Tänzer, Sprayer und die Kids, die überall rumhingen und die neue Kultur populär machten, suchten etwas Neues nach Disco, Funk und den chaotischen 70er Jahren in New York. Die meisten dieser B-Boys (Mädchen gab es natürlich auch) waren Schwarze oder Latinos. Sie waren die erste HipHop-Generation, Amerikas erste Post-Soul-Kids.

Sie wuchsen in einer Zeit auf, zu der die offensichtlichsten Rassenbarrieren bereits abgebaut waren. Schwarze Amerikaner durften an Wahlen teilnehmen und alle Schulen besuchen. Sie zogen in weiße Stadtviertel und machten Karriere. Es taten sich ihnen Zukunftsperspektiven auf, wie sie noch kein Kind irgendeiner Minderheit in der Geschichte der amerikanischen Geschichte erlebt hatte. Die alten Barrieren waren nicht mehr da – aber natürlich gab es neue, subtilere in der viel gepriesenen Zukunft unterm Regenbogen.

Die Post-Soul Kids wuchsen während des Vietnamkriegs auf, aus dem ihre Väter entweder gar nicht oder mit Drogen und bösen Träumen heimkehrten. In der Kindheit der Post-Soul-Kids vergrößerte sich sowohl die schwarze Mittelschicht als auch die schwarze Unterschicht. Diese Kids erlebten die Gefräßigkeit der Wall Street, das Aufkommen neokonservativer Ideen, Gameboys von Atari, Crack, AIDS, Afrozentrismus und Malcolm X als Filmstar, politische Ikone und Marketingzugpferd. Sie sahen Nelson Mandela aus dem Gefängnis kommen und Mike Tyson darin verschwinden. Es gibt Leute, die sagen: Das ist die erste Generation schwarzer Amerikaner, die wissen, was Nostalgie ist. Und all das fand seinen Ausdruck in der Musik.

Die B-Boys waren nicht das einzige Produkt der Post-Soul-Ära. Auch die Buppies (Black Urban Professionals) gehörten dazu, jene, die nach oben hin mobil genug waren, um sich durch die einen Spalt weit offenen Türen der wichtigsten weißen Universitäten oder Industrieunternehmen zu zwängen. Ihr Umgang mit HipHop gehört ebenso zu seiner Geschichte wie die Reaktion der weißen Amerikaner, die schon seit den frühen 80ern an der Geschichte des HipHop partizipierten: als Zuhörer, Musiker und Geldgeber. Es ist allgemein bekannt, dass die wichtigsten Vertreter der ersten Jahre – Fab Five Freddie, Russell Simmons, Eazy-E – nur Erfolg hatten, weil sie von Weißen unterstützt wurden. Handelt es sich dabei um eine Wiederholung der Geschichte, um dieselbe Koalition, die in den 60ern dem Soul zum Verhängnis wurde? Ich glaube nicht.

In der Geschichte des HipHop gibt es zwei wichtige Aspekte, die nichts mit Musik zu tun haben, aber eine entscheidende Rolle spielen: Drogen und Basketball. Es ist kein Zufall, dass HipHop unter der Wirtschaftspolitik der

Regierung Reagan entstand und dass Rap aus derselben Stärke und Lebensenergie kam, die durch Crack vernichtet wurde. In amerikanischen Großstädten verkaufen Dealer – Leute, die sich nicht an Gesetze halten, viel Geld ausgeben und für die Kleidermode in ihrem Viertel tonangebend sind – den Stoff vor allem in der Nähe von Basketballplätzen, traditionell der Ort für hochfliegende Lebensträume: berühmt werden, großes Geld verdienen und seinen eigenen innovativen idiosynkratischen Stil entwickeln. Viele Männer und heute vermehrt auch Frauen sind hin- und hergerissen zwischen ihren Basketball-Ambitionen und dem Wunsch, sofort über genügend Geld zu verfügen. Nicht selten sind Dealer und Spieler die dicksten Freunde, denn sie sind die Stars in der Gegend.

Auch Technologie spielt in dieser Geschichte eine wesentliche Rolle. Nach neuen Verwendungen für vorhandene Geräte zu suchen, sie zu »kidnappen«, hat im Kleinen wie im Großen Tradition. Nach den medizinischen Berufen waren Drogenhändler die ersten, die für Pager Verwendung fanden. Mit Handys war es später nicht anders. In der Musik haben die neuen Aufnahmetechniken das Herstellen von Platten revolutioniert und eine Generation von Produzenten hervorgebracht, für die bereits existierende Aufnahmen zum wichtigsten Bestandteil ihrer eigenen Musik wurden. Natürlich stellt sich sofort die Frage nach Kreativität und Originalität (mal ganz abgesehen von Problemen mit den Urheberrechten!). Außerdem verändert sich das Verhältnis von Vergangenheit und Gegenwart in einer Weise, dass Historiker so ihre Schwierigkeiten damit haben dürften.

So wie HipHop die Rolle des Sampelns neu erfand, haben die Musikvideos den HipHop verändert. Was als Undergroundmusik aus Beats und Reimen begonnen hatte, wurde in den 90ern zur am stärksten Image-gesteuerten Sparte der Popmusik. Videos gab es schon zu Zeiten von Disco, aber heute stehen den Rappern schier unbegrenzte visuelle Möglichkeiten zur Verfügung, und Stylisten und Filmleute spielen eine immer größere Rolle.

Dieses Buch erzählt die Geschichte von zwei sich überlappenden Generationen, der »Old School«, Leuten, die Disco und Funk den Rücken kehrten (1977-1987), und der »New School«, Leuten, die bereits mit Run-D.M.C. und Kurtis Blow groß geworden sind und von Anfang an mit HipHop vertraut waren. Ich beschränke mich auf die wichtigsten Produzenten (Rick Rubin, Teddy Riley, Dr. Dre, Puff Daddy) und die wahren Geschichten ihrer Herkunft und ihres Werdegangs. Mich interessiert Rap als Ausdruck afroamerikanischer Männlichkeit ebenso wie als Kunst der Redegewandtheit und des Erzählens.

Man muss wissen, dass viele Elemente, die zum HipHop gerechnet werden – Materialismus, Markenbewusstsein, Schusswaffen, Anti-Intellektualismus – eigentlich Elemente der amerikanischen Kultur sind. Gerade die kontroversen Themen entstammen den gesellschaftlichen Konflikten der USA. Antisemitismus, Rassismus, Gewalt und Sexismus sind wohl kaum Vorwürfe, die man alleine Rap-Stars machen kann, sie gehören leider zu den dunklen Seiten der amerikanischen Gesellschaft.

Wie *R&B* so ist auch *XXX* kein chronologischer, fortlaufender Bericht, dem man entnehmen kann, wer wann welche Platte oder welchen Deal mit einem Modehersteller gemacht hat oder wer wann zu welchem Label gewechselt ist und welche Rechte verkauft hat. Ich erzähle die Geschichte von einzelnen Leuten, die entweder repräsentativ für einen bestimmten Trend sind – egal, ob im Guten oder im Schlechten – oder etwas Besonderes zur Entwicklung der HipHop-Kultur beigetragen haben. Es gibt Leute, die meinen, afroamerikanische Kultur sei das am besten vermarktbare Auslaufmodell, aber zum Glück ist nicht die ganze Welt so voreingenommen und eindimensional, dies nachzuplappern. HipHop hat Amerika eine neue Sprache gegeben und eine Generation dazu gebracht, Reime zu verwenden, um das auszudrücken, was in dieser Nation zu lange unausgesprochen blieb. Wenn Rap morgen vom Erdboden verschwinden würde, wäre damit auch die Diskussion zu Ende? Oder würde sie sich in eine andere Form kleiden?

XXX ist nicht die Geschichte einer verbitterten Minderheit, die aus dem Ghetto ausbrechen will. Dieses Buch ist auch nicht die Geschichte einer

Randerscheinung der Kultur oder eines Spleens, der vorübergeht. Es ist der Bericht über eine Generation, die zu einer Zeit extremer Rassenunruhen aufwuchs – in den Jahren nach der offiziellen Abschaffung der Apartheid, in denen sich die Segregation, die Rassentrennung, noch verstärkte – und sich unter den miserabelsten ökonomischen Bedingungen seit der großen Depression mit der Frage herumschlagen musste, was Gleichheit eigentlich bedeutet. HipHop ist – das werden wir noch sehen – eine Antwort auf viele Dinge, aber zuallererst ist HipHop das Produkt eines schizophrenen Amerikas nach der Bürgerrechtsbewegung.

Eins – Post Soul

»I got so much trouble on my mind (on my mind)
I refuse to lose.
Here's your ticket
Hear the drummer get wicked.«

Chuck D, »Welcome to the Terrordome«

Diese Geschichte beginnt dort, wo die alte endet. Die alte Geschichte ist voller Optimismus und enthusiastischer Ideale, wie man die Menschen durch politische Entscheidungen und moralische Argumentation verändern kann. Die neue Geschichte, unsere Geschichte, ist voller Zynismus, Sarkasmus und einer zur Kunst erhobenen Selbstverliebtheit. Der Wendepunkt liegt in den frühen 70er Jahren, als Ponchos, Plateauschuhe und Richard Nixon in Mode waren. Die Phase der Bürgerrechtsbewegung unter Führung von Martin Luther King, mit seinem Prinzip der Gewaltlosigkeit, seinen Protestmärschen in frisch gestärkten weißen Hemden und schmalen Krawatten war längst tot – und das nicht nur im wahrsten Sinne des Wortes. Die sich daran anschließende Phase einer aggressiven, »burn-baby-burn«-Rhetorik war selbst schon Zeichen für den Rückzug, wie auch die Zunahme des Heroinkonsums, der massive Einsatz von FBI-Informanten und die mildtätige Ignoranz, die die von liberalen Schuldgefühlen geprägte Sozialpolitik der Regierung ablöste. Protestkundgebungen für sozialen Wandel fanden nicht mehr statt. Afroamerikaner durften jetzt im Bus und im Kino vorne sitzen. Wir durften überall in den Vereinigten Staaten unsere Stimme abgeben. Schwarze Politiker bereiteten sich darauf vor, die Macht in den Rathäusern kleiner, aber auch größerer Städte zu übernehmen. Schwarze Absolventen weißer Colleges fielen dem industriellen Amerika in die Arme.

Martin Luther Kings Traum, dass sich mit den Bürgerrechten den Schwarzen die Türen öffnen würden, schien zumindest für einige in Erfüllung zu gehen. Die 70er brachten die erste Generation von Buppies hervor, auch wenn die damals noch nicht so hießen. Die Buppies waren keine Yuppies, aber sie waren Pioniere des schwarzen Aufstiegs. Erhobenen Hauptes marschierten sie durch die nun offenen Türen, die Demonstranten in den Südstaaten gegen Polizeihundertschaften mit Hundestaffeln für sie aufgestoßen hatten. Sie waren nicht schlauer oder besser als ihre Eltern, sie hatten nur den weißen Verhaltenskodex besser im Griff. Sie waren stolz auf die neu gewonnene Macht und bereit für ganz neue Frustrationen, wie sie so differenziert noch kein Afroamerikaner hatte erleben dürfen.

Zwar hatten schwarze Amerikaner zu Beginn der 70er Jahre erstmals in der Geschichte die Möglichkeit, ihren Beruf völlig frei zu wählen, aber diese Befreiung barg einen neuen Konflikt in sich: den zwischen der Loyalität gegenüber ihren meist weißen Arbeitgebern und dem Einsatz für eine schwarze Politik, die diesen Job gefährden könnte. Nur weil man irgendwo beschäftigt war, hieß das noch lange nicht, dass man sich dort auch wohl fühlte. Daher ist es nicht verwunderlich, dass das Wirtschaftsmagazin *Black Enterprise* seine Ausgabe vom Juli 1974 dem Thema Bluthochdruck widmete und zu dem Ergebnis kam, dass Bluthochdruck das Gesundheitsrisiko Nummer eins für Schwarze war.

Die neue schwarze Mittelschicht lebte in den 70ern – dank Alibitreue zum Staat, staatlicher Integrationsprogramme wie »Affirmative Action«, kurz AA, und harter Arbeit – nicht anders als die meisten Amerikaner der Mittelschicht. Es zog sie in die Vorstädte, vor allem in bereits schwarz dominierte Enklaven wie Teaneck (New Jersey), Baldwin Hills (Kalifornien) oder Silver Springs (Maryland). Man schnupfte Kokain, um einen Kick zu bekommen, aber auch weil es schick und eine Statusfrage war. Der Cadillac, seit jeher das Symbol für Reichtum bei Afroamerikanern, verlor langsam an Bedeutung und wurde von europäischen Nobelkarossen verdrängt.

Auch die Unternehmen nahmen die schwarzen Siedlungen zur Kenntnis. Für sie war nicht nur der Zuwachs an qualifizierten Arbeitskräften von Interesse, sie wussten auch, dass man viel Geld verdienen konnte, wenn man sich gezielt um diesen schwarzen Markt kümmerte. So kam es, dass die 70er auch zum Jahrzehnt der so genannten »Nebenmärkte« wurden, und ganze Abteilungen daran gesetzt wurden, den bis dato ignorierten schwarzen Konsumenten zu durchleuchten. In den *Black Enterprise*-Ausgaben der 70er Jahre taucht der Euphemismus »Nebenmärkte« immer wieder auf, in Zusammenhang mit Produkten von General Foods, Johnson & Johnson und verschiedenen anderen amerikanischen Anbietern. Für die erste Generation schwarzer Manager waren diese Nebenmärkte oft eine samtweiche Falle, die ihnen alle Annehmlichkeiten des amerikanischen Lebens (Haus in der Vorstadt, Kreditkarten, Skiwochenenden) bescherte, ihnen aber gleichzeitig den Zugang zu den profitabelsten Geschäftsbereichen verwehrte und damit die Möglichkeit, Einfluss auf das gesamte Unternehmen zu nehmen. Als Stellvertretender Abteilungsleiter für Nebenmärkte hatte man so gut wie keine Chance, in Produktions- oder Vertriebsabteilungen zu wechseln, die mit dem Kerngeschäft des Unternehmens zu tun hatten. Schwarze Manager mussten erkennen, dass sich ihre Rolle allzu oft darauf beschränkte, bei Aktionärsversammlungen als Alibischwarze vorgeführt zu werden und so dem Unternehmen zu einer wohlwollenden Erwähnung im Jahresbericht der Equal Employment Opportunity Commission zu verhelfen, der Behörde, die über die Gleichberechtigung bei der Vergabe von Arbeitsplätzen wacht.

Bis in die 70er Jahre spielte die Plattenindustrie keine nennenswerte Rolle in der amerikanischen Wirtschaft. In den wilden 60ern hatte man sein Geld mit zugedröhnten Gitarristen und Bands verdient, die wilden Sex und linke Ideologien propagierten – Dinge, die das brave Amerika in

Angst und Schrecken versetzten. Ironischerweise waren die Gewinne aus der Rockrevolution und der mit ihr einhergehenden Vergrößerung des Marktes so gigantisch, dass kleine Labels sich enorm vergrößerten und es zu einer beträchtlichen Konzentration von Macht innerhalb der Musikindustrie kam. Aufgrund der Einnahmen aus Verträgen mit Musikern wie den Doors, den Rolling Stones, Jimi Hendrix und zahlreichen anderen Vertretern der Gegenkultur konnte sich die Branche ein dickes Finanzpolster zulegen, und um der gestiegenen Nachfrage zu begegnen, musste man wachsen – vor allem in Vertrieb und Marketing. Der Zusammenschluss von Warner-Reprise, Elektra-Asylum und Atlantic zwecks Gründung der Vertriebsorganisation WEA 1970 war symptomatisch für die Zeit.

Die Rockstars der 60er glaubten tatsächlich noch, ihre Rhetorik würde die Welt verbessern, aber wie die meisten anderen Vertreter des öffentlichen Lebens verloren auch sie in den 70ern ihre Vision, zersplitterten in diverse Genres und stellten sich in den Dienst eines hochgradig effektiven Zielgruppenmarketings. Trotz allem dauerte es eine Weile, bis die schwarze Musik – die seit dem 2. Weltkrieg von Labels wie Motown, Stax und Chess beherrscht wurde – von den großen Plattenfirmen als Wachstumschance erkannt wurde. Dabei hatte Motown bereits in den 60ern bewiesen, dass R&B erfolgreich an weiße Teenager verkauft werden konnte und damit einen lukrativen kommerziell-kulturellen Crossover ausgelöst.

Nicht anders als zuvor schon General Motors und General Foods eröffnete CBS Records (und in der Folge auch Warner Bros., Polydor, RCA, ABC-Dunhill und andere große Plattenfirmen) Abteilungen für »Nebenmärkte«. Einige Abteilungen schmückten sich sogar mit der Bezeichnung »R&B« oder »Black Music«. Ihre Aufgabe bestand darin, schwarze Amerikaner einzustellen, um Popmusik an Schwarze zu verkaufen und Interpreten ausfindig zu machen, die »Crossover«-Appeal hatten. Was Arbeitsmöglichkeiten, Gehälter und Vorschüsse für die Künstler anging, war dies ein Riesenfortschritt, der zu Recht bejubelt wurde. Plötzlich gab es überall stellvertretende schwarze (!) Abteilungsleiter, und Soul-Sänger, chronisch unterbezahlt von den geizigen Labels, die den R&B groß gemacht hatten, erfreuten sich plötzlich besserer Verträge, qualitativ hochwertigerer Einspielungen und prozentualer Beteiligung am Verkauf. In den Strategiepapieren von CBS, WEA oder RCA wurde den Abteilungen für schwarze Musik die Aufgabe von Versuchslaboren zugedacht, in denen Crossover-Stars wie O'Jays, Earth, Wind & Fire oder Michael Jackson gezüchtet werden sollten.

Natürlich verlief die Umstellung nicht immer reibungslos und ohne Komplikationen. Viele ältere Soul-Stars konnten der neuen Anforderung der Popkonsumenten nicht gerecht werden. Musiker, die in den alten Strukturen erfolgreich waren (darunter Tyrone Davis, Bobby Womack und Candi Staton), bekamen jetzt keinen Fuß mehr auf den Boden.

Die schwarzen Manager hatten ähnlich wie ihre Kollegen bei General Motors und Johnson & Johnson nichts mehr zu melden, sobald es um etwas anderes als den Verkauf des Produkts (so nennt man in der Musikbranche die Musik) ging. Mit wenigen Ausnahmen standen alle ambitionierten schwarzen Manager vor verschlossenen Türen, wenn sie sich weiterentwickeln und ihren Einfluss geltend machen wollten. Zwar war die Musik selbst nicht streng nach Rassen getrennt, dafür aber die Beschäftigten, die für sie zuständig waren.

Die traurige Ironie dieser Abgrenzung war, dass genau zu dem Zeitpunkt – zwischen 1976 und 1981 – eine der am wenigsten kreativen Phasen der afroamerikanischen Popmusik begann. Zwei Faktoren begünstigten diese Entwicklung: Erstens veränderten die Produzenten die Aufnahmen nachträglich – meist in der Hoffnung auf ein gelungenes Crossover – und verdarben dabei nicht selten den Sound. Oft wurden Singles angeboten, die nur in der Vorstellung der Labels Crossover-Qualitäten besaßen. Die Karriere des Interpreten, der Geschmack der schwarzen Konsumenten und die Qualität der Platten waren zweitrangig. Zwar wurden diese Platten zunächst von den Abteilungen für schwarze Musik vermarktet, der langfristige finanzielle Erfolg wurde aber durch die Manager gesichert, die dieselbe Platte im Radio bei den (weißen) Popsendern unterbrachten. Der zweite Faktor war das Aufkommen der Disco-Musik. Nicht dass die Disco-Bewegung an sich schlecht gewesen wäre für die schwarze Musik – das war sie nicht. Das Problem war die Art, wie Disco von der Plattenindustrie aufgenommen wurde und die sich daraus ergebende Einstellung vieler weißer Musikfans zu dieser Musik.

Disco to go

Für diejenigen, die zu jung sind, um sich daran zu erinnern: Ich rede von einer Zeit, in der es nur Vinylplatten gab: neu, ohne Kratzer, nicht gewellt. Man riss die Folie ab, zog die Scheibe zuerst aus dem Karton mit dem Cover und dann aus der inneren weißen Schutzhülle. Dann hielt man eine schwarze Vinylscheibe mit einem Loch in der Mitte in den Händen. Um das Loch herum war ein kreisrundes Papier mit Texten und Grafiken aufgeklebt. Man legte die Platte auf den Plattenteller, und über Stereolautsprecher konnte man sie ebenso gut hören wie heute CDs. Ich bitte um Nachsicht – ich bevorzuge noch immer Vinyl.

Discothèque ist eine französische Bezeichnung aus den 50er Jahren für Clubs, in denen Musik von Platten und keine Live-Musik zu hören war. In Amerika hatte man schon immer zu Musik aus der Jukebox getanzt, aber nie Eintritt dafür bezahlt. Als es mit dem Rock'n'Roll langsam zu Ende ging, starteten Radio-Diskjockeys wie Alan Freed und Murray the K so genannte »teeny bopper«-Partys, bei denen die Jugendlichen dafür bezahlten, dem Diskjockey bei der Arbeit zuzusehen, eine Playback-Version ihres Lieblingshits zu hören oder einfach nur zu tanzen. Schon bald fingen die Fernsehsender an, die Radio-DJs abzuwerben, um dieselbe Art von Party im Fernsehen auszustrahlen. So entstand in Philadelphia Dick Clarks *American Bandstand*, das zwei Jahrzehnte lang in den ganzen USA ausgestrahlt wurde. In den nächsten 10 Jahren sorgte die Tanzbegeisterung (Twist, Frug,

Mashed Potato, Hully Gully) dafür, dass das Tanzen zu Musik von Platten in besonderen Clubs – damals oft als »Go-gos« bezeichnet – zu einer festen Institution in New York und Los Angeles wurde. Überall sonst traten in Bars noch immer Cover-Bands auf, die sich bemühten, aktuelle Hits und Oldies so originalgetreu wie möglich nachzuspielen.

Bis dahin war die Technik ganz simpel. Die aufgezeichnete Musik in den Clubs stammte von sieben Inch großen Singles, die mit 45 Umdrehungen pro Minute abgespielt wurden, oder zwölf Inch großen LPs, die mit 33 Umdrehungen pro Minute liefen. Das wichtigste Werkzeug der Musikbranche war der Plattenteller, aber das Jahrzehnt der Veränderungen, die 70er Jahre, veränderte auch das.

Ein kleines Gerät wurde erfunden, das den schlichten Namen »Mixer« erhielt. Der Mixer erlaubte es Club-DJs, den Sound flüssig von einem Plattenteller auf einen anderen zu übertragen und die Party so in einem nahtlosen Soundfluss zu halten. Die gesamte Disco-Bewegung, die bis 1975 ein Phänomen der Subkultur gewesen war, basierte auf dieser Erfindung.

Der Mixer hatte enorme Auswirkungen: Das Soundkontinuum erzeugte eine Atmosphäre, die zum Tanzen und Trinken anregte und den akustischen Horizont der Besucher veränderte. Das Interesse an Live-Bands ließ nach, sie bekamen immer weniger Engagements und viele gaben ganz auf. Zusammen mit der Entwicklung des Synthesizers veränderte der Mixer die Tanzmusik von Grund auf: Aus einer Vorrichtung für Musikinstrumente wurde die Manipulation vorgefertigter synthetischer Sounds.

Mit der Erfindung des Mixers wurde der Club-DJ zur Kultfigur. Die Plattendreher wurden zunehmend kreativer und eigenwilliger in ihrer Musikauswahl. Besonders engagierte »Jocks« baten die Labels um längere Versionen ihrer Lieblingsstücke. Salsoul, West End, Wing & a Prayer und andere kleine unabhängige Labels, die auf Tanzmusik spezialisiert waren, fingen an, extra lange 12-Inch-Platten, so genannte Maxi-Singles, mit Instrumental- und Vokalversionen zu produzieren, die sie an die DJs und bald auch an ihr Publikum verkauften. Als die Neuigkeit die Runde machte, dass einige DJs in ihren Clubs dazu übergingen, die Platten miteinander zu mixen, begannen einige Labels, diese Mixe aufzunehmen und zu pressen. Larry Levan, Tom Moulton und andere DJ-Stars waren ein Garant für den Verkauf einer Platte, nicht anders als ein Puff Daddy-Mix in den 90ern. Nur war damals das Publikum erheblich kleiner.

1974 hatte sich der Begriff »Disco« als Bezeichnung sowohl für die Clubs als auch für die Musik, die dort gespielt wurde, durchgesetzt. In New York unterschieden sich die Discotheken nach Einkommen, Rasse und Geschlecht ihrer Besucher. Es gab Schwulendiscos im West Village, das Studio 54, Zenon und andere schicke Adressen in Midtown Manhattan, Discos für die schwarze Mittelschicht wie Leviticus und Othello's und härtere schwarze Discos vor allem in Harlem wie etwa Harlem's Charles's Gallery. Weiße Arbeiterdiscos, in denen italienische DJs den Ton angaben, befanden sich vor allem in Brooklyn, Queens und New Jersey. 1975 gab es nach Schätzung des *Rolling Stone Magazine* 2.000 Discotheken in Amerika, davon 200 bis 300 im Raum New York. An jedem Wochenende zählten diese Clubs allein im Big Apple 200.000 Besucher.

Wichtig, wenn auch zunächst nur von den karibischen Einwanderern New Yorks geschätzt, war die Einführung des »jamaikanischen Soundsystems« in den Partymix der Stadt. Mit ihrer eigenen Variante von Mischpulten hatten die DJs aus Jamaika schon seit den 60ern so genannte »back-a-yard«-Partys veranstaltet, bei denen Drum und Bass wie Presslufthämmer dröhnten. Der »dub«-style dieser mobilen DJs schnitt einfach die Melodie weg, um dem tiefen, dunklen Groove der Reggae-Musik mehr Raum zu geben. Bei grasgeschwängerten Zusammenkünften erzeugten DJs wie King Tubby, Prince Buster und Duke Reid mit ihren Soundmaschinen wuchtige, grollende Klänge, die ihnen einen Kultstatus verliehen, der demjenigen der DJs in den USA durchaus ebenbürtig war.

Da die Bass-Betonung auf Dauer als Handschrift nicht ausreichte, fingen einige DJs an, zu »toasten«, in ein Mikrophon zu sprechen und von ihren Heldentaten als Liebhaber und DJs zu erzählen. Einer dieser »toasting«

DJs, U-Roy, landete mit »Wear You to the Ball« in Jamaica sogar einen Nummer-eins-Hit. Aber zu jener Zeit erkannte noch niemand einen Zusammenhang zwischen der milden Art des Mixens, auf der Disco basierte, und dem unterirdischen Sturmangriff des Reggae-Soundsystems. Disco war ein Phänomen der Pop-Kultur, Dub war Ethnomusik, die nur von Rockkritikern und einer handvoll Freaks mit Begeisterung aufgenommen wurde. Aber dennoch war es die Synergie aus Discomix, Dubsound und Toasting, die schließlich Technik und Gefühl des HipHop ausmachten.

Disco ist scheiße – Disco sucks!

Die Entwicklung, die die Disco-Musik nahm – vom Underground zur lokalen Szene und schließlich zu einem internationalen Trend – ist ein für die Popkultur typisches Migrationsmuster. Wie sich das Kunstprodukt dabei verändert, kann man nicht vorhersehen. Im Fall der Discomusik wurde zwischen 1973 und 1976 aus einer Musik der Clubs ein ganz bestimmtes und je nach Geschmack des DJs starres Schema aus Rhythmus und Instrumentierung. Am Anfang lief in den Discos qualitativ hochwertige schwarze Dance Music, beispielsweise Kenny Gamble und Leon Huffs leicht funkige Philly Sound Production oder die satten Bässe von Barry White, der vor allem wegen seiner tiefen Stimme bekannt war. Leider fanden die typischen Stilelemente von Philly Sound und die Hits von White begeisterte Aufnahme bei einer Reihe von Nachahmern, die mit Hi-Hat-Drums, rauschenden Saitenarrangements, Percussion-Breaks im Latinostil und debilen Texten einen Stil prägten, der sich im öffentlichen Bewusstsein negativ als »Disco« festsetzte.
Der Mainstream erfasste diese Musikrichtung um 1975. Plötzlich eroberten die Disco-Hits die Pop-Charts. Der Erfolg dieser Musik, die aus dem Dance Underground emporgestiegen war, erregte bei den großen Labels sofort Futterneid. Schwarze Musiker, die dem Dancefloor gegenüber bis zu ei-

nem gewissen Grad positiv eingestellt waren, wurden von Produzenten und Labelmanagern entweder dazu genötigt, Discomusik zu machen oder machten sich von selbst auf die Suche nach dem Disco-Gold. So kam es in der Folge zu einigen Riesenhits wie »Disco Lady« (Johnnie Taylor), »Shake Your Groove Thing« (Peaches & Herb) oder »Love Hangover« (Diana Ross). Typischer waren jedoch Einspielungen, bei denen große Stimmen und ambitionierte Bands übermächtigen Orchesterarrangements und erbärmlichen Rhythmen untergeordnet wurden. Zu den scheußlichsten Auswüchsen der Disco-Periode zählen Aretha Franklins »La Diva« und das ebenso blödsinnige »Everybody Up« der Ohio Players, das vom Disco-Star Van McCoy produziert wurde: Es war der Ausverkauf einer einstmals außergewöhnlichen Funkband. Ein weiteres Beispiel dafür ist das dämliche »Dancin' and Lovin'« von den Spinners, über das der Disco-Produzent Michael Zager schützend seine kümmerliche Hand gehalten hatte. Mal abgesehen davon, dass dabei kostbares Vinyl verschwendet wurde, waren es vor allem solche Platten (und andere gleichfalls wertlose Neuheiten wie »Theme for Star Wars« von Meco und »Brazil« von der Ritchie Family), die sich negativ auf das Image der gesamten schwarzen Popmusik auswirkten und schließlich zur Gegenreaktion führten.

Die Abneigung kulminierte in der Parole: »Disco sucks«, mit der leider auch schwarze Musik pauschal diffamiert wurde. Zwar hieß es, dass schwarze Musiker mit Disco eine größere Hörerschaft erreichen und leichter Karriere machen könnten, aber es reicht ein Blick auf die Charts der Zeit, um zu erkennen, dass das genaue Gegenteil der Fall war.

Die Bereitschaft der Radiostationen, schwarze Musik zu spielen, nahm in den Jubeljahren der Discomusik sogar ab – und damit auch die Möglichkeit, ein größeres Publikum zu erreichen. Betrachtet man die Top Ten-Singles zwischen 1973 und 1978, stellt man fest, dass 1973 36 Singles von den Black Single Charts in die Top 100 der Pop Charts wechselten. In den beiden Folgejahren, in denen Disco allmählich ins allgemeine Bewusstsein vordrang und die Musik-Branche von der Idee des Crossover besessen war, gelang dies 1974 nur noch 27 Titeln und 28 im Jahre 1975. Zur Zweihundertjahrfeier waren es 30, was die Vermutung nahe legt, dass das Pendel wieder zurückschwingt. Aber im Jahr 77, das als das Disco-Jahr überhaupt bezeichnet werden kann, gab es nur schwache 23 Crossover-Titel, zu denen auch noch ein paar Disco-Mixe aus den schwarzen Radiostationen zählen.

Die Schaffung einer R&B-Kategorie bei der Grammy-Verleihung 1977 ist ein weiterer Beleg für die kriminelle Verachtung schwarzer Musik in jener Zeit. Von den fünf Nominierungen kann man nur zwei nicht zur Disco-Musik rechnen: die Stücke von Earth, Wind & Fire und den Commodores. Die Auszeichnung erhielt aber eine leichtgewichtige Discoschnulze des weißen Engländers Leo Sayer: »You Make Me Feel Like Dancing«. In den uniformen Köpfen der Grammy-Jury, die sich damals fast ausschließlich aus weißen Mitarbeitern der Plattenindustrie zusammensetzte, waren »Disco« und »R&B« zu einem Begriff verschmolzen. Die strategischen Crossover-Vorgaben aus den Konzernen führten zu einer schweren musikalischen Identitätskrise, von der nur ganz wenige schwarze Musiker wie George Clintons Parliament Funkadelic, Marvin Gaye und Stevie Wonder nicht betroffen wurden.

Organisierter Crossover, Discobegeisterung und eine immer stärkere Kontrolle der US-Musikszene durch die Konzerne führte zu Monotonie und Provinzialität. Mitte der 70er hatten sich die meisten Labels rund um die 6th Avenue in Manhattan niedergelassen. Sie waren ebenso wie die Nobeldissen jener Tage, Regine's, Zenon und das legendäre Studio 54, alle zu Fuß zu erreichen. Die angesagteste schwarze Disco, das Leviticus, lag weiter südlich auf der 6th Avenue, am Herald Square, zwei Blocks vom Madison Square Garden entfernt. Das Leviticus war ein Laden, in dem Anzugpflicht herrschte und Cognac getrunken wurde – ein Ort, an dem all die frisch gekürten Nebenmarkt-Manager des Business Amerika bemüht waren, im Gedränge nicht zu schwitzen. Das Gedankengut, das aus der Konzentration in der Musikbranche resultierte, und die Tendenz der

Manager, noch beim Urinieren professionelle Urteile abzugeben, ist ein Grund, weshalb das bedeutendste Musikphänomen der letzten 20 Jahre so lange gebraucht hat, um vom Mainstream aufgegriffen zu werden. Wenn man heute zurückblickt, muss man sagen: Welch ein Glück.

Boogie down

»You gotta go out and paint and be called an outlaw at the same time.«
Lee Quinones, Graffiti Artist, im Film *Wild Style*

1976, nach 200 Jahren amerikanischer Geschichte, gönnt sich das Land eine große Feier. Selbst das neurotische New York, das mitten in einer verheerenden Wirtschaftskrise steckt, ist voll patriotischer Wimpel und erhabener Phrasendrescher, die den Geist der Demokratie beschwören. Historische Segelschiffe kreuzen vor Manhattan zu Ehren eines großherzigen und selbstlosen Amerika, das nur in den Köpfen jener existiert, die den Völkermord an den Ureinwohnern und das Lynchen von Afroamerikanern ignorieren. Die Lüge beginnt mit den Worten: »All men are created equal« – alle Menschen sind von Geburt an gleich.
Auf Amerikas Schattenseite finden sich jene, die sich nicht reibungslos in die offizielle Geschichtsschreibung einfügen lassen: Arbeiter, für die man keine Verwendung hat, Jugendliche ohne Bildung, deren einziger Kontakt zu staatlichen Stellen sich auf das aggressive Vorgehen der Polizei beschränkt, wenn sie in den heruntergekommenen, von Graffiti überzogenen Stadtvierteln patrouilliert. Die Vorstadtrevolution, vom Staat gefördert und von den Konzernen (Auto, Öl, Gummi, Immobilien) bejubelt, hatte zusammen mit den Vorurteilen gegen Schwarze und Latinos dazu geführt, dass ganze Stadtteile ökonomisch tot waren.
In den 70ern, als wir zum ersten Mal einen verstohlenen Blick in die Vergangenheit warfen, wurde sofort mit dem Finger auf die schlimmen

Umstände gezeigt, und keine Gegend wurde stärker zum Symbol städtischer Verwahrlosung als die Bronx, vor allem die South Bronx. Trotz des frisch renovierten Baseballstadiums der Yankees und einer erfolgreichen Mannschaft brachten die Medien immer wieder Bilder ausgebrannter Gebäude und verlassener Straßenzüge. In der *Tonight Show* bemühten Johnny Carson und unzählige andere Unterhalter immer wieder das Image der Bronx, um billige Lacher über den Zustand New Yorks zu landen. Die Bronx hatte ein Gang-Problem, ein Heroin-Problem und wie viele andere Krisenbezirke keine ökonomische Basis, auf der man aufbauen konnte.

Hollywood schlug Kapital aus der South Bronx als Vorhof zu Hölle. In *The Warriors* diente der Stadtteil als Kulisse für einen durchgestylten Bandenkrieg, und in *Fort Apache: The Bronx* erlebte Paul Newman seine dringend benötigte Renaissance, indem er mitten im Chaos einen Cop mit großem Herz spielen durfte. Ein paar Jahre später kostete Tom Wolfe in *Fegefeuer der Eitelkeiten* die größte Angst aller weißen New Yorker aus: sich in der Bronx zu verlaufen.

Aber 1976 war die Bronx alles andere als eine kulturelle Einöde. Trotz Zerstörung und Vernachlässigung war hier das Zentrum einer lebendigen, von der Öffentlichkeit nicht wahrgenommenen zukunftsweisenden Kreativität, die nur in dieser extremen Mischung der Ethnien und ihrer relativen Isolation gegenüber dem Rest von New York entstehen konnte. Innerhalb der engen Grenzen der Bronx entstanden die Ausdrucksformen, die wir mit HipHop-Kultur assoziieren: Graffiti-Kunst, Breakdance, Rappen und Mixen.

Tags

Graffiti ist so alt wie die ältesten Steinmauern. Vieles von dem, was wir über die alte Geschichte wissen, stammt von Bildern und Symbolen, die vor Jahrtausenden irgendwohin geschmiert wurden. Als sich die Menschheit immer weiterentwickelte und das Papier sich als wichtigstes Kommunikationsmedium durchsetzte, wurden Mauern zum Tabu. Sie mit Worten zu verzieren galt als Rückfall in unzivilisierte Zeiten, was sicherlich der Grund ist, warum das, was wir Graffiti nennen, sich so lange gehalten hat. Als Möglichkeit, ungewöhnliche Ansichten zu verbreiten, Gebiete zu markieren oder einfach um eine kunterbunte Sauerei anzurichten, wird Graffiti niemals verschwinden. Graffiti ist zu wichtig und macht viel zu viel Spaß. Nach dem Ende des 2. Weltkriegs, als Amerika alles daran setzte, sich ein blütenreines Äußeres zu verschaffen, sei es in Geschichte oder Architektur, begann auch der Aufstieg von Graffiti. Zunächst war es nicht viel mehr als ein kleines städtisches Ärgernis. Erst mit der explosionsartigen Zunahme in den 70er Jahren begannen sich die ersten Sprayer auch als Künstler zu verstehen. In den frühen 70ern trafen sich Sprayer regelmäßig in De Witt Clinton High, einer Schule in der Bronx, nur ein paar Blocks von einem Depot der New Yorker U-Bahnen entfernt. Busse und Bahnen mit Obszönitäten und Reimen zu verzieren, war schon immer eine beliebte Beschäftigung von gelangweilten Jugendlichen, aber bewaffnet mit Krylon, Rustoleum, Flowmaster Ink oder Red Devil-Spray – und mit der damals neuen Errungenschaft des Filzmarkers – verwendeten die Schüler von Clinton die Arbeitsmittel der Künstler nicht, um etwas zu verschandeln, sondern um Guerilla-Kunst zu machen.

Weil es verboten war, machte es Spaß. Die Teenager gaben sich verwegene Namen, so genannte »Tags«, die sie vor Strafverfolgung schützen sollten und ihr Tun mystifizierten. »Phase 2«, der Tag des Clinton-Schülers Lonny Wood, war einer der ersten, der in ganz New York berühmt wurde, weil er die Haupt-U-Bahn-Strecken der Stadt zierte. Als Afroamerikaner war er eher eine Ausnahme, denn die ersten Sprayer waren meist Weiße oder Puertoricaner. Die Zurschaustellung einer eigenen persönlichen Note wurde schon bald wichtiger als die Abgrenzung gegenüber anderen Stilen oder gegen andere ethnische Gruppen. Nicht, dass sich der Durchschnitts-New Yorker für die ethnische Herkunft eines Sprayers interessiert hätte, er vermutete dahinter eher eine gelangweilte, wahrscheinlich sogar gefährliche Jugendbande. Für viele New Yorker war das Auftauchen von Graffiti in Manhattan ein sicherer Hinweis auf den baldigen Untergang der Stadt. Offensichtlich hatte man die Kontrolle verloren und musste jetzt schleunigst zusehen, dass man sich nach Jersey, Florida oder sonst wohin absetzte.

Im Verlauf der 70er verwandelten sich die New Yorker U-Bahnen und U-Bahn-Stationen immer mehr zu Gemäldegalerien. Mit Kreativität und unter totaler Missachtung des Seelenfriedens ihrer Mitmenschen markierten und verfremdeten die Graffiti-Künstler aller Stadtteile öffentliche Verkehrsmittel mit riesigen, kunstvollen Wandbildern. Meist war es der Name des Sprayers, der sich in bunten comicartigen Buchstaben über die gesamte Länge der Wagen erstreckte. In der Hochphase des Graffiti gab es in ganz New York nicht einen Wagen, der verschont blieb.

Alle, die jung oder interessiert genug waren, Graffiti nicht nur als Ärgernis zu betrachten, verstanden, dass diese Jugendlichen mit Spraydosen und Magic Markern lautstark auf sich und ihre Kunst aufmerksam machen wollten. Für die einen, wie Bürgermeister John Lindsay und Abe Beame beispielsweise, war Graffiti der reinste Albtraum. Für die anderen, die nach Zeichen der Rebellion, nach einem letzten Aufschrei des Geistes der 60er Jahre Ausschau hielten, war Graffiti die passende neue Ausdrucksform. Und so zeigte bereits 1973 eine Galerie 20 riesige Graffiti-Werke, was für einen enormen Medienrummel sorgte, auch wenn die meisten Kommentare herablassend waren und einige Kritiker es kategorisch ablehnten, Graffiti als Kunst anzuerkennen. Auch die etablierte Kunstszene verlor schnell wieder das Interesse an der neuen Kunstform. Eine Ausstellung in Soho 1973 mit Preisen zwischen 1.000 und 3.000 Dollar verlief enttäuschend und die Trendsucher, die sich einst so sehr dafür eingesetzt hatten, dieses öffentliche Ärgernis in ein Luxusprodukt zu verwandeln, wendeten ihren taxierenden Blick anderen Dingen zu.

HipHop ist mit Sicherheit eins: unverwüstlich. Als Graffiti bei den intellektuellen Kritikern auf Ablehnung stieß, fand die Kunst schnell neue Anhänger in der Avantgarde. Das lag teilweise an der Vermittlung durch Promoter, die sich in der Kunstszene auskannten, wie etwa dem jungen Künstler-Unternehmer Fred Braithwaite, den die Welt als Freddie Love und später als Fab Five Freddie kennen lernen sollte. Er brachte Graffiti-Künstler zusammen und führte sie in die Downtown-Kunstszene ein, die gleichzeitig mit Punk ihre Blüte erlebte. Er glaubte, dass diese lebendige, aggressive Kunst perfekt zur Anti-Haltung der Punkhochburgen wie dem CBGB passte. Wenn Punk die Musik der Rebellion war, dann musste Graffiti die Kunst der Rebellion sein.

Das Wiederaufkeimen des Interesses verdankte sich verschiedenen außergewöhnlichen Menschen, von denen Samo wohl der bekannteste ist. Unter seinem richtigen Namen Jean-Michel Basquiat wurde der dünne, unverständlicherweise gefürchtete Outlaw aus Brooklyn zum primitiven Waisen der Kunstwelt. Als eine Art Jimi Hendrix der Sprühdose wurde er nur 27 Jahre alt. Ob Aerosolspray, Leinwand oder dreidimensionale Formen, gleich welche Materialien er verwendete, nie vergaß Basquiat seine Herkunft. Seine Farbpalette verriet seine haitianischen Vorfahren und seine schräge Technik seine Distanz zum Bürgertum.

Seine Karriere war ein unaufhörliches Auf und Ab, durchaus eines Popstars würdig. Aber die Parallele zu Hendrix beschränkt sich nicht nur auf seine begeisterte Aufnahme in der Londoner Rockszene. 1988 starb er an einer Überdosis Heroin. Acht Jahre später fand im Whitney Museum in New York eine umfassende Retrospektive statt, die seinen Status als Künstler bestätigte.

Gegen Ende der 80er stellten die Schriftsteller und Althippies im Greenwich Village, Soho und der Südspitze Manhattans eine Verbindung zwischen Graffiti-Künstlern wie Phase 2, Dondi White und Lee Quinones und den Musik- und Tanzstilen her, die ihnen von den Straßen ins Ohr drangen. 1982 trieb ein junger weißer Underground-Filmemacher namens

Charlie Ahearn genügend Geld auf, um einen Film namens *Wild Style* zu drehen, ein dynamischer Film, der mit Quinones, Braithwaite und anderen eine Verbindung zwischen Straßenkultur der Bronx und den Leuten in Downtown Manhattan herstellte, die diese Ausdrucksformen als rebellische Kunst feierten. Wegen seiner uptown-downtown-Dynamik ist *Wild Style* bis heute eines der besten Filmdokumente des HipHop.

Wir wissen heute, dass die Sprühdosenästhetik und Straßenherkunft des Graffiti großen Einfluss auf Künstler in der ganzen Welt hatte. Die ersten Promoter von HipHop-Parties setzten meist auf Sprayer, um Flyer und Poster zu gestalten. In den 80ern, als die Musik zu einem Massenphänomen geworden war, gab es eine Phase, in der nichts, was mit HipHop-Vermarktung oder besser der Prostituierung des HipHop zu tun hatte, ohne irgendeine klischierte Form von Graffiti auszukommen glaubte. Bis heute gibt es einen Bezug zur Protestkunst, wenn Magic Marker und Sprühdosen zur Hand sind – zum Beispiel die wütenden Kritzeleien der Revolutionäre in Mexiko oder die Schriftzüge gelangweilter reicher Teenager in Zürich. In den von Gangs beherrschten Städten im heutigen Amerika werden Gebietsgrenzen und Androhung von Gewalt über Graffitis kommuniziert.

Leider hat der übermäßige Einsatz von Graffiti für Werbezwecke ihm seine Unmittelbarkeit geraubt. Heute wirken von vorne bis hinten besprühte U-Bahnen so altmodisch wie nicht geschnürte Adidas-Schuhe. Und dennoch beinhalten sie noch etwas von jugendlicher Integrität und Humor, die uns nach den müden 90ern daran erinnern, dass HipHop nicht als neue Karrieremöglichkeit begann, sondern als eine Art, der Welt mitzuteilen, dass man existierte.

Breaking

1997 unternahmen die GhettOriginals, ein All-Star-Ensemble von Breakdancern mit einigen der ersten B-Boys wie K-Swift (Kenny Gabbert) und

Crazy Legs (Richie Colon) eine Welttournee, die von Calvin Klein gesponsert wurde. Ob auf großen Bühnen, in Schulen oder in Einkaufspassagen in der Nähe des Calvin Klein-Shops versetzten diese sehr erwachsenen Männer (und ein paar Frauen) ihr Publikum mit Bewegungen in Erstaunen, die sie sich in der längst vergangenen Zeit der »Muschelkappe«-Adidas und gerade geschnittener Lee Jeans ausgedacht hatten.

Ich sah sie in der Public School 122 im East Village. Ich sah sie im City College in Harlem und in Los Angeles im Beverly Center Mall. Bei jedem ihrer Auftritte erlebte ich noch einmal die Zeit, als Breakdancer am Times Square für Vierteldollarmünzen ihren Moonwalk zeigten, und kein Club, der als cool gelten wollte, auf einen Jungen verzichten konnte, der sich in einer Ecke auf dem Kopf drehte. Aber die Geschichte des Breakdancing passt nicht in jedermanns nostalgische Erinnerung.

Das liegt daran, dass Breaker die treuesten Anhänger des HipHop und zugleich auch seine bittersten Kritiker sind. Ihre Ausdrucksform wurde von der Trendmaschine Popkultur innerhalb von ein paar Jahren aufgepäppelt, aufgebauscht, ausgequetscht und ausgespuckt. Breaking war nicht der einzige Tanz, der zum 80er Jahre HipHop passte. Man sah auch den Freak, den Smurf, den Patty Duke und sogar den Wop. Spaß machten die alle und waren von jedem zu beherrschen. Breaking war spektakulär, gefährlich und seinem Wesen nach ein Wettkampf. Während Rapper mit Plattenverträgen ihre Hingabe für den HipHop in Worte fassen, gibt es Tänzer, die sich seit zwanzig Jahren auf dem Kopf drehen und zu »It's Just Begun« grooven und sich mit dem ein oder anderen Werbevertrag einer Klamottenmarke, hartem körperlichem Einsatz und winzigen Gehältern über Wasser halten.

Im Breaking gibt es wie beim Sprayen zwei Phasen. Die erste kam in den frühen 70ern und überschnitt sich mit der Disco-Zeit. Was später den Namen »Breakdance« erhielt, war eigentlich ein Medley diverser Bewegung ganz unterschiedlicher Herkunft – die schlurfenden, rutschenden Schritte von James Brown, die dynamischen Plateausohlen-Tänze aus Don

Cornelius' Fernsehshow *Soul Train*, Michael Jackson Roboterbewegungen aus dem 1974-Hit »Dancin' Machine« und die athletischen Tritte und Drehungen aus den Kung-Fu-Filmen. Die ersten Breakdancer waren – wenn man der alten Schule der Rapper glauben darf (auf Old School und New School komme ich gleich noch zu sprechen) – meist afroamerikanische Bandenmitglieder, die ganz normal im Stehen tanzten und sich Namen gaben wie El Dorado, Sasa, Mr. Rock oder Nigger Twins. Für sie war Breaking einfach der Tanzstil jener Zeit und kein Ausdruck eines besonderen Lebensstils. Innerhalb der afroamerikanischen Kreise war Breaking mal mehr, mal weniger in, und vielleicht wäre Breaking ganz verloren gegangen, wenn sich nicht die Puertoricanischen Teenager mit beinahe religiösem Eifer seiner angenommen hätten.

Trac2 von Starchild La Rock, einer der ersten Breakdance-Gruppen, erinnert sich in *Rap Pages*:

»Ganz am Anfang, als die Partys noch zu 90 Prozent von Schwarzen besucht wurden – auch die meisten ersten B-Boys waren Schwarze –, war Breaking für die meisten nur eine Phase, irgendwas Bescheuertes, das bald vorübergeht. Ich erwähne das, weil ich ja ihre Gesichter sah, wenn wir tanzten. Für sie war der Spuk Mitte der 70er vorüber, und die meisten machten ab da was anderes wie Schreiben, Sprayen oder Platten auflegen. Aber wir zogen immer noch jede Menge Leute an. Und viele Latino Kids waren dabei. Als der [Puertoricaner] Charles Chase als DJ erfolgreich wurde, gab uns das einen echten Push, weil plötzlich einer von uns oben mitmischte. Es war uns egal, was die schwarzen Kids zu sagen hatten, jetzt hatten wir unseren puertoricanischen DJ und konnten unseren puertoricanischen Stil tanzen.«

Die Latinos machten den Breakdance zum Wettkampf, einer neuen Form der Auseinandersetzung in der langen Geschichte der Bandenkultur. Gruppen von Breakdancern forderten rivalisierende Gruppen heraus und verabredeten sich mit ihnen auf einem Spielplatz, an einer Straßenecke oder U-Bahn-Station. Bewaffnet mit Kartons oder Linoleumfetzen, nicht mit Pistolen oder Messern, formten sie einen Kreis, in dessen Mitte je zwei Tänzer miteinander kämpften. Jede Bewegung musste gekontert werden, bis eine Gang als Sieger aus dem Wettstreit hervorging. Ähnlich wie Basketball war Breaking ein Mannschaftssport, der von den Fertigkeiten der einzelnen Mitglieder abhing. Diese Treffen waren eine hochstilisierte Form des Kampfs, in der die Kung-Fu-Bewegungen aus den Bruce Lee-Filmen ebenso mitschwangen wie die Rituale der asiatischen Kampfkunst. Der Baseballkappe-falsch-herum-Look ist so entstanden. Wenn sich die Tänzer auf Kopf und Nacken drehten, war das von Vorteil, aber dieser Look, den man heute noch antrifft, ist auch ein Zeichen für Konfrontationsbereitschaft. »Wenn es zum Körperkontakt zwischen den Tänzern kam«, erinnert sich Grandmaster Flash, »wie bei Kampfsprüngen oder Tritten gegen andere, die am Boden lagen, dann wurde die Kappe auf die Seite geschoben. Und das hieß so viel wie: ›Mit dir tanze ich nicht, dir werde ich weh tun.‹«

Die Faszination von Breakdancing fand ihren Höhepunkt in der PBS-Dokumentation *Style Wars* und drei schnell umgesetzten Hollywood-Streifen: *Beat Street, Breakin'* und *Breakin' 2: Electric Boogaloo*. Außerdem tauchten die Breaker in diversen Musikvideos auf, bei der R&B-Diva Gladys Knight »Save the Overtime (For Me)« ebenso wie bei der in der Kunstszene beliebten Funkband Talking Heads »Once in a Lifetime«.

Geblieben ist vom Breakdance vor allem der Einfluss der Latino-Tänzer auf die musikalische Entwicklung des HipHop. Alben wie Limmy Castors »It's Just Begun«, »Apache« von der Incredible Bongo Band, und Herman Kellys »Dance to the Drummer's Beat« wurden nicht aus eigener Kraft zu Klassikern. Zwar waren es DJs, die diese Platten ausgruben und spielten, aber erst die Tänzer garantierten für die Echtheit. Ihr Geschmack zählte, ihre Verwendung bestimmter Tracks zum Breakdancen und ihre Forderung, sie auf Partys zu spielen, prägten den ersten Sound des HipHop.

Musik

Im Herbst 1992 traf ich mich mit Afrika Bambaataa (Afrika Bambaataa Aasim), Kool Herc (Clive Campbell) und Grandmaster Flash (Joseph Saddler), um eine Titelgeschichte für *Source* zu schreiben. Bambaataa tauchte mit einem kleinen Trupp von Mitgliedern der Zulu Nation auf – einige waren zur moralischen Unterstützung mitgekommen, andere nur, um das Interview zu stören, wo sie nur konnten. Bambaataa ist ein großer Mann mit einer autoritären Präsenz. Er lächelt fast nie und gibt kaum persönliche Informationen preis. Bambaataa hat einen so gigantischen Schutzwall um sich herum errichtet, dass sein Geburtsname ungefähr so bekannt ist wie die Inhaber von Schweizer Nummernkonten. Aber bei Themen, die ihm etwas bedeuten (Break Beats, Zulu Nation, Weltfrieden) kommt er aus sich heraus und plaudert.

Kool Herc erschien mit seiner Schwester, der ich den Interviewtermin mit dem zurückgezogen lebenden DJ überhaupt zu verdanken hatte. Selbst für die eingefleischtesten HipHop-Fans ist Herc eher Mythos als Mensch. Es gibt nur ganz wenige Aufzeichnungen seiner Auftritte, und seit den 80ern ist er sowieso nur noch selten zu sehen. Bis zu diesem Interview für *Source* waren Hercs letzte große Auftritte eine Nebenrolle in dem Film *Beat Street* (1984) und ein bisschen Rap auf Terminator X's Soloalbum 1994. Während sich Bambaataa je nach Thema zurückhielt oder Auskunft gab, redete Herc über alles, was die alte Zeit anging, äußerte sich aber kaum zur aktuellen Szene – mit Ausnahme seiner Ablehnung des Gangsta Rap.

Grandmaster Flash kam alleine und war der freundlichste und auskunftsfreudigste von den dreien. Vielleicht liegt es daran, dass er von allen den größten Erfolg hatte. Mehrmals formierten Herc und Bambaataa eine Front gegen ihn. So sorgte beispielsweise die Frage, wer das Scratchen erfunden habe, für einige Spannung in der Runde. Lange wurde diese Erfindung Flash zugesprochen, aber heute glaubt man allgemein, dass

Grand Wizard Theodore (der eine Weile mit Flash zusammenspielte) der erste Scratcher war, dass Flash den Stil später ausfeilte und dadurch populär machte. Mit der Zeit wurden die drei Legenden etwas entspannter und es kam ein Gespräch in Gang. Die persönlichen Differenzen ließen nach, weil letztlich doch die Gemeinsamkeiten überwogen. Irgendwann während der Präsidentschaft von Gerald Ford oder Jimmy Carter hatten Herc, Bambaataa und Flash die Klangwelt der HipHop-Kultur erfunden.

Herc stammt aus Jamaika und war mit den Soundsystemen seines Heimatlandes bestens vertraut. Bei Partys in Parks und Discotheken legte er nicht einfach Platten auf, sondern suchte nach Platten, die keiner kannte, spielte nur die Instrumentalstellen und baute sie aus, bis sie wie neue Platten klangen. Im Unterschied zum Disco-Spinning nannte er seine Musik Break-Spinning. In der Bronx, im Club Hevalo, dem Executive Playhouse oder Parks verwendete Herc die Breaks und Bridges von »Apache« und »Bongo Rock« (Incredible Bongo Band), »It's Just Begun« (Jimmy Castor), »Sex Mashine«, »Give It Up or Turn It Loose« (James Brown), »Listen to Me«, »Mandrill's Fencewalk« (Baby Huey and the Babysitters) und »Pick Up the Pieces« (Average White Band) und andere Stücke, um daraus den Ur-Sound des HipHop zu kreieren.

Bei seinen Auftritten wurde er meist von Coke La Rock begleitet, der als MC (Master of Ceremonies) fungierte und die Stücke einführte und kommentierte. La Rock war kein Rapper. Er kam aus der Tradition der jamaikanischen Toaster oder Radiosprecher, die eine Platte vor dem Anspielen hochpushen. Dennoch wurden einige seiner Partyslogans zu Rap-Klassikern: »Ya rock and ya don't stop!«, »Rock on my mellow!« oder »To the best y'all!« Einige Vertreter der Old School behaupten, La Rock sei der erste HipHop-Rapper gewesen. Ich bin mir da nicht so sicher, aber La Rock hat sicher genauso viel Recht, diese Rolle für sich in Anspruch zu nehmen wie viele andere auch.

Während sich Herc ausschließlich auf die Musik beschränkte, dürfte Bambaataas Beitrag vor allem soziologischer Art gewesen sein. Als Jugendlicher, der Schallplatten sammelte, besuchte Bambaataa einige Partys, auf denen Herc auflegte, und stellte dabei fest, dass er viele von Hercs Platten selbst besaß. Bambaataa begann zwar musikalisch auf derselben Basis wie Herc, aber er griff auf ein weiteres Spektrum zurück. Er sampelte afrikanische und karibische Einflüsse, Soca und D.C. Gogo in seine Mixe, was ihnen eine elektrische, multiethnische Qualität verlieh. Seine Jünger nannten ihn den »Master of Records«. Zu den Cuts, die er entdeckte und in den Hiphop-Kanon aufnahm, gehören »Jam on the Groove« und »Calypso Breakdown« (Ralph McDonald), »Dance to the Drummer's Beat« (Herman Kelly), »Champ« (The Mohawks) und »Trans-Europa Express« (Kraftwerk).

Bambaataa ist vor allem für zwei Dinge berühmt: für den Mythos, der ihn umgibt, und für seinen eklektischen Geschmack. Er wuchs in den Sozialbauten, den so genannten »Projects« am Bronx River auf und gehörte zur damals größten Jugendgang New Yorks, den Black Spades. Heute ist man der Ansicht, dass sich Gangs wie die Black Spades Mitte der 70er allmählich auflösten und dass die so entstandene Lücke von den diversen HipHop-Aktivitäten (Graffiti, Breakdance, DJing, Rappen) ausgefüllt wurde, was schließlich das endgültige Aus für die New Yorker Gangs bedeutete. »Die Frauen hatten die Schnauze voll von dieser ganzen Gang-Scheiße«, sagt Bambaataa. »Und so stiegen auch die Jungs nach und nach aus. Es wurden ja wirklich genug Leute umgebracht. Von heute aus gesehen wirkt die Idee, dass sich Großstadtgangs wegen der Liebe ihrer Mitglieder zu ihren Frauen auflösen, allerdings geradezu putzig.«

1974 gründete Bambaataa die Zulu Nation, einen Zusammenschluss verschiedener DJs, Breakdancer, Graffiti-Künstler und Homeboys, die ein ähnliches Zugehörigkeitsgefühl bieten sollte wie eine Gang, aber ohne Verbrechen und Gewalt. Viele berühmte Musiker wie die Rock Steady Crew oder der DJ-Produzent Afrika Islam gehörten schon früh zur Zulu Nation. Mehr als 25 Jahre später existiert Bambaataas Organisation immer noch, hilft ihren Mitgliedern und fungiert als Sicherheitsventil für die gesamte Kultur. Im Lauf der Jahre konnten durch die Vermittlung von Bambaataa und der Zulu Nation schon viele HipHop-Streitigkeiten beigelegt werden.

Grandmaster Flash ist zwar heute vor allem wegen seiner erfolgreichen Platten bekannt, aber es gibt mehrere rein technische DJ-Revolutionen, die sich ganz alleine seiner Hand-Auge-Koordination verdanken. Wie schon erwähnt, kann es sein, dass Grand Wizard Theodore mit dem Scratchen begonnen hat, aber Flash ist zweifellos derjenige, dem es seine Bedeutung verdankt. »Punch Phrasing«, das abrupte Anspielen eines Songs auf einem Plattenteller, während eine andere Platte weiterläuft, und »break spinning«, das abwechselnde Vor- und Zurückbewegen beider Platten, um dieselbe Stelle immer wieder laufen zu lassen – das sind Errungenschaften, die wir ganz eindeutig Flash zu verdanken haben. Außerdem veranstaltete Flash eine richtige Show. Im Unterschied zu Herc, der über seinen Plattenteller kauerte und sich kaum dem Publikum zuwandte, tat Flash alles für die Unterhaltung. Er zeigte Tricks, die die Menge begeisterten, wie das Drehen der Plattenteller hinter dem Rücken oder mit den Füßen.

Flash, der ursprünglich Elektriker werden wollte, bastelte ständig an seiner Ausrüstung, um sie zu optimieren. Von Flash stammt auch die »Uhr-Theorie«: Er nutzte das Logo in der Mitte der Scheibe, um seine Breaks zu finden. Eine Vox-Drum-Maschine baute er zu einer »Beat Box« um, die es ihm ermöglichte, zusätzliche Beats in seine Mix einzuspielen, und das lange bevor es üblich, war, Drum-Maschinen zu verwenden.

So wie Herc mit Coke La Rock als MC zusammenarbeitete, spielte Flash immer wieder mit einer Reihe junger MCs, die als die Furious Five berühmt wurden. Zwischen 1976 und 1980 – in den Jahren vor den ersten Plattenaufnahmen – trat Flash oft zusammen mit Cowboy (Keith Wiggins), Melle Mel (Melvin Glover), Kidd Creole (Nathanial Glover), Rahiem (Guy Williams) und Mr. Ness aka Scopio (Ed Morris) auf. Weil es kaum Geld für die Auftritte in der Harlem World Disco in der 116. Straße oder im Diplomat Hotel am Times Square gab, kam es häufig zu Streitigkeiten wegen der Bezahlung, unter denen auch die Qualität der Auftritte litt: Manchmal tauchten alle fünf MC auf, manchmal gar keiner. Es kam auch vor, dass Kurtis Blow (Curtis Walker) das Mikro bearbeitete, während Flash die Platten kreisen ließ.

Mit und ohne Flash prägten die Furious Five einige der Standardsätze der HipHop-Kultur. »Cowboy hatte ständig neue Sachen auf Lager«, erinnert sich Flash. »Und er hatte eine starke Stimme, die das Publikum elektrisierte.« Cowboy gilt als der Urheber von »Wave your hands in the air and wave them like you just don't care!« »Clap your hands to the beat!« »Somebody scream!« – später unverzichtbare Elementen bei HipHop-Auftritten.

Kidd Creole und sein Bruder Melle Mel waren Flash zufolge »die ersten Reimtechniker. Sie waren die ersten, die sich Sätze hin und herwarfen. Kidd fing an und sagte: ›I‹, Mel sagte ›was‹, Kidd sagte ›walking‹, Mel sagte ›down‹. Und so ging das den ganzen Tag. Es war unglaublich, das mitanzusehen. Es war unglaublich, ihnen zuzuhören.«

Ich habe bereits angedeutet, dass wir zwischen der alten und der neuen Schule von Rappern und Rap-Hörern unterscheiden. Was wir heute die »Old School« nennen, sind die Gründungsväter – eine Gruppe kreativer, engagierter junger Leute aus Harlem und der Bronx ohne feste Verbindung untereinander, die in den 70ern in die Pubertät kamen. Naivität ist das, was sie verbindet und das, was sie am besten beschreibt. Naiv waren sie nicht nur in Gelddingen – dieses Los teilten sie mit fast allen jungen Musikern (und keine noch so sehr beschworene »Straßenschläue« hat je einen davor bewahrt, über den Tisch gezogen zu werden.) Mit »Naivität« meine ich den Zustand einer sorglosen Offenheit, aus der die HipHop-Kultur entstand. Bei den ersten Partys in Parks oder Hallen, an die viele heute nostalgisch als den wahren Kern des HipHop zurückdenken, ging es nicht um Geld. Die ersten DJs – Herc, Bambaataa, Flash – hofften, mit ihrer Musik ein gewisses Ansehen in ihren Stadtvierteln und ein paar Dollars aus den Einnahmen in den Uptown-Clubs oder einem Auftritt in Manhattan zu verdienen. Hier und da werden sie mal ein paar Hundert Dollar kassiert haben, aber keiner hätte je gedacht, mit diesen Gigs Millionär zu werden. Wie den Sprayern und Breakdancern ging es den DJs der Old School nicht ums Geld, sondern einfach darum, das zu tun, was ihnen Spaß machte und worin sie gut waren.

Für die Sprayer hatte das Verzieren öffentlicher Wände mit ihren Tags nichts mit irgendwelchen Maltechniken der Kunsthochschulen oder einem selbstbewussten Ausdruck der Postmoderne zu tun. Für die meist aus Südamerika stammenden Breakdancer ging es, zumindest nicht in erster Linie, darum, sich von den traditionellen und streng reglementierten Gesellschaftstänzen ihrer Vorfahren zu emanzipieren. Und für die DJs war Break-Spinning kein bewusster Bruch mit der Soul Music. Für die Vertreter der Old School war es eine zufällige, spontane Entdeckung, wie sie sich auf sehr direkte, kontrollierte Weise von der gängigen Musik unterscheiden konnten. Sie brauchten keine komplizierten Maschinen, und sie entschieden selbst darüber, was gut war. HipHop war kein Konzept für den Massenmarkt. HipHop war kein Karrieresprungbrett.

Keiner konnte wissen, wie sich HipHop entwickeln würde, und alle waren überrascht, positiv oder negativ. Als ich zum ersten Mal HipHop hörte, lebte ich in einer von Drogen überschwemmten Arbeitergegend in Brooklyn, und ich hätte nie gedacht, dass ich mich noch Jahrzehnte später dafür begeistern würde.

Zwei – HipHop war nicht einfach irgendein Date

»Immer öfter veranstalteten wir Partys mit Rappern. Das zog mehr Leute an als ein Typ, der nur Platten auflegte. Je mehr Flyer, Aufkleber und Poster deinen Namen trugen, desto berühmter wurdest du als Rapper.«

Russell Simmons, 1985

HipHop ist nicht mein Leben – aber ein großer Teil davon. Es gab Zeiten, da habe ich HipHop mehr geliebt als irgendeine Frau, und es gab Zeiten, da habe ich HipHop gehasst wie ein betrogener Liebhaber. Heute, mit über vierzig, verspüre ich noch immer Zuneigung, aber auf andere Art – wie zu einer Frau, die ich vor langer Zeit liebte und noch immer nicht vergessen kann.

Als Jugendlicher wohnte ich in East New York, einem Teil von Brooklyn, der von äußerst bescheidenen zweigeschossigen Häusern, Mietskasernen und rasant vergammelnden Sozialwohnungen geprägt war. Meine Mutter, meine Schwester und ich lebten in einer engen Straße gegenüber einer Grundschule und – für die Liebesgeschichte von zentraler Bedeutung – dem Schulhof. Es war die Zeit der mobilen Diskjockeys, Typen mit Kisten voller Schallplatten und Lautsprechern, die unvermutet in einem Park auftauchten und einzig aus der Freude am Drehen von zwei Plattentellern stundenlang der ganzen Gegend einheizten.

In einer heißen Sommernacht – es muss 1977 gewesen sein – machte mich ein mobiler Jock mit zwei gigantischen Lautsprechern und dazu passendem Ego mit zwei Stücken bekannt, die nicht einfach nur abgefahren modern waren, sondern die auch noch nach zwanzig Jahren erklären können, wie es zum HipHop kam: »Trans-Europa Express« von Kraftwerk und »Love is the Message« von M.F.S.B., zwei Stücke so gegensätzlich wie Tag und Nacht. Dennoch sprachen beide etwas Besonderes und vielleicht Neuartiges bei der Großstadtjugend an. »Trans-Europa Express« ist eine dichte, hypnotische Synthesizerphantasie von vier Deutschen, die wie Roboter aussehen. »Love is the Message« ist das funkige Produkt eines starken Teams aus schwarzen und weißen Musikern, des Sound of Philadelphia.

Damals sagten mir diese Feinheiten nichts. Ich war ja noch kein Musikkritiker, sondern nur ein kleiner Junge mit Brille, der alles las, was auf den Plattencover stand. Dennoch bin ich mir sicher, dass es sich bei der Musik, die von außen in mein Zimmer drang, um »Trans-Europa Express« und »Love is the Message« handelte. Es war die Musik von Mädchen in Hosenröcken, von Basketballspielern mit Schweißbändern an den Handgelenken und engen kurzen Hosen am Hintern. Die Musik von Leuten, die Jimmy Carter wählten und Ronald Reagan fürchteten, von Leuten, die im Sommer in Converse oder Espadrilles rumrannten, und die Musik einer Stadt, die so gut wie pleite war und trotzdem zig Millionen übrig hatte, um das Yankee Stadium neu aufzubauen. Es war die Musik einer Ästhetik des Übergangs. Was diese Platten miteinander verband, hätte man damals als »Disco« bezeichnet, aber was ich als Jugendlicher in Brooklyn nicht wissen konnte: Diese Platten sollten den Weg zu einer vollständig anderen Musik ebnen.

Meine eigentliche Initiation in den HipHop fand 1978 statt. Ich machte damals ein Praktikum bei der *Amsterdam News*, der größten schwarzen Wochenzeitung New Yorks. Im Anschluss an meine College-Kurse in Queens fuhr ich mit der U-Bahn in die Geschäftsräume der Zeitung nach Harlem und tat alles, was man mir auftrug: Post durchsehen, Pressemitteilungen umschreiben, Veranstaltungskalender der Kirchen zusammenstellen. Nach einer Weile wurde ich befördert und durfte ab da schlechte Filme besprechen, Portraits von Baseballspielern schreiben und hin und wieder auch mal einen eigenen Bericht. In der Pause schnappte ich mir ein Sandwich im Blimpie an der 125. Straße, in der Nähe des Apollo. War es warm, so wie an diesem besonderen Tag, aß ich mein Sandwich auf der Straße und ließ Harlem an mir vorüberziehen.

Ich bestellte gerade meinen Lunch, als ein Jugendlicher mit voll aufgedrehtem Ghettoblaster vorbeikam – was nichts Besonderes war. Die tragbaren Recorder hatten die öffentlichen Plätze schon vor Jahren erobert. Aber dieser Typ spielte keinen ordinären Powerhouse-Sound, WBLS, RVR oder Disco 92. Er hatte ein Band laufen, auf dem eine Stimme sehr schnell in Reimen zu einer Musik rappte, die sich anhörte wie »Love is the Message«. Jahrelang hatte ich Radio-DJs wie Frankie Crocker von WBLS und Gary Byrd von WWRL zu unterlegten Beats sprechen hören. Ich hatte Isaac Hayes und Barry White »rappen« (langsam und einfühlsam sprechen) hören. Aber noch nie hatte ich etwas derart Schnelles mit einem solchen Rhythmus erlebt. Es war Musik von einem anderen Planeten. Und ich war gerade auf ihm gelandet. »Yo, yo«, fragte ich, »was'n das?«

»Hollywood«, sagte er über die Schulter mit einem Unterton, der mir unmissverständlich zu verstehen gab, für wie minderbemittelt er mich hielt. Also machte ich mich auf die Suche und fand bald heraus, dass von Amateuren aufgenommene Tapes wie dieses in allen fünf Stadtteilen New Yorks der letzte Schrei waren und dass sich bereits eine eigenständige Untergrundökonomie gebildet hatte, noch bevor diese Musik das erste Mal auf Vinyl erschien.

Ein paar Wochen später begegnete mir der Name DJ Hollywood erneut. In der Sporthalle des City College spielten alte R&B-Größen wie Harold Melvin & the Blue Notes (bereits ohne Teddy Pendergrass), eine sehr angenehme, bescheidene Band namens Brainstorm und Evelyn »Champagne« King, über den ich als Freelancer meinen ersten Artikel für *Billboard* geschrieben hatte. Aber meine Aufmerksamkeit galt vor allem der Ankündigung, dass Hollywood und ein Typ namens Lovebug Starski den Abend moderieren würden. Irgendwie – vielleicht dank des jungen schwarzen Promoters Jerry Roebuck (der später einen Haufen Kohle machte, indem er mit Black Expos durchs Land zog) – kam ich an zwei Tickets.

An jenem Abend im Jahr 78 wurde ich Zeuge der Fackelübergabe von den R&B-Stars an die DJs, MCs und einen Haufen Platten. Die alten R&B-Gruppen waren okay, vor allem King, damals noch ein Teenager, der mit mehr Begeisterung als Stimme sang. Aber die meisten der zwei- bis dreitausend Schwarzen und Latinos waren in die Basketballarena gekommen, um Hollywood zu hören. Hollywood und Lovebug Starski, der auf den »Wheels of Steel« die Breakbeats rausholte, hatten ihren Auftritt zwischen den R&B-Nummern – und bei jedem ihrer Einsätze sprangen die Kids wie irre durch den Saal. Hollywood brachte nicht nur die Menge zum Grölen, er selbst redete in kunstvoll gereimtem, stark synkopiertem Slang: »Dip dip dap, so socialize, open up your ears and wiggle your behind.« Hollywood war ein rundlicher junger Mann mit Bart, kurzgeschorenen Haaren und reichlich Party-Energie. Er hatte einen gewaltigen gebieterischer Bariton – eine unbeschwerte Version des schrillen Vortragsstils, wie wir ihn heute von Chuck D (Public Enemy) kennen.

Ähnlich eindrucksvoll waren Starskis Mixe. Er legte ein paar von den Platten auf, die ich schon von unserem Schulhof in Brooklyn her kannte, aber Starski erzeugte eine ganz andere Wirkung. Er verwendete kleinere Breaks und mixte sie zu Funkfetzen zusammen. Das beste Beispiel, an das ich mich erinnern kann, war »Brazilian Rhyme (Interlude)« aus dem Earth, Wind & Fire-Album *All 'n All*. Das Original war nur einsdreißig lang und bestand vor allem aus einem melodischen wortlosen Gesang von Philip Bailey und einem funkigen Beat, der etwa in der Hälfte einsetzte. Der Übergang war so phantastisch, dass ich mir immer wünschte, er würde länger dauern. Und Starski erfüllte mir diesen Wunsch, in dem er »Brazilian Rhyme« immer und immer wieder mixte, so dass der Song nie bis zu seinem schwächeren Ende durchlief. Jedes Mal, wenn Starski zum Break ansetzte, drehte das Publikum durch, und nichts von dem, was Harold Melvin, King oder Brainstorm taten, konnte da mithalten.

In jener Nacht bemerkte ich zum ersten Mal – und später noch unzählige Male –, dass es überall dort, wo es HipHop gab, auch Kämpfe gab. Im Verlauf des Konzerts kam es zu zwei Schlägereien, unten, wo die Klappstühle aufgestellt waren. Ich saß oben auf der Empore – weit weg von dem Tumult, aber mit gutem Blick auf die schwingenden Fäuste, wutverzerrten Gesichter und den ein oder anderen fliegenden Stuhl. Ich war erstaunt, wie leicht das Publikum mit solchen Zwischenfällen fertig wurde. Sobald eine Rangelei anfing, rückten die Kids auseinander, und sobald sie vorüber war, rückten sie wieder näher zusammen, nahmen ihre Plätze ein und amüsierten sich weiter – ebenso schnell wie sie zuvor die Flucht ergriffen hatten. Gewalt schien sie weder zu ängstigen, noch zu überraschen – sie war im Preis für die Eintrittskarte enthalten. Die Weigerung, sich durch Gewalt von einem Vergnügen vertreiben lassen, ist charakteristisch für die HipHop-Kultur, ganz egal, ob es sich dabei um Gewaltausbrüche der Konzertbesucher oder um Gewaltbilder von der Bühne handelte.

Mein nächstes großes HipHop-Ereignis fand ebenfalls im Sommer 1978 statt. Ich begleitete Robert »Rocky« Ford, einen älteren Kollegen bei *Billboard*, auf eine Expedition in die Bronx. Jemand hatte ihm erzählt, Kool Herc würde im Schulhof der Robert Taft Highschool auflegen. Ford war durch die Leute von Times Square's Downstairs Records in die aufkommende HipHop-Welle eingeführt worden. Junge schwarze DJs hatten den Plattenladen auf der Suche nach fetzigen Schlagzeugbreaks und unverbrauchten Aufnahmen mehrfach umgegraben. Eine bestimmte Platte, »Bongo Rock« von der Incredible Bongo Band, war ständig vergriffen.

Als wir den Schulhof in der South Bronx erreichten, hingen dort schon einige Schwarze und Latinos rum. Als die Dämmerung einsetzte, tauchte der Bus mit Kool Herc auf. Seine Jungs packten Klapptische aus und schleiften sie durch ein Loch im Zaun auf den Schulhof, während Kool die Abdeckung von einem Laternenpfahl abschraubte, um ein fettes Verlängerungskabel anzuschließen. Kisten voller Platten, übereinander gestapelte Lautsprecher und DJ-Zubehör wurden aufgebaut. Dann machte sich Kool Herc an die Arbeit.

Wenn man Bambaataa, Flash und noch ein paar anderen glauben darf, brachten Hercs Herculoid-Lautsprecher so viel Leistung, dass sich keiner traute, sich mit ihm bei einem Schulhofwettbewerb anzulegen. Ich hab sie allerdings nicht lauter in Erinnerung als die von anderen mobilen Jocks. Um Hercs Plattenteller bildete sich schnell eine Traube junger Männer, die seinen Stil analysierten, jede seiner Bewegungen studierten und genauestens darauf achteten, welche Platten er aussuchte – natürlich mit dem Ziel, seinen meisterhaften Stil später nachzuahmen.

Über das, was ich an diesem Abend zu sehen bekam, schrieb ich anschließend in der *Amsterdam News*. Es war einer der ersten Artikel, für die ich Geld bekam. Es war mein erster Artikel über HipHop und ist heute mit Sicherheit eines der frühesten schriftlichen Dokumente über eine Musikszene, die erst ein Jahr später ihre ersten Platten herausbringen sollte. Der Artikel hieß »DJ Herc und seine B-Beats«.

Ein lauer Freitagabend in der Bronx. Auf dem Schulhof der Taft High School sind Leute aus der ganzen Gegend zusammengekommen, um DJ Herc jammen zu sehen. Der Ruf des hoch gewachsenen 26-Jährigen mit der ruhigen Ausstrahlung ist in der South Bronx unerreicht. Wo er erscheint, ist er sofort von herumalbernden Mädchen umringt.

Im Unterschied zu vielen seiner DJ-Kollegen ist Herc (alias Clive Campbell) keiner von diesen Rapido-Rappern, die einen voll plappern, bis sich einem der Kopf dreht. Herc hat den Plattenteller neu erfunden. Er legt nicht einfach die neuesten Scheiben auf, sondern durchwühlt die Plattenkisten nach Sounds – vor allem die älteren Platten, die für zwei Dollar neunundneunzig und weniger über den Tisch gehen. Aus seiner Zeit als DJ weiß er, dass die tanzende Jugend der Bronx vor allem auf die »Breaks« der Platten steht – die Passagen, die von der Melodie abweichen und etwas von der energiegeladenen Latinopercussion spüren lassen.

Indem er nun mitten in einen laufenden Hit die Percussion alter Hits wie »Scorpio« von Dennis Coffrey oder Teile des geheimnisvollen *Willie Dynamite*-Soundtracks einmontiert, sorgt er für ein längeres und faszinierenderes Tanzerlebnis. Seine größte Entdeckung war »Bongo Rock« von der Incredible Bongo Band, auf der nur Congas und Bongos zu hören sind. Die Platte hat solchen Kultstatuts erreicht, dass man ihr zu Ehren Hercs Technik nun als B-Beat bezeichnet. Der »B-Beat« entwickelte sich vor etwa vier Jahren und wird heute von verschiedenen New Yorker DJs praktiziert. Herc und seine Herculoids (Spitzname seiner Helfer) treten regelmäßig bei Highschoolfesten, Abschlussbällen und in Hercs eigener Disco, dem Sparkle (1590 Jerome Avenue), auf.

Herc verwendet vor allem alte Platten, weil »die Kids nicht auf vorgefertigte Sounds stehen«. Ein weiterer Grund ist, dass ein Großteil der aktuellen Tanzmusik sich an den glatten Bewegungen und Drehungen des Hustle orientiert. Aber heute ist »der Hustle out und der Freak in«, meinte dazu eine junge Dame namens »Shortstuff«. Der Freak ist ein lockerer, funkiger Tanzstil, der in seiner aggressivsten Form an einen Grind erinnert. Zu den Bewegungen dieses Tanzes passt am besten die schwere Rhythmusspur der B-Beats.

Als Herc in der Taft Highschool loslegt, flippen die ersten Zuhörer aus. Die Musik wird besser, immer mehr Leute tanzen, während Herc und seine Herculoids ihre aufwändige Elektronik überwachen, die direkt aus dem Star Trek-Studio stammt. Möglich, dass viele Leute Disco nicht ausstehen können, aber es ist interessant festzustellen, wie sehr sich eine ganze Generation junger Leute für Elektronik begeistert. Lassen die schwarzen Elektriker der Zukunft heute Abend Discomusik in einem Park laufen?

Ich will nicht darauf eingehen, wie ich nach so langer Zeit zu dem Text stehe. Wichtig ist zu sehen, wie sich die HipHop-Kultur von jenem Zeitpunkt an weiter entwickelte. Aus B-Beats wurde HipHop. Damals schrieb ich, dass HipHop vier Jahre zuvor entstanden sei, eine Information die von Herc stammte. Er hatte also mit dieser Art zu Mixen bereits 1974 begonnen. Meine Prognose bezüglich schwarzer Elektriker erwies sich als viel zu eng. Das Interesse an neuen Technologien führte viele Teenager von den Partys in den Parks direkt in die Tonstudios, und als sie genug Geld beisammen hatten, legten sie sich eine Ausrüstung zu und fingen selbst an zu sampeln. Das Ummodeln von Technologien wurde zum Wahrzeichen des HipHop.

Noch im selben Jahr machte ich die Bekanntschaft von Willie Gums, einem jungen Partypromoter, der Tanzveranstaltungen im Renaissance Ballroom veranstaltete, einem runtergekommenen Tanzpalast auf der 7th Avenue in Höhe der 130. Straße. In den 30ern waren im »Renny« Big Bands aufgetreten, und die Harlem Rens, das erste Basketballteam im Besitz von Schwarzen, hatte dort seine Heimspiele ausgetragen.

In den 70ern hatten Gums' Rolls Royce Movement und andere kleinere Promoter im alten Ballroom mit der Discowelle abkassiert. Durch junge DJs, MCs und Breaker hatte sich der Ort allmählich zu *der* Uptown Hip-Hop-Zentrale entwickelt. Das Renny lag gerade mal einen Block entfernt vom Small's Paradise, einem weiteren ehrwürdigen Ort des Harlemer Nachtlebens, der einmal der Basketballlegende Wilt Chamberlain gehörte. Dieser alte Jazz-Schuppen war auch der Schauplatz der ersten HipHop-Partys mit Hollywood, Kurtis Blow und anderen.

Leider lag das Renny auch um die Ecke von der Abyssinian Baptist Church, schon seit den 20er Jahren eine Festung des Glaubens und des Anstands für das mittelständische Harlem. Der Prediger und Kongressabgeordnete Adam Clayton Powell Jr. hatte diesen Ort mit einer Mischung aus Politik, Gott und Agitation zum Zentrum seines Wirkens erkoren. Powell war zwar schon ein paar Jährchen tot, als Gums mit seinen Partys loslegte, aber ein jüngerer, ebenso fanatischer Priester schoss sich auf das Rolls Royce Movement ein.

Reverend Calvin Butts, ein starker junger Mann mit einer herrischen Art, die seinem Vater oder Großvater zu Gesicht gestanden hätte, sah in Gums Partys die Verkörperung des Bösen. Hier wurden nur wenige Schritte von seinen heiligen Hallen Drogen konsumiert, kam es zu sexuellen Handlungen und sonst allerlei Lasterhaftem. Mit der ganzen Gemeinde im Rücken startete Butts einen Feldzug, um dem Rolls Royce Movement das Handwerk zu legen.

Ich begegnete Gums in den Geschäftsräumen der *Amsterdam News*; er war gekommen, um uns von seinem Problem zu berichten. Ich war natürlich sofort auf seiner Seite – ganz im Gegensatz zur Zeitung. Sich auf die Seite junger Schwarzer zu schlagen, um ihr Recht auf Partys zu verteidigen, während auf der anderen Seite die angesehenste Kirche Harlems stand, war aus Sicht der Zeitung einfach nur dumm. Es dauerte nicht lange, und das Rolls Royce Movement flog aus dem Renny raus.

Historisch gesehen war das wichtigste Ergebnis dieser Auseinandersetzung, dass Reverend Butts das Image eines erbitterten Feindes der neuen Jugendkultur errungen hatte. Jahre später ging er sogar so weit, Rap-Platten auf den Stufen seiner Kirche zu zerstören, um gegen ihre negative Einstellung zu protestieren. Außerdem lieferte er sich hitzige Debatten mit Ice-T und anderen HipHop-Vertretern. Für Butts war das Rolls Royce Movement nur ein Punktsieg in der ersten Runde.

1979 besuchten Schwarze und Latinos HipHop-Veranstaltungen vor allem im Norden Manhattans in Clubs wie dem Small's Paradise, Broadway International, Charles's Gallery oder in der Gegend um den Times Square in Clubs wie dem Diplomat Hotel Ballroom oder Nell Gwyn's Disco. Ich zog mit Rocky Ford los, der zusammen mit seinem *Billboard*-Kollegen den Uptown-MC J. B. Moore aufnehmen wollte. Sie hatten ein Auge auf Eddie Cheeba geworfen, eine feste Größe in Harlem und der Bronx. Aber sie waren auch im Gespräch mit Kurtis Blow (Curtis Walker), einem gut aussehenden Typen aus Harlem, der vor allem in Queens auftrat. Einer seiner Kommilitonen am City College war Promoter geworden. Sein Name: Russel »Rush« Simmons.

Schon bald stellte ich fest, dass meine Freunde nicht die einzigen waren, die HipHop aufnehmen wollten. Im Oktober 79 tauchte plötzlich »Rapper's

Delight« von der Sugar Hill Gang auf, eine Single mit orangenem Label. Kein blaues Sugar Hill-Label, kein schickes, vierfarbiges Kunstdesign. Aber es macht nichts, dass das Cover so glanzlos war – die Platten standen nicht lange in den Regalen. Im Birdel's, einem kleinen, vollgestopften R&B-Laden an der Nostrand Avenue in Bedford-Stuyvesant ging die Single im Affenzahn über den Ladentisch. Selbst ein langjähriger Freund meiner Mutter schwärmte von »Rapper's Delight«, es herrschte eine Begeisterung, von der die ganzen USA und schließlich die ganze Welt erfasst wurde.

Die Platte »King Tim III (Personality Jock)« von der Fatback Band mit King Tim (Tim Christopher) war noch vor der Sugar Hill Gang da. Aber zu jener Zeit unterschätzten die R&B-Produzenten das Potenzial dieser Musik, und Spring Records machte »King Tim III« zur B-Seite eines Songs namens »You're My Candy Sweet«. Als Spring Record den Fehler erkannte, war es schon zu spät.

Das Erscheinen von »King Tim III« löste schon eine gewisse Resonanz in HipHop-Kreisen aus, aber »Rapper's Delight« war ein Donnerschlag. Mit diesem Song wurden die MCs aus Uptown Manhattan plötzlich zu Rappern, einer Bezeichnung, die sich bis heute gehalten hat – auch wenn einige Vertreter der Old School immer noch lieber von MCs sprechen.

Vielen Old Schoolern, die nicht im Traum daran gedacht hätten, dass das, was sie taten, auch finanziell interessant sein könnte, gingen plötzlich die Augen auf. In der Folge von »Rapper's Delight« riskierte es Mercury Records, die Platte meiner Freunde Ford und Moore herauszubringen. Sie erschien vor den Feiertagen und hieß »Christmas Rappin'«. Es war der Beginn der Karriere von Kurtis Blow.

Während der HipHop immer mehr Anhänger auch außerhalb seiner Heimat in Uptown Manhattan fand, war ich weder Uptown noch sonst irgendwo. Da die *Amsterdam News* Leute entlassen musste, konnte ich trotz College-Abschluss nicht mehr regelmäßig für die Zeitung schreiben. Aber es kam noch schlimmer. Der Herausgeber von *Billboard*, für den ich hin und wieder Interviews machte, beschuldigte mich, »schwarzes« Englisch zu schreiben und ließ mir keine Aufträge mehr zukommen. Innerhalb von nur zwei Monaten waren meine Haupteinnahmequellen versiegt. Meine Rettung war, dass Ford in die Musikbranche abwanderte und mir seine Kolumne im *Musician-Magazin* überließ. Ich schrieb auch wie ein Wilder für kleine Publikationen wie *Rock & Soul* und hatte einen kleinen Auftritt als Backgroundsänger in Kurtis Blows Goldsingle »The Breaks (Part I)«, was ganz amüsant war – insgesamt aber waren meine Einkünfte 1980 nicht der Rede wert.

Im Dezember erinnerte sich der Herausgeber des *Record World Magazine*, zu jener Zeit der Hauptkonkurrent von *Billboard* an meine Artikel und bot mir das Ressort für schwarze Musik an. Mit der Aussicht, schnell wieder flüssig zu werden, stieg ich schon im Januar 1981 bei *Record World* ein und sorgte dafür, dass die neue HipHop-Szene in unserer Berichterstattung nicht zu kurz kam – ganz anders als bei *Billboard*. Mein Enthusiasmus ging so weit, dass ich vorschlug, *Record World* solle sich mit Sugar Hill Records, dem Label von »Rapper's Delight« in Verbindung setzen, um ein »Special« zu produzieren, eine Mischung aus Werbung und Reportage, etwas, das normalerweise von der Industrie initiiert wird. Im Frühjahr 1981 pendelte ich wochenlang zwischen Manhattan und New Jersey, um dieses Projekt in die Tat umzusetzen.

Der Sugar Hill-»Komplex« war ein zweigeschossiges Gebäude in einer Geschäftszeile in Englewood, New Jersey, mit dem unwiderstehlichen Charme amerikanischer Vorstädte: Von außen absolut unscheinbar, innen wie ein Hobbykeller vertäfelt und die Möbel entsprechend. Das Licht war schlecht und der Teppich dünn. Joe und Sylvia Robinson, die Besitzer des Ladens, hatten von hier aus ein paar Jährchen zuvor das unabhängige R&B-Label All-Platinum betrieben. Leider waren sie pleite gegangen – Opfer des Aufkommens schwarzer Musikabteilungen in der Plattenindustrie, die ich ja bereits beschrieben habe. Dem Wettbewerb in der Plattenindustrie in den 70er Jahren war All-Platinum nicht gewachsen, und ihre stärkste Band, die Moments, gingen als Ray, Goodman & Brown bei

Polygram unter Vertrag. Sylvia war selbst Musikerin und hatte einige Platten aufgenommen, darunter die Single »Love Is Strange« 1957 und »Pillow Talk« 1973.

Als Sylvia bei einer Geburtstagsparty in der Harlem World Disco in der 116. Straße zum ersten Mal Rap hörte, war für sie die Stunde gekommen, wieder ins Geschäft einzusteigen. Die Robinsons, vor allem Sylvia, erkannten, dass man mit Rap nicht nur Geld verdienen, sondern eine regelrechte Karriere aufbauen konnte. In denselben Studios, in denen sie die Moments, Shirley & Company und ihre eigenen Soloplatten aufgenommen hatten, errichteten die Robinsons das erste HipHop-Imperium: Sugar Hill Records. Das Unternehmen baute eine eigene Band auf, organisierte Exklusiv-Tourneen und brachte als erstes ganze Alben von Künstlern heraus und nicht nur wilde Zusammenstellungen. In den vier Jahren nach dem Erfolg von »Rapper's Delight« veröffentlichte Sugar Hill viele der wichtigsten HipHop-Platten, die je gemacht wurden, darunter »The Message« und »The Adventures of Grandmaster Flash on the Wheels of Steel«. Zwischen 1979 und 1983 war Sugar Hill das größte und bekannteste Unternehmen der ganzen Musikbranche, das HipHop unterstützte. Die Rap-Platten hatten den Robinsons ein neues Darlehen auf ihr altes Haus beschert, aber nicht die Zeit, es zu modernisieren.

Mit »Rapper's Delight« begann auch die Zeit anderer von Schwarzen gegründeter Indies, aber da die Robinsons als Erste an den Start gegangen waren, hatten sie bereits genügend Kapital und Macht akkumuliert, um erfolgreiche Musiker aus den Verträgen der Konkurrenz herauszukaufen. Zwischen 1980 und 1981 nahm Sugar Hill unter Vertrag: Spoonie Gee (vorher Winley), Grandmaster Flash & the Furious Five, Funky Four + 1 und Treacherous Three (vorher Enjoy). Außerdem machten sie einen Vertrag mit dem rappenden Frauentrio Sequence. Sogar Sylvias Gesangskarriere blühte noch einmal auf mit »It's Good to be the Queen«, die Antwort auf »It's Good to be the King« aus dem Soundtrack von *Mel Brooks – Die verrückte Geschichte der Welt.*

Das Ehepaar, das diese Erfolge vorzeigen konnte, war ein echtes Team. Joe kultivierte seinen Ruf als harter maskuliner Typ, hatte ein rötliches von Pockennarben gezeichnetes Gesicht und einen barschen, ungeduldigen Ton. Er litt an einem Komplex, der mit jedem Weißen, der ihn aufs Kreuz gelegt hatte, größer wurde. In seinem holzgetäfelten Büro verstieg er sich immer wieder in endlose Hasstiraden angesichts der Situation der Schwarzen in den USA. Während Joe kein Blatt vor den Mund nahm, verströmte Sylvia mit ihrer süßlichen Art eine geheuchelte Aufrichtigkeit, wie man sie nur selten antrifft. Das Bezirzen anderer Menschen war ihr so zur Natur geworden, dass es schon gar nicht mehr angestrengt wirkte. Was sie über die Rapper sagte, war mütterlich und doch gerissen. Es klang immer so, als würde sie sich dieser Menschen annehmen – und nicht Millionen mit ihnen verdienen.

Die Weißen und Schwarzen, die für Sugar Hill arbeiteten, hatten durchaus Respekt für Joe und Sylvia. Einige Musiker wie Melle Mel und die Mitglieder von Sequence gingen sogar so weit, Sylvia für ihren musikalischen Rat zu danken. Andere sagten nur was Nettes, ohne begeistert zu sein. Mein irritierendstes Erlebnis war die Begegnung mit einem übergewichtigen europäischen »Herrn«, der in irgendeiner schwer zu definierenden Finanzabteilung beschäftigt war. Die Rückkehr der Robinsons ins Musikgeschäft hatte Morris Levy finanziert, eine Legende im Musikgeschäft, dessen unabhängige Vertriebsgesellschaft auch All-Platinum vertrieben hatte. Wahrscheinlich hatte der europäische Herr die Aufgabe, Levys Investition zu bewachen, obwohl er das nicht sagte und ich ihn nicht danach fragte.

Leider entpuppte sich das Sugar Hill Special als mittlere Katastrophe für *Record World*. Für den redaktionellen Teil des Hefts gab Joe mir ein mit deftigen Schimpfwörtern gespicktes Interview, eine einzige Hasstirade gegen die Musikindustrie. Aber als Sylvia es durchlas, kriegte sie einen Anfall und verlangte, es so lange zurückzuhalten, bis sie es neu geschrieben hatte. Die Änderung in letzter Sekunde wurde zum Albtraum für die Herstellung. Aber es kam noch besser: Sugar Hill stornierte den Großteil der Anzeigen und zahlte die Rechnungen nicht. Ich weiß bis heute nicht genau, was schief gegangen war. Jedenfalls musste *Record World* am Ende selbst für die Produktionskosten aufkommen.

Das Sugar Hill Special war eine von vielen Fehlkalkulationen, die schließlich dazu führten, dass *Record World* im Frühjahr 1982 das Handtuch warf. Ironischerweise ging es dadurch mit meiner Karriere steil nach oben. Neben dem Sugar Hill Special machte ich viele Interviews mit den damaligen Hauptvertretern des Crossover wie Lionel Richie, Chic's Bernard Edwards, Nile Rodgers, Prince, Morris Day und fand in Bob Christgau, dem Musikredakteur des *Village Voice*, jemanden, der die Bedeutung von HipHop sofort verstand.

Die ersten Artikel, die im *Voice* abgedruckt wurden, waren Kurzbeiträge über »Positive Life« von Lovebug Starski & the Harlem World Crew und über »The Adventures of Grandmaster Flash on the Wheels of Steel«. Im Frühjahr 1982 wurde ich Redakteur für schwarze Musik beim *Billboard Magazine*, dem respektablen Handelsblatt der Branche, wo man mich nur zwei Jahre zuvor unsanft rausgeschmissen hatte. Den Job bekam ich, weil ich bereits während meiner Zeit auf dem College hier gearbeitet hatte (der ehemalige Herausgeber Adam White erinnerte sich an mich) und wegen meiner Begeisterung für die neueren Entwicklungen in der schwarzen Popmusik – den Minneapolissound von Prince und Rap.

Die Zeit war reif. Ich bekam meine Chance genau zu dem Zeitpunkt, als HipHop zum ersten Mal auch außerhalb der schwarzen Wohngegenden New Yorks gehört wurde – vor allem in den Büros der Musikbranche in Manhattan, wo man das Heil der Branche bisher ganz in der Disco-Musik gesucht hatte. Es dauerte schon noch eine Weile, bis die Manager, ob weiße oder schwarze, kapierten, worum es ging. Aber von heute aus betrachtet, würde ich sagen, dass ich meinen Anteil daran hatte, sie aus ihrem Tiefschlaf zu holen.

In meinem ersten Beitrag für *Billboard* schrieb ich über Rap-Produzenten, die sich an R&B heranwagten. Es ging darin vor allem um den Bassisten und Songschreiber Larry Smith, der an den Kurtis Blow-Produktionen mitgewirkt und sich 1982 der Oldie-Truppe Con Funk Shun angenommen hatte. Im Nachhinein war mein Text entweder prophetisch oder verfrüht, denn es dauerte noch fünf Jahre, bis andere, vom HipHop kommende Produzenten sich daran machen sollten, den Sound des R&B neu zu erfinden. Für mich stand fest, dass HipHop die neue treibende Kraft sein würde. Und das war 1982 noch keine Binsenweisheit! Damals waren Breakdance und Sprayen stärker im Bewusstsein der amerikanischen Öffentlichkeit als die Musik. Aber lange sollte es nicht dauern, bis die musikalische Seite der HipHop-Kultur ihr Potential voll entfaltete und mein anfängliches Techtelmechtel mit ihr zu einer längeren Beziehung zu werden schien.

Drei – Gangster – echte und unechte

»Menschen sind meist das Produkt ihrer Herkunft. Die Verbindungen, die man hat, die Codes, die man kennt, all das hat Einfluss auf das spätere Leben. Man kann sich dagegen auflehnen. Man kann sagen: Okay, diese Codes gelten für mich nicht, weil ich nicht mehr zu dieser Welt gehöre. Aber die Gründe für diese Codes – die Gründe, weshalb Menschen nach ihnen leben – sind sehr stark. Der wichtigste Grund ist das Überleben. Darum geht es im Grunde immer: dieser Kampf der menschlichen Existenz, des Leibes, des Fleisches, zu überleben – alles zu tun, um zu überleben.«

Martin Scorsese, im *Rolling Stone* 1990

Nach der Bürgerrechtsbewegung konnten sich schwarze Familien aus der Mittelschicht und auch viele aus der Arbeiterklasse niederlassen, wo sie wollten. Natürlich verwehrte ihnen der Rassismus nach wie vor den Zugang zu bestimmten Gebieten, aber es gab genügend Leute, ob weiter oben oder weiter unten auf der Erfolgsleiter, die genügend Geld und Mut beisammen hatten, um die alten, heruntergekommenen Wohngebiete zu verlassen. Es waren nicht nur Ärzte und Anwälte, die umzogen, sondern auch Busfahrer, Lehrer und Beamte. Die Abwanderung der Schwarzen mit sicherem Einkommen führte dazu, dass die alten Gebiete krimineller wurden, was wiederum dazu führte, dass die dort lebenden Weißen ebenfalls wegzogen. Weiße Ladenbesitzer, die bei vielen ihrer afroamerikanischen Kunden als Ausbeuter verschrien waren, verloren ihren Laden, weil der bei Straßenkrawallen niedergebrannt wurde, oder gaben einfach wegen der sprunghaft angestiegenen Kriminalität auf. Die Zunahme an Verbrechen hatte vor allem mit Drogen zu tun. Und wie Allen und Albert Hughes in ihrem Film *Dead Presidents* gezeigt haben, vollzog sich der Übergang mit tödlicher Geschwindigkeit. Ein GI bricht aus einem harten, aber nicht hoffnungslosen Stadtteil nach Vietnam auf. Als er zurückkehrt, erwartet ihn ein verzweifeltes, bösartiges und mit Heroin überschwemmtes Ghetto. Die GIs trugen zu dieser Entwicklung natürlich auch selbst bei, als Händler wie als Konsumenten. Schätzungen der U.S. Army zufolge nahmen 10% aller Soldaten während ihres Einsatzes in Vietnam Heroin, 5% galten als schwer abhängig. Einige schwarze GIs, die in eine unsichere Zukunft zurückkehrten, brachten Heroin mit als finanzielle Absicherung gegen die Arbeitslosigkeit und leisteten damit ihren Beitrag zur Umsetzung von Präsident Nixons Politik, schwarzes Unternehmertum zu fördern und die Sozialausgaben zu kürzen.

Der Siegeszug des Heroins, an dem auch die Mafia und andere etablierte Verbrecherorganisationen beteiligt waren, veränderte die Struktur der amerikanischen Kriminalität: Asiatische und lateinamerikanische Drogenhändler traten auf den Plan, und es entstand eine neue, fiese Art von schwarzem Gangster. Heroin war die große Chance für eine Klasse schwarzer Krimineller, die sich bis dahin mit Prostitution, Raub, Hehlerei und Betrug zufrieden gegeben hatte.

Vor Heroin, also bis in die späten 60er Jahre, war der typische schwarze Kriminelle ein »Numbers Runner«, jemand, der für andere kleine Wetteinsätze platzierte und einen Teil des Gewinns einstrich. In den Ghettos im Norden gehörten sie seit den 30er Jahren zum Straßenbild und galten als notwendiges Übel. Natürlich waren die meisten verlogene Gauner, die einen Teil der Gewinne einsteckten und sich aus dem Staub machten, wenn jemand tatsächlich einmal einen großen Betrag gewann. Allzu viel durften sie allerdings auch nicht veruntreuen, sonst geriet ihre Lebensgrundlage (und ihr Leben) in Gefahr. Nicht anders als später die Drogenhändler lebten auch die Numbers Runners von den Ärmsten in ihrer

Gegend. Sie verkauften Träume und zogen mit zahllosen kleinen Beträgen Unsummen aus dem schwarzamerikanischen Markt.

Natürlich ist der Verkauf von Wettscheinen nicht mit dem Verkauf eines todbringenden Produkts gleichzusetzen – es waren nur Träume vom großen Geld wie Pferdewetten oder andere Formen des Glücksspiels. Das Numbers Running gab den Menschen eine Beschäftigung innerhalb einer kriminellen Struktur. Stadtteilbewohner und Polizei scherten sich nicht groß darum. Immerhin förderte es Hoffnung und hin und wieder kamen Kunden tatsächlich zu einer Menge Geld. Numbers waren Teil des Bindemittels, das viele schwarze Gegenden zusammenhielt, eine gemeinsame Begeisterung, die den Alltag zugleich erträglicher und schlimmer machte.

Zu den anderen kriminellen Prototypen in den schwarzen Vierteln aus den Zeiten vor Heroin zählen der Zuhälter und der Trinker. Obwohl der Zuhälter ganz offensichtlich jemand ist, der sein Geschäft mit der Ausbeutung von Frauen und Befriedigung männlicher Begierde macht, ist er für viele Männer und mehr Frauen, als dies zugeben, eine faszinierende Erscheinung. Im Zentrum dieser Faszination steht die Fähigkeit des Zuhälters, andere zu beherrschen und durch Geschäftssinn, sexuelle Potenz, psychologisches Gespür oder rohe Gewalt dazu zu bringen, die intimsten sexuellen Handlungen auszuführen und ihm das damit verdiente Geld zu überlassen.

Auf verdrehte und ungesunde Art wurde die Fähigkeit des Zuhälters, seine Umwelt (das heißt seine Frauen) zu kontrollieren, immer als Sonderfall gewertet, bei dem es einem schwarzen Mann gelingt, Autorität auszustrahlen. Trotz jahrzehntelanger moralischer Ächtung durch Kirchenvertreter und andere Schwarzenführer blieb der Zuhälter ein vergötterter »Anti-Held« der schwarzen Jugendlichen. Seine Kleidung, sein Slang und seine Ausstrahlung haben bis heute starken Einfluss auf die Kultur – und es gibt kein Anzeichen dafür, dass sich das so schnell ändern wird.

Die Gegenfigur zum mächtigen, romantisch verklärten Zuhälter war der Säufer, der Vorläufer des Heroinsüchtigen, die Verkörperung der Großstadt-Tragödie. Heroinjunkies waren in den 60ern nichts Neues in den schwarzen Stadtteilen. Der Unterschied war nur, dass sie zuvor in der exklusiven Welt des Jazz und der Musikklubs unter sich geblieben waren, während die Opfer von Wein und Schnaps seit eh und je zum Straßenbild gehörten. Ripple, Wild Irish Rose und andere Gifte mit süßem Fruchtgeschmack waren die Vorboten eines aggressiven Zielgruppenmarketings für Whiskey in den 80ern und 90ern in den armen schwarzen Stadtteilen. An der schwarzen Pop-Kultur der 60er und 70er Jahre lässt sich die Veränderung der schwarzen Kriminalität ablesen. In seinem Klassiker »The Wino and the Junkie« schildert der Komiker Richard Pryor den Wino als ein Landei, das in der Stadt lebt, und den Junkie als einen hoffnungslosen städtischen Zombie. Pryor, selbst kunst- und kokainabhängig, beschreibt hier eine Zweiteilung, die für die spätere Entwicklung der schwarzen Gegenden schwer wiegende Folgen haben sollte.

Die in den 60ern und 70ern veröffentlichten Romane von Iceberg Slim und Donald Goines belegen eindrucksvoll die Veränderung schwarzer Kriminalität und schildern, wie Zuhälterei, Numbers Running und Trickbetrügerei immer mehr vom Verkauf von Smack dominiert wurden. Slim (Robert Beck), ein relativ hellhäutiger Krimineller, der oft als Weißer durchging, schrieb über vom Lande stammende Gauner, die in die Stadt kamen und dort mit allen möglichen psychologischen Winkelzügen Frauen zur Prostitution überredeten (*Pimp: The Story of My Life*) und Männer um ihren hart erarbeiteten Lohn brachten (*Trick Baby*). Goines, der Slims Nachfolge antrat, war selbst viele Jahre heroinsüchtig und wurde 1974 – angeblich saß er an der Schreibmaschine – zusammen mit seiner Frau erschossen. In den neununddreißig qualvollen Jahren auf der Erde presste sich Goines sechzehn Romane über verlorene und psychisch kranke Menschen ab, die unter schlimmsten Bedingungen hausten. Er schrieb im unverblümten, brutalen Pulp Fiction-Stil, der zumindest zu Beginn seiner Karriere noch einen gewissen scheußlichen Charme ausstrahlte.

Unterdessen entstanden überall in den USA afroamerikanische Heroinimperien: in Chicago unter der Kontrolle der gewalttätigen El-Rukins-Gang;

in D.C. war es Rayfield Edmonds, Sr.; in New York City zuerst Frank Matthews und später »Mr. Untouchable« – Leroy »Nicky« Barnes. Sie alle verfügten bald über breit angelegte Vertriebsstrukturen und wie im Falle Barnes über internationale Kontakte, mit denen sie die Abhängigkeit von weißen Mittelsmännern überwanden. Während viele Blaxploitation-Filme den Machtkampf rivalisierender Gangs um die schwarzen Stadtteile zum Thema hatten, führten die echten schwarzen Bosse kurze, aber heiße Gefechte mit den bereits in Auflösung begriffenen irischen und italienischen Mafiastrukturen. Mit Angeldust und Kokain brach die Hierarchie des kriminellen Amerika, die so lange Bestand gehabt hatte, in sich zusammen.

Als Heroin zum Massenartikel wurde, endete die romantische Verbindung dieser Droge mit der schwarzen Musikszene. Mit der Verherrlichung von Charlie Parker und anderen als »heroische Verlierer« – obwohl sie eigentlich heroische Musiker mit einer ihre Kunst behindernden Abhängigkeit waren – war es ein für allemal vorbei, sobald die Junkies das Straßenbild bestimmten. Niemand sah mehr etwas Heroisches darin, wenn erwachsene Männer um Geld bettelten, Autoradios klauten und zusammengerollt in Hauseingängen lagen.

Heroin hätte sich nie in dem Maße ausbreiten können, hätte nicht eine flächendeckende Bestechung von Polizei und Politik der Verbreitung dieser Droge Vorschub geleistet. Außerdem kürzte die Regierung Nixon das von den Demokraten eingeführte Programm zur Bekämpfung der Armut und tat in einer Zeit, als die meisten Unternehmen ihr Glück in den Vorstädten suchten, nichts für den ökonomischen Erhalt der urbanen Zentren.

Es gibt eine ganze Reihe von Konspirationstheorien, warum Heroin in den schwarzen Stadtteilen einen so vehementen Vormarsch erlebte. Es gibt Beweise dafür, dass die CIA im Goldenen Dreieck in Asien in den Drogenhandel verwickelt war, um Mordanschläge und andere geheime Operationen zu tarnen. Aus solchen Fakten wurde die Theorie abgeleitet, dass Heroin durch staatliche Stellen (darunter auch der FBI-Häuptling J. Edgar

Hoover) in die Ghettos eingeschleust wurde, um die Bürgerrechtsbewegung zu schwächen. Diese Theorie einer staatlichen Verschwörung bildete den Hintergrund für das Drehbuch von Melvin Van Peebles, das 1995 von seinem Sohn Mario unter dem Titel *Panther* verfilmt wurde. Natürlich hat das Ganze was Paranoides, aber je mehr man über die vom FBI und dem Justizministerium geplanten Geheimaktionen gegen schwarze Führer liest, desto plausibler erscheinen diese Verschwörungstheorien.

Belegt ist, dass staatliche Provokateure in den 70ern die Black Panther-Gruppen überall in den USA infiltrierten und oft bis auf Positionen vorrückten, in denen sie mit ihrer neu gewonnen Autorität die bereits labile Organisation weiter schädigen konnten. Im August 1996 brachte die kalifornische Tageszeitung *San Jose Mercury News* eine Serie mit dem Titel »Dark Alliance«, in der es um die Rolle der CIA bei der Verbreitung von Crack in Südkalifornien in den 80ern ging. Afroamerikanische Aktivisten wie Dick Gregory und die Kongressabgeordnete Maxine Waters von South Central Los Angeles bestätigten die Anschuldigungen der Zeitungsartikel und hielten auch dann noch daran fest, als die CIA die Vorwürfe energisch zurückwies und die *San Jose Mercury News* die meisten Vorwürfe zurücknahm.

Das Misstrauen der Afroamerikaner gegenüber Regierung und Staat sitzt tief und äußert sich gelegentlich in übertriebener Paranoia. Allerdings gibt es eine lange Reihe von Vorfällen, die dieses Misstrauen durchaus rechtfertigt. Von dem Syphilis-Experiment in Tuskegee, bei dem Männer aus Alabama vierzig Jahre lang auf Staatskosten mit Erregern der Geschlechtskrankheit infiziert wurden, bis zu den Mikrophonen, die das FBI unter dem Bett von Martin Luther King anbrachte, um sein Sexualleben auszuspionieren, haben staatliche Stellen, die für Recht und Ordnung verantwortlich sein sollten, immer wieder bewusst gegen afroamerikanische Bürger agiert. Auch wenn sich die Crack/CIA-Geschichte nicht halten lässt, darf man gespannt sein, welche Geheimaktion als nächstes an die Öffentlichkeit dringt.

Ob geheime Regierungsverschwörung oder alltägliche Bestechung und Nachlässigkeit der Exekutive, es ist nicht von der Hand zu weisen, dass die Zunahme des Drogenkonsums das Ende der Bürgerrechtsbewegung bedeutete. Drogen ruinierten die wohlwollende Einstellung der Weißen gegenüber den Zielen der Schwarzen, vor allem bei der jüdischen Bevölkerung und den Liberalen. Anfang der 70er kam es wegen der Kriminalität zu schweren Auseinandersetzungen zwischen Juden und Schwarzen, durch die ein tiefer Graben zwischen diesen so lange verbündeten Gruppen entstand, der vielleicht nie mehr überwunden werden kann.

Anfang der 80er nahm der Heroin-Konsum aufgrund der schlechten Versorgungslage ab, aber die Drogenindustrie, eine der flexibelsten und am besten angepassten in den USA, fand schnell Ersatz, um ihre drogensüchtigen Kunden bei der Stange zu halten: Angeldust alias PCP (Phencyclidine), eine künstlich hergestellte psychoaktive Droge, die auf eine normale Zigarette oder einen Joint geträufelt wird, Halluzinationen erzeugt, schwere psychische Traumata nach sich ziehen und beim Konsumenten zu unkontrollierten Gewaltausbrüchen führen kann. Ein »Dusty« ist immer gefährlich, man weiß nie, was der nächste Zug auslösen kann. New Yorker Nachrichten in den 80ern begannen regelmäßig mit einem Bericht über Polizisten oder Krankenhauspersonal, die jemand unter Kontrolle bringen wollten, der gerade dabei war, sich »zu Scotty hochzubeamen«. Angel Dust ist die Ghetto-Variante von LSD. Meiner Erinnerung nach war Angel Dust besonders beliebt bei Leuten mit ausgeprägter Phantasie, die auf intensive Erlebnissen aus waren und dafür die Gefahren ignorierten. Ein obdachloser »Dusty«, den ich kannte, sah immer Raumschiffe am Himmel über Harlem.

In den Anfängen von HipHop war Angel Dust die am weitesten verbreitete Partydroge. Sie war billig, wirkte schnell und war immer verfügbar. Viele Rap-Stars und ihre Fans kamen zu HipHop-Events bereits reichlich zugedröhnt mit dem Stoff, und so wurde Angel Dust zu einer kreativen Stimulanz der HipHop-Kultur. Aber während Angel Dust die Straßen beherrschte, setzte sich an der Wall Street eine neue, mächtige Form von Kokain durch und begann sich in der ganzen Stadt breit zu machen.

Crack

In den »supergeilen« 70ern wurde Koks gesnifft oder geschnupft (die einen sagten so, die anderen so), von Tischen, Plattencovern und bestimmten Körperteilen bestimmter Mitmenschen. In den Stadtvierteln trafen sich Kokser in After Hour-Clubs, wo sie von Marihuana-Rauchern und Heroin-Junkies verschont waren. Als ich 1979 einen Dealer interviewte, erklärte er, Kokser seien Könige und Königinnen – im Unterschied zu den Leuten in den billigen Wohnungen, die er mit Marihuana belieferte.

Zu Beginn der 80er wurde Kokain plötzlich vor allem »gereinigt« geraucht, das heißt, das Kokain bestand nur noch aus Alkaloiden. Wie die meisten hatte auch ich noch nie davon gehört, bis Richard Pryor am 9. Juni 1980 als Feuerkugel aus seinem Haus in Kalifornien gerannt kam. Kokain war immer eine teure Droge gewesen, und das Kochen von Kokain, um eine rauchbare Version davon zu bekommen, schien zunächst nur ein weiteres Hobby für gelangweilte Reiche zu sein.

Beim »Freebasing«, wie man dieses Verfahren im Slang nennt, wird Kokain in Wasser gekocht und der Rückstand in kaltes Wasser geschüttet, in dem er sich zu »Base« oder »Freebase« verbindet. In kleine Stücke geschlagen nennt man dieses Produkt »Crack«, weil es beim Rauchen einen knisternden (»crackling«) Sound produziert. Während Crack immer beliebter wurde, kam es in Bolivien, Peru und Kolumbien zu einer dramatischen Produktionssteigerung von Koka-Blättern, wodurch der Preis für Kokain enorm sank.

Der Soziologe Terry Williams schreibt in seinem 1992 erschienenen Buch *Crackhouse: Notes from the End of the Line*, dass der Preis von 50.000 Dollar pro Kilo im Jahr 1980 auf 35.000 1984 und weiter auf 12.000 Dollar im Jahr 1992 sank. Crack machte aus der Schickeria-Droge Kokain eine Massendroge für die Armen. Für nur zwei Dollar bekam man ein Plastikröhrchen mit rotem, blauem, gelbem oder grünem Deckel, Farben, mit denen die Dealer ihre Territorien oder verschiedene Produktlinien markierten. Die Dealer gaben ihren Produkten oft Markennamen, die sie aus der Popkultur entliehen, wie Lethal Weapon, der Film, oder P-Funk (die Band). Im HipHop erstmals erwähnt wird Freebase in »White Lines« von Grandmaster Flash & The Furious Five, featuring Melle Mel von 1983 und »Batterram« von Toddy Tee 1985, wo bereits ein Mini-Panzer beschrieben wird, den die Polizei von L.A. bei Razzien in Crack-Häusern einsetzt. Kurz darauf waren die Medien voll von Diskussionen über Crack und HipHop.

Die Crack-Industrie wurde zum Arbeitgeber von Jugendlichen und füllte das Vakuum, das die Abwanderung der Industrie in die Vorstädte und schließlich in die Länder der Dritten Welt zurückgelassen hatte. Vor allem Teenager arbeiteten in der Herstellung, Verpackung und dem Verkauf der illegalen Drogen. 1992, so schätzt man, waren alleine in New York 150.000 Menschen im Drogenhandel tätig. In anderen Großstädten wird die Situation kaum anders gewesen sein. MC Guru machte keinen Witz, als er Dealen als »Tagesgeschäft« bezeichnete, denn das Finanzleben bedeutender Teile der amerikanischen Wirtschaft wurde plötzlich nicht mehr von der Börse, sondern von der Crack-Industrie bestimmt.

Drogenabhängigkeit hat noch nie vor sozialen Schranken halt gemacht. Sie betrifft Alte, Reiche, Weiße und Schwarze. Aber es gab etwas ganz besonders Entmutigendes, was die Wirkung von Crack auf junge Frauen anging. Williams schätzt, dass 40% aller Crackhouse-Bewohner weiblichen Geschlechts waren. Es war unerträglich mit anzusehen, wie viele junge Mütter auf der Suche nach dem nächsten Hit ihre Kinder im Stich ließen, und oft führte der Weg dieser Frauen in die Prostitution.

In den acht Jahren der Präsidentschaft von Ronald Reagan schlug die Crack-Welle bis in alle sozialen Einrichtungen durch: Sozialhilfe, Kinderfürsorge, medizinische Notversorgung, ganz gleich in welchem Bereich, überall war die Anwesenheit von Crack zu spüren. Vor dem Familiengericht konnte man täglich Großmütter beobachten, die um den Zusammenhalt ihrer Familie kämpften, in dem sie das Sorgerecht für ihre verstoßenen oder vernachlässigten Enkel übernahmen. Es war eine Tragödie, die den Großeltern ihren wohl verdienten Ruhestand raubte, sie um ihre geringen Finanzpolster brachte und ihr Leben verkürzte. In diesem Chaos, von dem alle Generationen betroffen waren, gelang es nur wenigen, den Kopf über Wasser zu halten und für die Zukunft zu planen.

Für alle, die den Fallout der Crack-Explosion zu spüren bekamen – Kinder, Verwandte, Freunde, Nachbarn – war »Hoffnung« nur noch eine leere Phrase. Die Welt definierte sich über die »Hood«, den Block oder die Straßenecke, wo sich die tägliche Suche nach Drogen oder nach den drogenabhängigen Freunden abspielte. Im Verlauf der 80er beschleunigte sich der durch Heroin begonnene körperliche und seelische Zerfall, zunächst durch Angel Dust und dann durch die McDonaldisierung von Crack.

Wenn es darum ging, den Lebenswert zu definieren, wurden materielle Werte immer wichtiger. Nicht messbare Lebensfreuden wie das Großziehen von Kindern oder die Liebe zwischen zwei Menschen hatten an Orten keine Bedeutung, an denen Kinder zu Wegwerfartikeln und Sex zur Währung geworden waren.

Crack up

»Da, wo ich wohnte, war man entweder Mitglied einer Gang oder einer Clique – die meisten waren beides.«
Smokey Robinson 1997

Gangsta Rap (oder Reality Rap oder welche Bezeichnung man auch immer vorzieht) ist ein unmittelbares Nebenprodukt von Crack. Wenn man das nicht weiß, versteht man auch nicht, wieso es dazu kommen konnte, dass

HipHop zum Sündenbock von allem und jedem wurde. Das ist kein Henne-oder-Ei-Rätsel: Zuerst kamen die Crack-Rocks, dann kam Gangsta Rap.

Weil das intensive High bei Crack nur kurz anhält, wurden ganz gewöhnliche Kleindealer zu Schlüsselfiguren. Nach dem Schnupfen und Injizieren von Heroin bleibt ein Süchtiger stundenlang in seinem Traumland. Ein Crack-Süchtiger hingegen erlebt einen kurzen, unglaublichen Sturm, aber fünf Minuten später sehnt er sich schon nach dem nächsten Rock. Crack erzeugte einen Fastfood-Kreislauf mit enorm schnellem Produktumsatz. Weil Crack extrem suchterzeugend und gewinnbringend war, verschärfte sich der Wettbewerb um die städtischen Absatzgebiete, sprich Straßenecken. Mit dem Geld, das Crack aus einer immer gespenstischer dreinschauenden Klientel generierte, wurden immer größere und gefährlichere Waffen angeschafft. Anfang der 80er war die 45er Automatik bereits längst Todesursache Nummer eins – zumindest samstagnachts. Am Ende des Jahrzehnts hatten großkalibrige Waffen wie die israelische Uzi, Desert Egale, die Glock oder die gute alte amerikanische Mossburg Schrotflinte Kaliber 12 alle Städte erobert und ließ die Mordraten in Washington (D.C.), Los Angeles, Detroit, Gary (Indiana) auf Rekordhöhe anwachsen.

Weil die Dealer völlig wahllos von der Waffe Gebrauch machten, rüsteten auch die Bewohner in den von Drogen heimgesuchten Gegenden auf. Die Unfähigkeit der Polizei, den Drogenhandel zu unterbinden, und das Desinteresse der Regierung, das Drogenproblem zu lösen (wenn man nicht sogar von Mittäterschaft sprechen will) führten zu Zynismus und zum Zerfall der ganzen Nation. Nancy Reagans »Just Say No«-Kampagne wirkte wie ein Witz, und um das Motto ihres Mannes »Morning in America« waberte noch der Pulverdampf der vergangenen Nacht.

Gangsta Rap tauchte erstmals Mitte der 80er auf, erlebte seinen Höhepunkt gegen Ende des Jahrzehnts und verlor in den 90ern wieder an Bedeutung – völlig parallel zur Entwicklung des Crack-Konsums. Den größten Umsatz erzielten diese Alben in den Vorstädten, was viel mit dem Rebellenstatus der harten Rapper bei den Jugendlichen zu tun hat, aber auch damit, wie man heute in den Vorstädten aufwächst. Vorstadtkinder – längst nicht mehr nur Weiße, sondern auch Schwarze, Asiaten und Latinos – wussten schon in den 60ern mehr über Drogen als die offiziellen Stellen zugaben. (Auch wenn es in den Vorstädten nicht so oft zu Erschießungen aus vorbeifahrenden Autos kommt, so hat man doch schon davon gehört.) Nicht alle Drogendealer hängen in Parks rum, aber ich habe nicht einen getroffen, der keine Einkaufzentren mochte. Das kleine dreckige Geheimnis des ganz normalen Amerika ist, dass Kinder, egal welchen Alters, Zugang zu allen nur erdenklichen Drogen haben und dass ihnen die Verklärung von Drogenkultur und Drogenhandel nicht fremd sind. Das ist ein weiterer Grund, warum Gangsta-Alben, die angeblich nichts mit der Erfahrungswelt junger Weißer zu tun haben, so beliebt bei ihnen sind. Auch der urbane Kontext der Platten ist nicht mysteriös oder exotisch, wie oft vermutet wird, weil viele Vorstadtdealer und Süchtige städtische Hoods als Geschäftsfelder nutzen.

Eine Folge der Crack-Seuche war die massenhafte Einkerkerung von Schwarzen. Im Februar 1990 veröffentlichte der in Washington, D.C. ansässige Verein Sentencing Project einen schockierenden Bericht über das Verhältnis junger Afroamerikaner zum Justizsystem der USA. Diesem Bericht zufolge war einer von vier schwarzen Männern zwischen 20 und 29 Jahren – insgesamt 610.000 – entweder hinter Gittern oder auf Bewährung. Zum Vergleich: Nur 436.000 besuchten ein College.

Natürlich gab es viele Gründe für dieses Problem: das Dealen mit Crack, die drastischen Strafen für geringere Drogenvergehen wie etwa Besitz kleiner Mengen, das Fehlen ökonomischer Perspektiven in den amerikanischen Städten, ein kollektives Gefühl der Hoffnungslosigkeit, schlecht funktionierende Bildungseinrichtungen.

Da so viele Männer im Gefängnis saßen oder unter ständiger Überwachung standen, kannte so gut wie jeder schwarze Amerikaner jemanden, der mit dem Justizsystem zu tun hatte, sei es als Opfer oder als Täter. Daher ist es kaum überraschend, dass Stoffe, die mit Verbrechen und den

Folgen von Verbrechen zu tun haben, so großen Erfolg hatten, von Reality-TV bis zu Spielfilmen wie *Boyz N the Hood* oder *Juice*. Und natürlich haben HipHop-Platten mit Knastkultur zu tun.

Aber das war noch längst nicht alles: Die Mentalität der schwarzen Kultur blieb davon nicht unberührt. Das teilnahmslose Miterleben von Gewalt und die völlige soziale Entfremdung, die Haftstrafen mit sich bringen, wurden von den Häftlingen auf die ganze Gemeinschaft übertragen. Die Bedeutung von Knast veränderte sich: Aus einer schrecklichen Haftstrafe wurde ein Initiationsritus, der für viele den Beginn der Männlichkeit markierte. Was man unter Männlichkeit verstand, wurde im Knast auf perverse Art und Weise definiert. Die sexuellen und emotionalen Bedürfnis- und Befriedigungsmuster junger Männer wurden durch die sexuellen Aktivitäten geprägt, wie sie hinter Gittern stattfinden.

Homosexualität ist in den schwarzen Vierteln weitestgehend verpönt, und über homosexuelle Handlungen im Gefängnis schweigt man sich aus. Da es sich häufig um Vergewaltigungen oder psychologische Zwangslagen handelt, werden sie nicht als Äußerungen sexueller Orientierung gewertet, sondern als Akt der Kontrolle und Beherrschung, was beides in Übereinstimmung mit dem Gangsta-Kodex ist: Sex, der auf diese Weise stattfindet, hat nichts mit Liebe zu tun, sondern nur mit Macht. Aber, wie auch immer die Rechtfertigung ist, man wird den Eindruck nicht los, dass diese engen Männerbünde etwas Homoerotisches an sich haben. Sex ist ein gutes Beispiel dafür, wie im Gefängnis entstandene Werte das Verhalten außerhalb der Mauern beeinflussen. Da es um Macht geht und nicht um Zuneigung, hängt man mit anderen Männern rum, nicht nur, weil man dieselben Interessen hat oder miteinander befreundet ist, sondern weil man einen Beschützer und selbst mehr Macht braucht. Für einige Männer, ob im Gefängnis oder nicht, dominiert schon in der Pubertät die Vorstellung vom Gefängnis alle anderen Umwelten.

Misstrauen gegenüber Frauen, Loyalität gegenüber der Clique, ein indifferenter Gesichtsausdruck und Hass gegen Autoritäten – allesamt charakteristische Eigenschaften des Gangsta Rap – haben mit der großen Zahl von Afroamerikanern zu tun, die in den 90er Jahren eingesperrt waren.

Kriminelle Gedanken

Wenn sich Leute über die Gefahren des Gangsta Rap aufregen, denke ich immer an eine bestimmte Platte und an ein Interview, das nie stattfand. 1985 gab es auf KISS-FM freitagnachts eine Rap-Sendung. Entweder ließ ich sie beim Schreiben im Hintergrund mitlaufen oder ich hörte sie, wenn ich im Bett lag. Jedes Mal war mindestens eine Platte dabei, die ein absoluter Hammer war und sich einfach nicht mit der von mir zugedachten Rolle als Hintergrundberieselung abfinden wollte. Schoolly D's »PSK – What Does It Mean?« war so eine Platte, bei der sich sofort meine Stimmung änderte. Dieses Geständnis eines brutalen Straßenkids, das zur PSK-Gang gehört, den so genannten Parkside-Killers in Philadelphia, ließ mich die ganze Nacht nicht mehr los. Es war nicht nur der Text, der mir nahe ging. Schoolly D brachte die Geschichte einfach so teilnahmslos rüber, und sein kühler, spöttischer Ton machte mir eine Gänsehaut. Eine ähnlich starke Reaktion lösten bei mir nur zwei andere Songs aus: Robert Johnsons Delta-Blues, als ich ihn zum ersten Mal hörte, und dann Trickys vorgezogener Millennium-Schreck bei einem Konzert in New York 1997. Schoolly hat als Musiker sicher nicht das Niveau von Johnson und auch nicht das des Trip-Hop-Pioniers Tricky, aber der Homeboy aus Philly fing etwas Gequältes und Verbogenes in seinem Song »PSK« ein. Wenn Leute Abneigung gegen den Gangsta Rap empfinden, kann ich das am besten nachvollziehen, wenn ich mir das Unbehagen in Erinnerung rufe, das »PSK« bei mir auslöste. Damals, in jenen noch vergleichsweise unschuldigen Zeiten, war Schoolly D's wertfreie Haltung zur Gewalt (im Unterschied zum warnenden Unterton von »The Message«) etwas Neues und Schockierendes.

Meine zweite frühe Erinnerung an Gangsta Rap hat mit meiner einmaligen Begegnung mit dem Mitgründer von Boogie Down Production, mit Scott LaRock (Scott Sterling), zu tun. Ich traf ihn Backstage in Madison Square Garden auf einem riesigen Rap-Konzert. Alle Vertreter der schwarzen Popkultur der 80er waren gekommen: Malcolm-Jamal Warner, der Teenie-Star aus der *Bill Cosby Show*, saß im Publikum, während L.L. Cool J den »Garden« toben ließ. Mike Tyson, damals noch Champion im Schwergewicht, der skrupellose Rabauke aus meinem Viertel, schlug einem Mädchen im Vorbeigehen die Faust ins Gesicht und kicherte. Fast im selben Augenblick wurde ich LaRock vorgestellt, der gerade innerhalb kürzester Zeit zum heißesten HipHop-Produzenten aufgestiegen war. Als Teil von Boogie Down Productions war er maßgeblich an dem brillanten Album *Criminal Minded* beteiligt. Angeturnt von den brutalen Rhythmen und den völlig abgedrehten Texten des ehemaligen Straßenjungen KRS-One (Kris Parker) handelte es sich hier erstmals um ein ganzes Album, das sich mit dem von Crack-Kriminalität zerfressenen Amerika Ronald Reagans auseinandersetzt.

Criminal Minded erschien 1987 bei der von Schwarzen betriebenen Produktionsgesellschaft B-Boy Records in der Bronx, über die KRS One bei jeder Gelegenheit in der Presse herzog. B-Boy kontrollierte Boogie Down Productions genau ein Album lang. Jeder im Business wollte BDP haben, aber schließlich gelang es Barry Weiss und Ann Carli von Jive, BDP unter Vertrag zu nehmen. Ich sagte LaRock, dass ich ihn für *Billboard* interviewen wollte. Er nahm meinen Block und Stift und schrieb mir seine Nummer auf. Ich sagte, ich würde ihn in der Woche darauf anrufen, aber noch am selben Wochenende, am 26. August 1987, fiel LaRock einer blindwütigen Schießerei zum Opfer, wie sie heute zu unserem Alltag gehört.

LaRock hatte sein Geld zunächst mit Sozialarbeit in Obdachlosenasylen verdient – und dabei Parker kennen gelernt. Einer der jungen Männer im Kollektiv von BDP, der von Parker und LaRock gefördert wurde, war D-Nice (Derrick Jones), ein schüchterner, attraktiver, begabter fünfzehnjähriger DJ. Die jungenhafte Ausstrahlung von D-Nice hatte auf die Freundin eines Drogendealers wohl zu anziehend gewirkt, und der Dealer hatte Derrick gedroht, ihm etwas anzutun. Am Samstagnachmittag nach dem Konzert im Madison Square Garden waren LaRock, D-Nice und noch ein paar Leute von BDP in die Gegend des Dealers gefahren, um die Sache zu klären. Vielleicht rechnete der aufgrund des gewalttätigen Inhalts von *Criminal Minded* mit Ärger, aber LaRock kam in friedlicher Absicht. Als der Jeep mit den BDP-Leuten in der Straße des Dealers auftauchte, wurde ein Schuss abgefeuert, durchschlug das Fahrzeug und traf LaRock tödlich. Wie nicht anders zu erwarten, wurde niemand für den Mord zur Rechenschaft gezogen.

Auch die Frage, ob der gewalttätige Ruf von BDP eine Rolle bei diesem Präventivschlag spielte, wird für immer unbeantwortet bleiben. Aber jedes Mal, wenn jemand die Gleichung Rap gleich Gangstertum aufstellt, denke ich an den Tod von LaRock. Seine Erschießung wirkt im Nachhinein wie der Vorbote einer Zeit, in der sich Reim und Realität oft tragisch überschnitten. LaRock war kein gewalttätiger Mensch. Im Gegenteil, er verbrachte viel Zeit damit, Konflikte auf friedliche Weise zu lösen, und das in Notunterkünften, in denen die Hoffnungslosigkeit zu Hause war. Und als er starb, befand er sich auf einer Friedensmission für einen Freund. Mit *Criminal Minded* jedoch hatte LaRock als Musiker und Entertainer in den selbstzerstörerischen Materialismus seiner Zeit eingestimmt.

Die Ironie von LaRocks Schicksal bringt mich immer wieder dazu, pauschale Erklärungen für den Gangsta Rap zu hinterfragen. Nicht alle Rapper, die gewalttätige Texte schreiben, sind gewalttätig. Die meisten nehmen für sich dieselbe künstlerische Freiheit in Anspruch wie die Produzenten von Action-Filmen. Natürlich gibt es auch Gewalttäter unter ihnen oder solche, die mit Verbrechern befreundet sind, aber Gangsta Rap, ob der Erfahrung des Sängers entsprungen oder frei erfunden, verfügt über ein weites Spektrum an künstlerischen Darstellungsformen: Viele Zeilen, in denen es um Gewalt geht, sind einfach Cartoons, deren Bilder so realitätsnah sind wie der Road Runner. Die Ungeheuerlichkeiten von Eazy E oder Kool G Rap gehören in diese Kategorie. Einige warnen vor den Gefahren der Straße, wie etwa Melle Mel und Duke Bootee in »The Message«. Bei anderen handelt es sich um Erlebnisberichte in der ersten Person, die Vorgänge mit der Präzision einer Kamera schildern. Meister sind hier Ice Cube und KRS-One. Einige enden mit einem ebenso blutigen wie heldenhaften Triumph, wie bei Scarface oder Ice-T. Bei ein paar wenigen ist der Erzähler am Ende tot und teilt uns die Vergangenheit aus dem Grab mit. Sowohl Tupac Shakur als auch Notorious B.I.G. hatten eine Vorliebe für diese Variante – eine traurige Prophetie.

Einige dieser Gewalttexte sind poetisch und gut beobachtet, wie etwa die nuancenreichen Songs von Chuck D, Rakim und Nas. Too Short und Luther Campbell kommen über das Analhumor-Niveau von Jim Carreys *Dumm und dümmer* nicht hinaus. Einige sind psychisch komplex, weil der Erzähler vielleicht »nicht ganz dicht« ist. Das ist eine Spezialität von Scarface. Und dann gibt es natürlich eine Menge leeres, nachgeplappertes Zeug, aus dem wirklich nur noch die aller reaktionärsten Hörer etwas Asoziales heraushören können. Ich glaube, dass die meisten MCs, denen man das Etikett Gangsta Rapper verpasst hat, zu Unrecht über einen Kamm geschoren werden. Aber kaum jemand macht sich die Mühe, sich mit den stilistischen Unterschieden auseinander zu setzen.

Und was bedeutet Gangsta Rap überhaupt? Jeder kennt die Alben von N.W.A., die Solo-Sachen von Eazy-E, Dr. Dres *The Chronic* und *Doggystyle* von Snoop. In ihrer Verherrlichung von Knarren, Messern und Crack als Dreh- und Angelpunkt ihres ökonomischen Universums findet sich all das, was Gangsta Rap so bedrohlich macht. Aber mal abgesehen von diesen Platten – von denen die meisten auch noch von Dr. Dre meisterlich abgemischt wurden – fällt es mir schwer, irgendeinen anderen Rap-Star als Gangsta Rapper zu bezeichnen. Ice Cube zum Beispiel (von seinem geistlosen Projekt »West Coast Connection« einmal abgesehen) oder Scarface sind einfach zu vielschichtig und vielseitig, um sie mit einer Stereotype der Massenmedien abzuspeisen.

Die Märtyrer der 90er Jahre, Tupac Shakur und Notorious B.I.G (Christopher Wallace) wurden nach ihrem Ableben zu Gangstern gemacht, obwohl es ihnen nicht nur um Crack und Verbrechen ging. Viel Unsinn ist über die beiden geschrieben worden: Helden einer Generation; Opfer ihrer brutalen Texte; Märtyrer; Verbrecher; was auch immer. Wir wollen uns mit ihnen als Musiker befassen. Wenn zwanzig Jahre nach seinem Entstehen in der Bronx HipHop heute als Kunstform akzeptiert ist, dann haben diese beiden Männer Pionierarbeit geleistet. Weit entfernt davon, die beiden Galionsfiguren einer East Coast/West Coast-Schmierenkomödie zu sein, verhielten sich 2Pac und Biggie komplementär zueinander, auch wenn sie nach außen hin nicht zusammen zu passen schienen.

Biggie war kugelrund und redete langsam und nachdenklich in einem »Brooklyn-meets-the-Caribbean«-Stil, den er von seiner wortgewandten Mutter, einer aus Jamaika stammenden Lehrerin, übernommen hatte. Tupac war muskulös und redete druckvoll mit dem Eifer eines politischen Aktivisten und dem dramaturgischen Gespür eines Schauspielers – Einflüsse des militanten Lebens seiner Mutter bei den Black Panthers und der Theaterkurse, die er auf der Highschool belegte. Biggie hüllte sich in teures Tuch und kultivierte eine prunkvolle Aura, die ihm in Anlehnung an einen Gangsterfilm den Namen »King of New York« einbrachte. 2Pac schien lieber ohne Hemd rumzulaufen, um sein Sixpack an Bauchmuskeln, seinen drahtigen Oberkörper und sein Tattoo besser zur Geltung zu bringen: »Thug 4 Life«.

Was die beiden verband, war ihre lyrische Begabung und eine bittersüße, vom Leben auf der Straße geprägte Ironie. Tupac und Biggie waren wie die meisten kontroversen (und besten) Rapper in der Nachfolge der politischen Vorträge von Public Enemy Poeten der Negation, womit sie bei den Gralshütern der offiziellen Kultur und den Gottesfürchtigen innerhalb der schwarzen Gesellschaft auf Ablehnung stoßen mussten. Afroamerikaner haben sich schon immer über Kunst in die Haare bekommen, die unerfreuliche Aspekte ihres Lebens darstellt, weil solche Kunst sofort unter

Verdacht geriet, den Weißen in die Hand zu spielen. Und auf den ersten Blick hatten die Kritiker Recht: Schwarze, die schlecht über Schwarze reden, können rassistische Einstellungen bei Nicht-Schwarzen verstärken. Aber politische und soziale Bedingungen können und dürfen der Vision eines Künstlers keine Schranken auferlegen. Tupac und Biggie sangen von einem Crack-verseuchten Amerika – aber davon zu reden heißt nicht, es gutzuheißen. Das viel gepriesene Werk des Regisseurs Martin Scorsese folgt einem ähnlichen künstlerischen Impuls. Seine Meisterwerke, *Mean Streets, Raging Bull, GoodFellas*, stecken voller Gewalt. Sie sind ohne Zweifel kunstvoll, aber moralisch verquer und tief beunruhigend in dem, was sie über die italo-amerikanische Seele im Besonderen und die menschliche Gewaltbereitschaft im Allgemeinen aussagen. Dennoch käme niemand auf die Idee, Scorsese als einen sich selbst glorifizierenden Verbrecher zu diffamieren.

Scorsese gilt als einer der besten Filmemacher, während Tupac und Biggie als Gangsta Rapper verunglimpft wurden. Dabei hätten die mordenden Figuren, die Joe Pesci und Robert DeNiro in *GoodFellas* verkörpern, genauso gut in irgendeine von Tupacs oder Notorious' CDs hineinspazieren können. Sie hätten sich gleich zu Hause gefühlt. Tupac und Notorious machten keine Platten für den NAACP oder Musik für die Bürgerrechtsbewegung. Sie machten harte, nachdenkliche, anschauliche, absichtlich gewaltvolle amerikanische Pulp-Kunst.

Tupac, der Jim Cagney des HipHop, und Notorious B.I.G., der rappende Edward G. Robinson, starben nicht für ihre Sünden und für die Sünden, die in ihren Texten vorkamen, sie starben für das Leben, das sie gewählt hatten, und das Leben, das sie gewählt hatte. Rap-Texte, in denen es um Gewalt geht, sind die logische Folge einer Welt, in der ein Sechzehnjähriger aus kurzer Distanz von seinen Klassenkameraden wegen seiner neuen Jacke abgeknallt, ein Fünfzehnjähriger wegen seiner Brille von einem anderen Jugendlichen erstochen wird und ein Siebzehnjähriger den Abend nicht mehr erlebt, weil er seinem späteren Mörder versehentlich einen

Baseball an den Kopf geworfen hat. In einer Welt, in der durch Crack mächtig gewordene Gangs nach einer archaischen Lebensphilosophie maßloser, unstillbarer und niemals endender Rache leben – die ihre Legitimation in Klassikern des »American Way of Life« wie *The Searchers* und *Star Wars* findet –, ist Gangsta Rap nur eine weitere Variation eines alten Themas.

HipHop der Crack-Ära ist von Nihilismus geprägt, aber dieser Nihilismus wurde nicht von Rappern in Umlauf gebracht. Er reflektiert den Seelenzustand und die Ängste junger Amerikaner aller Hautfarben und Klassen, die in den großen Städten oder anderswo ein aufreibendes Leben führen. Dieser Nihilismus mag ebenso zurückgehen wie der Handel mit Crack, aber ganz verschwinden wird er nicht, weil weder die sozialen Bedingungen, die den Handel begünstigten, noch der dem nihilistischen Rap zugrunde liegende künstlerische Impuls verschwunden ist. Tief aus dem Inneren der amerikanischen Seele spricht er zu uns – und wir mögen seine Stimme.

Vier – Das »I« des »me«

»We can go rhyme for rhyme
Word for word, verse to verse.«

Big Daddy Kane, »Raw«

Für einige schwarze Männer sind Stolz und Überheblichkeit so untrennbar miteinander verbunden wie ein elektrischer Schaltkreis – Bescheidenheit ist ein Fremdwort für sie. Die meisten Menschen halten das für etwas Schlechtes, aber für Menschen, die über Generationen auf alle Privilegien verzichten mussten, sind Stolz und Überheblichkeit eine starke Quelle der Selbstbestätigung.

In der ehrwürdigen Geschichte der europäischen Kultur gibt es viele Texte toter weißer Männer wie Dante oder Milton, die Stolz als eine der sieben Todsünden bezeichnen. Dantes *Inferno* zufolge war Stolz der Grund, weshalb Luzifer aus dem Himmel vertrieben wurde. Vielleicht ist Stolz ja wirklich etwas Schlechtes – für tote weiße Männer. Aber für einen lebenden schwarzen Mann ist das etwas ganz anderes: Auf einem Planeten, auf dem es Tradition hat, Schwarze zu dämonisieren, zu demoralisieren und zu verachten, ist extravaganter Stolz eine Überlebensstrategie.

Für afroamerikanische Männer ist dieser übertriebene Stolz ein aggressiver Ausdruck von Identität. So blickte Reggie Jackson seinen Homeruns hinterher. So traten die grimmig dreinschauenden Mitglieder der Nation of Islam auf, mit ihrer aufrechten Haltung, ihren Anzügen, weißen Hemden, Schlipsen und Sonnenbrillen. So machte auch Michael Jordan sein Körbe in allerletzter Sekunde, immer und immer wieder. So bewarb sich Jesse Jackson zweimal um die Präsidentschaftskandidatur und versetzte die demokratische Partei in Angst und Schrecken. So errichtete Henry Louis Gates Jr. ein schwarzes akademisches Imperium in Harvard. So ist die Autobiographie von Sammy Davis Jr. mit dem Titel *Yes, I Can*, obwohl er in einer Branche arbeitete, in der es allzu oft hieß: »No, nigga, you can't«. So ist der Humor von Ralph Ellison, wenn er seinem Buch den Titel *Der unsichtbare Mann* gibt, obwohl er genau weiß, dass ein Schwarzer überall auffällt. Und so ist das großspurige Auftreten, das zum Kern des HipHop gehört. Schwarzer männlicher Stolz ist eine Waffe und eine Einstellung, ein Angriff auf das Negative und eine Möglichkeit, das Negative umzudrehen.

»Ich« ist ein machtvolles Wort in der Sprache des afroamerikanischen Mannes. Jeder ist Erzähler seiner eigenen Geschichte und macht ein Fest daraus, andere dazu zu bringen, die Dinge so zu sehen wie er. Das erste Wort in Ellisons Buch *Der unsichtbare Mann* ist »Ich«. In vielen wichtigen Erzählungen von Afroamerikanern des vergangenen Jahrhunderts – Richard Wrights *Black Boy*, Claude Browns *Im gelobten Land*, James Baldwins *Hundert Jahre Freiheit ohne Gleichberechtigung*, Nathan McCalls *Makes Me Wanna Holler* sowie alle Texte des Rap – verlangt ein starker autobiographischer Impuls nach der Erforschung dieses »Ich«.

Unter Brüdern ist »Ich« nicht genug, es kommt darauf an, wie es rübergebracht wird. Jesse Jackson sagte, dass einige afroamerikanische Führer eher die Früchte von den Bäumen schütteln (wie er selbst) und andere eher zu Hause im Stillen Gelee kochen (wie Colin Powell). Die meisten berühmten Führer waren redegewandte »Baumrüttler« wie Dr. King und Malcolm X, aber auch bürokratische, detailversessene Männer haben ihren Platz in unserer Gesellschaft – denn ohne sie bleibt es nur bei den schönen Reden. Dennoch braucht es Feuer, um das Volk zum Rocken zu bringen, und deshalb sind wir von den Männern angezogen, die dieses Feuer haben.

Schwarzer männlicher Stolz äußert sich oft darin, dass man sich selbst einen Namen gibt. Das hat damit zu tun, dass sich Afroamerikaner das ganze 20. Jahrhundert hindurch unwohl gefühlt haben mit den aus der christlichen Tradition stammenden Namen. In den letzten zwanzig Jahren hat eine neue Generation von Eltern sich für eine phonetische Schreibweise dieser Namen entschieden, wodurch das Bedürfnis der Umbenennung etwas nachgelassen hat. Juwan, Anfernee, Antawn sind solche neuen Namen, die afroamerikanische Familien zur englischen Sprache beigetragen haben.

Sich umzubenennen ist Teil einer langen afroamerikanischen Tradition. Neue »Ichs« sagen etwas darüber aus, wie man sich selbst sieht oder gesehen werden will. Der Blues, Grundlage fast aller amerikanischen Musik und zentrale afroamerikanische Ausdrucksform, wimmelt nur so vor neuen »Ichs«. Muddy Waters (McKinley Morganfield), Bo Diddley (Ellas McDaniel), Howlin' Wolf (Chester Burnett) – sie alle schufen mutige neue Identitäten, die Ausdruck eines großen Selbstwertgefühls waren. In dieser Tradition der Erneuerung durch Umbenennung stehen auch Cassius Clay, der als Mitglied der Nation of Islam zu Muhammad Ali wurde, oder Joseph Saddler, der sich unter dem Eindruck von Kung-Fu-Filmen Grandmaster Flash nannte. In den goldenen Zeiten des Jazz war die Musikerszene voll von »adligen« Counts und Dukes. In unserer Zeit mit etwas heruntergeschraubten Erwartungen und vergröbertem Feingefühl begegnen wir Namen wie Public Enemy oder Ol' Dirty Bastard. Aber ob man sich selbst in den Königsstand erhebt oder in Namen suhlt, die negative Assoziationen wecken, afroamerikanische Männer sind rastlos in ihrem Streben, sich selbst zu definieren.

Bei aller Individualität sucht der schwarze Mann nach einem Kontext für seinen Stil, und den findet er oft in einer Gruppe, zum Beispiel bei den Jungs vom selben Block, aus der »Hood«. Manchmal bezeichnen sich diese Jungs aus der Hood als Gang, und manchmal sind sie wirklich eine Gang. Aber ob es sich bei der Bezugsgruppe nun um die Homies, eine Gang, ein Team, eine Band oder eine Clique handelt, wichtig daran ist, dass man etwas gemeinsam macht. Das eigene »Ich« wird eingesetzt, um das Gruppen-»Wir« stärker und größer zu machen.

Das Bedürfnis, jede Handlung zu individualisieren, führt manchmal dazu, dass uns andere darum beneiden oder gar dafür hassen. Im Basketball beispielsweise ist die Art, wie man die Körbe macht, genauso wichtig wie das Punkten selbst: der blind geworfene Pass, der Pass hinter dem Rücken, das Dribbeln durch die Beine und selbst der 360-Grad-Sprung, bei dem der Ball anschließend durchs Netz gestopft wird und nur zwei Punkte bringt – aber was für schöne Punkte!

Wir besitzen gerne Dinge, die uns lange nicht zugänglich waren, wie Saxophone, Sampler oder Pager – und erfinden diese Technologie neu, versehen sie mit unserem eigenen Image. Das Saxophon wurde im 19. Jahrhundert von Adolphe Sax erfunden, aber zum akzeptierten Instrument wurde es erst, als es 1930 meine schwarzen Brüder in die Finger bekamen. Der Sampler wurde in den 70ern von Klangwissenschaftlern erfunden, aber erst mit den Ohren der HipHop-Produzenten fand er weithin Anwendung. Der Pager – unverzichtbares Zubehör von Ärzten in Dienstbereitschaft – wurde erst zum ständigen Begleiter jedes New Yorkers, nachdem ihn Drogendealer für ihre Zwecke entdeckt hatten und er sich in der Folge über die schwarzen Wohngegenden ausbreitete.

Helden und Antihelden

Hätte man mich Ende der 80er Jahre gefragt, wer HipHop am besten verkörpert, hätte ich vermutlich keinen Musiker nennen können. Meine Wahl wäre auf Mike Tyson gefallen. Wie alle schwarzen Boxerikonen war auch Tyson eine machtvolle Projektionsfläche für alle Träume von Dominanz, die unbefriedigt in so vielen Herzen schlummerten. Jack Johnson, Joe Louis, »Sugar« Ray Robinson, Muhammad Ali und viele andere, unabhängig von ihren stilistischen und persönlichen Unterschieden, konnten beim schwarzen Publikum eine beinahe animalische Faszination erzeugen.

Auch wenn ich in einem von Weißen dominierten Land lebe, waren unsere Helden doch immer braun – okay, Bruce Lee war eine Ausnahme. Wir wollen, dass sie die Straßen unter ihren Füßen swingen lassen und es dabei bis in die Vorstandsetage schaffen. Sie müssen Stil haben, in der Stimme oder in der Gestik. Sie müssen das Mädchen kriegen, aber sie müssen es mit Stil tun. Sie müssen ohne Furcht sein, aber nicht blöd. *If they talk the talk they must walk the walk* – sonst werden sie verachtet und gedisst. Unsere Vorstellung von Heldentum hat nichts übrig für die Scheuen, die Unsicheren oder Introvertierten. Wir mögen sie protzig und laut. Sie sollen unsere blasierte Männlichkeit verkörpern, und egal, ob Revolutionäre oder Rap-Stars, wir erwarten von ihnen, dass sie bereit sind zu sterben – auch wenn wir das ganz bestimmt nicht wollen. Oft sind unsere Helden eher Antihelden, zumindest in den Augen anderer: Robert Johnson, der zu Mitternacht in Mississippi seine Seele dem Teufel verkauft, Superfly in seinem Hut mit Riesenkrempe und seinem Cadillac, Mike Tyson in seinem blinden Zorn. Oder zumindest so, wie er einmal war.

Tyson hatte sich von Straßenkämpfen rivalisierender Gangs zu einer verfeinerten Form der Gewaltanwendung hochgeboxt. Sein rasanter Aufstieg vom Schläger zum Champion erinnerte an Malcolm X und ließ ihn schnell zum Mythos derer werden, die mit ansahen, wie die Kluft zwischen arm und reich immer weiter aufging und fürchteten zurückgelassen zu werden. Mike war einer von ihnen, und er schwor ihnen die Treue, in seinen Worten und in seinen Taten. Tyson war frei von Hintergedanken. Er hatte nichts von der Leichtigkeit, die Robinson und Ali in den Ring gebracht hatten. Wenn Tyson in seinen schwarzen Hosen im Ring stand, war er das Sinnbild der brutalen Attacke, die schon vor dem ersten Gong bei den Gegnern Panik auslöste. Irgendwie fand das seinen Widerhall außerhalb des Ringes in den gesellschaftlich und politisch gefühllosen 80ern. Wer hatte schon Zeit für die süße Wissenschaft des Boxens, wenn ein Tyson-Kampf sofortige Genugtuung und rituelle Kastration verschaffte, und das alles in Runde eins?

Es gab einen Teil Amerikas, sowohl des schwarzen als auch des weißen, der gar nicht einverstanden war mit dem Aufstieg von Mike Tyson. Er war einfach zu dicht dran am amerikanischen Albtraum eines Bigger Thomas, wie er von Richard Wright beschrieben wurde. Tyson fehlte das Charisma des smarten Jungen, wie es Ray Leonard verkörpert hatte, oder die demütige Gottesfurcht eines Evander Holyfield – zwei Typologien, die von den Amerikanern problemlos akzeptiert wurden. (Holyfield, der damals von MC Hammer gemanagt und von Snoop Doggy Dogg besungen wurde, hatte viele Anhänger in der Rap-Szene, allerdings nicht an der East Coast). Tyson wusste nichts mit den Umgangsformen und Nettigkeiten anzufangen, wie sie in den USA üblich sind. Sein Unbehagen war selbst noch durch die dunklen Gläser seiner Sonnenbrille zu sehen, ohne die er keine Pressekonferenz besuchte.

Dieselbe Energie, die Tyson im Ring und bei seinen unmäßigen Streifzügen durch die Nachtclubs freisetzte, machte ihn zu einem Helden in den Gegenden, in denen HipHop zu Hause war. Sein Name taucht in zahlreichen Texten auf, weil seine Kraft und vor allem seine Respektlosigkeit großes Ansehen bei den Rappern genoss. Als Will Smith noch der Fresh Prince war, machte er einen Song über ihn mit dem Titel: »I Think I Can Beat Mike Tyson«, und zum Dank für soviel Zuneigung schlug Tyson dem MC beim Videodreh den Arm grün und blau.

In den 80ern machte Tyson die HipHop-Bewegung stolz, aber in den 90ern wurde Tyson Opfer seiner Schwächen. Die etablierten Kräfte im Boxgeschäft übernahmen die Kontrolle über sein Leben und seine Finanzen. Mangelnde Disziplin war der Grund, weshalb er einem schwächeren Boxer, Buster Douglas, in Japan unterlag, sein klischeebeladenes Frauenbild führte ihn in eine völlig unpassende Ehe mit einer Schauspielerin, die ihm im Fernsehen aufgefallen war, und sein Besitzdenken brachte ihn in den Knast – wegen einer Vergewaltigung in Indiana.

Wie viele seiner Generation lehnte Tyson das Christentum ab und wandte sich im Gefängnis dem Islam zu, aber nach seiner Entlassung schien er mit der Einhaltung der Regeln seiner neuen Religion große Schwierigkeiten zu haben. Im wahrscheinlich seltsamsten Schwergewichtskampf aller Zeiten biss er seinem großen Gegenspieler Evander Holyfield ein Stück vom Ohr ab, Ausdruck für die Ungeduld und die ziellose Wut, wie sie uns in der schwarzen Jugendkultur der Gegenwart begegnet.

Für einen echten Kämpfer ist eine öffentliche Demütigung innerhalb des Rings das Schlimmste, was ihm überhaupt passieren kann. In einigen Kulturen verlangt eine solche Schmach den Selbstmord. In Amerika hingegen heißt das nur, dass Tyson für eine bestimmte Zeit gesperrt wird. Aber wichtiger als der Umgang mit seiner Niederlage wird sein, sowohl für ihn als Menschen wie als Symbol für seine Fans, wie er die Zeit nach dem Ende seiner Karriere nutzt. Muhammad Ali, der zwar seit Jahren schweigt, aber immer noch eloquente Gesten zu bieten hat, spielt auch Jahrzehnte nach seinen größten Siegen noch eine wichtige Rolle. Tyson muss irgendwie seinen eigenen Weg finden, sonst werden all seine furiosen Siege nur noch Fußnoten seiner Verfehlungen sein.

Fünf – Im Besitz der Schwarzen?

»A time of tensions, racially fenced in
I came off (And all the brothers blessed him).«

3rd Bass, »Product of the Environment«

Irgendwann in den 80ern bezeichnete mich Charles Stettler, damals Manager der Fat Boys, als Rassisten. »Du kannst mich nicht ausstehen«, schimpfte er, »weil ich weiß bin und eine schwarze Band manage.« Stettler war ein aalglatter Europäer mit ausgeprägtem Hang zur Glatze, der es verstanden hatte, drei übergewichtige Jungs aus Brooklyn zu Rap-Stars aufzubauen. Unter seiner Leitung hatten Prince Markie Dee (Mark Morales), Kool Rock-Ski (Damon Wimbley) und die Human Beat Box (Darren »Buffy« Robinson) mehrere Riesenhits gelandet (»In Jail«, »All You Can Eat«, »Can You Feel It«) und Auszeichnungen für ihre Plattenverkäufe erhalten.
Stettler überredete die Schweizer Hersteller der Swatch-Armbanduhren, die auf dem amerikanischen Markt Fuß fassen wollten, eine US-weite Hip-Hop-Tournee mit den Fat Boys zu sponsern und einen Fernsehspot mit ihnen zu drehen – ein Meilenstein, sowohl in der Unterstützung des HipHop durch große Unternehmen als auch in der überregionalen Präsentation von HipHop. Nach einem Auftritt mit Run-D.M.C. in dem Film *Krush Groove* 1985 handelte Stettler einen Vertrag für den Film *Disorderlies* aus, den wahrscheinlich miesesten aller miesen Rap-Streifen.
Stettler war es auch gewesen, der dem Trio den ulkigen Namen gab. Nachdem die drei Jungs einen New Yorker Nachwuchswettbewerb unter dem

Namen »Disco 3« gewonnen hatten, hatte er sofort das Potenzial ihrer gewaltigen Bauchumfänge erkannt und sie als liebenswerte Clowns verkauft und nicht als das, was sie wirklich waren – Kids mit einem schweren Gesundheitsrisiko aus East New York, Brooklyn, einer der übelsten Gegenden der ganzen Stadt. Wenn ich wirklich etwas gegen Stettler hatte, dann wegen seinem Stil, nicht wegen seiner Hautfarbe. Es ist nicht so, dass ich Hochstapler grundsätzlich verachte – mein Freund Russell Simmons ist ja auch nicht gerade zurückhaltend, wenn er seine neuesten Musiker präsentiert –, aber zwischen Stettler und mir stimmte einfach die Chemie nicht. Auch heute, mehr als zehn Jahre später, ist unser Verhältnis nach wie vor unterkühlt, was ihm aber natürlich nie geschadet hat. Er ist immer noch im Geschäft, als Manager der Radioauftritte von Dr. Dre und Ed Lover.

Stettlers Vorwurf beschäftigte mich eine ganze Weile. Nicht etwa, weil ich dachte, er könnte Recht haben, sondern weil mir sein Vorwurf klar machte, in welchem Ausmaß er Ressentiments erlebt haben musste. Antiweiße Rhetorik gehört zum HipHop dazu, und wieso sollte er annehmen, dass das bei mir anders wäre.

Im HipHop hält sich hartnäckig das Gerücht, dass die Musik einzig von Afroamerikanern erfunden wurde und von ihnen besessen, kontrolliert und konsumiert wird. Ein eingängiger Gründungsmythos, aber leider sprechen die Beweise gegen ihn. Erstens: Wer »erfand« HipHop? In den Anfängen der Straßenkultur waren es vor allem Tänzer und später Breaker südamerikanischer Herkunft, die die Entwicklung einleiteten – wegen der Synergie zwischen dem, was die mobilen DJs spielten und dem, worauf die Breaker standen. Auch die karibische Kultur hatte ihren Anteil an der Entstehung der heiligen Dreifaltigkeit des HipHop: Afrika Bambaataa, Grandmaster Flash und Kool Herc. Zwei von ihnen, Flash und Herc, waren in der Karibik geboren bzw. hatten enge verwandtschaftliche Beziehungen dorthin. Und für Bam gilt, dass nichtamerikanische schwarze Musik entscheidenden Einfluss auf seine Ästhetik hatte.

Was die Eigentumsrechte an HipHop angeht, so argumentiere ich noch ketzerischer, dass ohne weißen Unternehmergeist HipHop nicht einmal die ersten fünf Jahre überlebt hätte. Jeder weiß, dass unabhängige schwarze Labels wie Sugar Hill, Enjoy oder Winley HipHop zwischen 1979 und 1981 mit aufbauten. Aber es waren weiße Kleinunternehmer, die ihn im Anschluss daran aufpäppelten. Legionen weißer Stiefmütter und -väter adoptierten das Baby, als wäre es ihr eigenes, und viele von ihnen verhielten sich ihm gegenüber loyaler als einige der gefeierten schwarzen Vaterfiguren.

Interessanterweise waren die meisten dieser Männer und Frauen Juden, die eine lange Tradition schwarzer und weißer Zusammenarbeit in der Pop-Musik fortsetzten, eine Tradition, die sich bis in die 40er Jahre zurückverfolgen lässt, als jüdische Plattenproduzenten wie Leonard und Phil Chess in Chicago und Jerry Wexler in New York den ersten elektrifizierten Blues und R&B auf Vinyl pressten.

1989 wurde Public Enemy Antisemitismus vorgeworfen, wegen einer Äußerung des »Minister of Information« Professor Griff (Richard Griffen). Dieser Lapsus, der viele Seiten in der Musikpresse füllte, führte zur Trennung der Band von Griff. Später gerieten noch einmal Texte der Band, aus dem Song »Welcome to the Terrordome« von einem ihrer besten Alben, *Fear of a Black Planet*, unter Verdacht, antisemitische Inhalte zu propagieren – was den Morgentalkshows reichlich Futter bot. Das Kuriose an diesen Debatten waren die vielen Juden, die damals mit der Band zusammenarbeiteten. So hatte Rick Rubin den Vertrag der Band mit Def Jam zustande gebracht, Lyor Cohen von Rush Management organisierte zusammen mit Cara Lewis die Tourneen. Für die PR war Bill Adler, ebenfalls von Rush Management, zuständig. Außerdem hatten Chuck D und Hank Shocklee zwei Juden als Partner in ihrem Unternehmen Rhythm Method Productions: Ed Chalpin und Ron Skuller. Wenn P.E. wirklich etwas gegen Juden hatten, dann mussten sie sich streng an die alte Gangster-Weisheit gehalten haben: »Halte dich eng an deine Freunde und noch enger an deine Feinde.«

Die Wahrheit ist, dass schwarze Manager in der Musikindustrie den Hip-Hop zwischen 1981 und 1985, in der Phase, als er sich am stärksten entwickelte, gar nicht förderten. Die Buppies in den Managersesseln oder in den Radiostationen setzten weiter auf Michael Jackson-Klone oder den neuesten Akt aus Minneapolis. Das Konzept »Respekt« kapierten sie nicht, und HipHop lehnten sie rundweg ab.

1979 unterschrieb Kurtis Blow bei Mercury und wurde damit zum ersten HipHop-Musiker, der bei einem großen Label unter Vertrag kam. Ausgehandelt hatte den Deal aber kein schwarzer Crossover-Manager, sondern ein weißer Engländer aus der A&R-Abteilung. Damals herrschte eine richtige Abgrenzung gegen den HipHop, insbesondere bei den schwarzen Musikmanagern. Sucht man nach den Gründen, weshalb sich die erwachsene schwarze Bevölkerung entschieden vom Geschmack ihrer Kinder abkehrte und damit die Grundlage für einen Generationenkonflikt legte, der in den 90ern seinen Höhepunkt erreichte, dann muss man sich mit den Ansichten dieser schwarzen Musikmanager Anfang der 80er befassen.

Als Redakteur auf Probe bei *Billboard* hatte ich regelmäßig mit Buppies und Pseudo-Buppies zu tun, in den Büros von CBS, Warner Bros., Poly-Gram, RCA, MCA und anderer dazugehöriger Labels. Je höher sie auf der Karriereleiter geklettert waren, desto ablehnender war ihre Haltung. Für sie waren Rap-Alben bestenfalls eine Spinnerei, die vorüberging, schlimmstenfalls eine Schande für alle Afroamerikaner. Zu dieser Fehleinschätzung konnten diese Manager mit ihren Spesenkonten und Vorstadthäusern nur deshalb gelangen, weil sie jeden Kontakt mit der innerstädtischen schwarzen Jugendkultur verloren hatten – oder ihn bewusst ablehnten und alles mit Argwohn bedachten, was ihnen nicht von einem Anwalt oder einem Manager empfohlen wurde, dem sie auf ihren eigenen Empfängen über den Weg liefen.

Die etablierten Plattenproduzenten hatten das Geschäft mit der schwarzen Musik überhaupt erst zehn Jahre zuvor für sich entdeckt, und als jetzt bei den kleinen Labels die ersten Rap-Platten erschienen, wurden sie nicht ernst genommen, obwohl sie die Charts stürmten. Man hielt sie für unreif und unmusikalisch und fürchtete, damit nur eine kleine Hörergruppe zu erreichen. Rap passte nicht zur herrschenden Crossover-Ideologie, wie sie von Michael Jackson oder Lionel Richie verkörpert wurde. HipHop hat seinen Durchbruch auch ohne diese Manager geschafft und begeisterte weiße Musikfans auf ganz andere Weise.

Walk this way

Es ist ein Irrtum zu glauben, HipHop wäre jemals ausschließlich von Schwarzen gekauft worden. Der erste Rap, der zum Hit wurde, »Rapper's Delight«, wurde von der National Association of Record Merchandisers zur Single des Jahres gewählt, und das ist nun wirklich keine Organisation, die in Verdacht steht, Musik zu feiern, die sich nur an schwarze Teenager verkaufen lässt. »The Breaks« war die zweite Single in der Geschichte der Musik (nicht nur im Rap!), die sich mehr als 500.000mal verkaufte – das Single-Format war ja ursprünglich für den Einsatz in der Disco konzipiert worden. Man muss schon blind sein, wenn man behauptet, diese Platte wäre nicht massenhaft von Weißen gekauft worden. Gleiches gilt für »Looking for the Perfect Beat« von Afrika Bambaataa & the Soul Sonic Force oder »The Message« von Grandmaster Flash & the Furious Five. Die Zahlen widerlegen den Mythos, und diese Platten legten das Fundament für einen musikalischen, künstlerischen und multikulturellen Erfolg – für einen Crossovermarkt –, nach dem sich die großen Labels die Finger leckten. Die Begeisterung weißer Jugendlicher lässt sich schon alleine an den Verkaufszahlen der erfolgreichsten Rap-Hits der letzten zwanzig Jahre ablesen.

Sugar Hill Gang »Rapper's Delight« 1979
12 Wochen in den *Billboard* Pop-Charts, erreichte aber nur Platz 36. Die Charts waren damals stark verzerrt durch die Playlists der Radios. Obwohl

die Platte nicht so oft gespielt wurde, machen die 12 Wochen deutlich, welche Begeisterung sie auslöste. In Kanada und mehreren anderen Ländern schaffte es die Platte unter die ersten fünf.

Kurtis Blow »The Breaks(Part I)« 1980
Die zweite Single überhaupt, die vergoldet wurde. Die erste war übrigens das Duett von Barbara Streisand und Donna Summer »Enough Is Enough«.

Grandmaster Flash & the Furious Five (featuring Duke Bootee) »The Message« 1982
Sozialkritischer Rap, der einigen Rockkritikern zum ersten Mal Respekt abringen konnte und eine ganze Generation von MCs inspirierte. Eine Goldsingle.

Herbie Hancock (mit Grandmixer DST) »Rockit« 1983
Erreichte zwar nur Platz 71 der Pop-Charts, wurde aber dennoch zur Gold-Single, da der noch junge Musiksender MTV auf das Musikvideo stand.

Chaka Khan (mit Melle Mel) »I Feel for You« 1984
Die erste kommerzielle Koproduktion zwischen einem Rapper und einer bekannten Sängerin. Platz 4 in den Pop-Charts, anschließend Gold und ein Riesenpush für das Album von Chaka Khan I Feel for You, das Platin holte. Modifizierte Version eines Prince-Songs.

Run-D.M.C. »Rock Box« 1984
Das Video auf MTV sorgte für einen Riesenerfolg dieses Rap-Rock-Songs und brachte dem ersten Album des Trios, Run-D.M.C., Gold ein.

Run-D.M.C. (mit Aerosmith) »Walk This Way« 1986
Für den HipHop ähnlich bedeutend wie »Rapper's Delight«. Machte Run und seine Crew zu Superstars, bescherte Aerosmith ein Comeback mit

der Neufassung eines ihrer Klassiker und ließ die Rock-Welt erstmals auf Rick Rubins Fähigkeiten als Produzent aufmerksam werden. *Raising Hell* verkaufte sich über drei Millionen Mal.

Jazzy Jeff & the Fresh Prince »Parents Just Don't Understand« 1988

Alles, was Will Smith (the Fresh Prince) erreicht hat, von der Fernsehserie bis zur Leinwand, verdankt er diesem Song und dem dazugehörigen Video.

Beastie Boys »Fight for Your Right to Party« 1986

Diese amerikanische Burschenschaftshymne jagte das legendäre Album *Licensed to III* über die Verkaufsgrenze von vier Millionen – damals das am besten verkaufte Rap-Album aller Zeiten.

L.L. Cool J »I Need Love« 1987

L.L. erfand die Rap-Ballade und bugsierte sie auf Platz 1 der Black Singles Charts. Er verkaufte eine Million davon und noch mal zwei Millionen von *Bigger and Deffer*.

Salt-N-Pepa »Push It« 1987

Eine Million verkaufte Singles, Platin für das Album *Hot, Cool & Vicious* – das hatte es beides noch nie gegeben für weibliche Rap-Stars.

Rob Base & DJ E-Z Rock »It Takes Two« 1988

Geniale, left-field Dancemusic mit großartigen Samples und schnellen Reimen von Rob Base, die sich über eine Million Mal verkaufte.

Tone Lôc »Wild Thing« 1989

Auch eine großartige Dancesingle, 25 Wochen in den Popcharts, stieg hoch bis Platz 2. Das Album *Lôc-ed after Dark*, mit der zweiten Hitsingle »Funky Cold Medina« (Platz 3) landete auf Platz 1 der Popcharts. Beide Hit-Videos waren Tamra Davis-Produktionen.

Digital Underground »Humpty Dance« 1989

Spaß, Humor und ein garantierter Volltreffer für jede Party. Eine Million glückliche Käufer wissen, warum.

Young MC »Bust a Move« 1989

Platz 7 der Popcharts mit einem schrillen Video ebenfalls von Tamra Davis.

MC Hammer »U Can't Touch This« und »Pray« 1990

Mit Sampeln von Rick James und Prince und schwungvollen, tanzorientierten Videos schuf Hammer ein Muster, das im HipHop bis heute Gültigkeit hat: Sampeln vertrauter Stücke und Videos mit viel Bewegung. *Please Hammer Don't Hurt 'Em* verkaufte sich 10 Millionen Mal, mehr als doppelt so oft wie die Beasties ein paar Jahre zuvor.

Vanilla Ice »Ice Ice Baby« 1990

Nummer 1 und siebenmal Platin für »die Osmond Brothers zu Hammers Jackson Five«. Ice machte einen Film, wurde von Suge Knight bedroht und hatte eine Affäre mit Madonna. Er hatte seine 15 Minuten, und sie waren voller Spannung. Heute das Symbol der völlig bekloppten Seite des HipHop.

Naughty By Nature »OPP« 1991

Lead-Rapper Treachs Vortragsstil und poppige Melodien, eine ansteckende Mischung. Platz 6 in den Pop-Charts und 2 Millionen verkaufte Platten.

L.L. Cool J »Around the Way Girl« 1990

Kein Rapper liebt Frauen mehr als L.L., und dieses Loblied auf das Leben der Großstadtfrau schaffte Gold und garantierte den Erfolg seines Albums *Mama Said Knock You Out*.

Salt-N-Pepa »Let's Talk About Sex« 1991

Spielerisch, süß, aber direkt, eine Goldsingle für die Girlgroup der 90er.

Arrested Development »Tennessee« 1992

Ein echtes Ein-Album-Phänomen, das der Gruppe 1992 den Grammy für die besten Newcomer einbrachte. *3 Years, 5 Months & 2 Days in the Life Of …* verkaufte sich 2 Millionen Mal.

House of Pain »Jump Around« 1992

Eine der vielen weißen Rap-Eintagsfliegen, aber eine verdammt gute.

Sir Mix-A-Lot »Baby Got Back« 1992

Nummer 1 Popsingle, die die Vorzüge der afroamerikanischen Rückseite pries. Wer sagt, dass aus dem HipHop nichts Positives kommt?

Kriss Kross »Jump« 1992

Duo mit Teenappeal im Rückwärtsgang, Popsound mit Suchtpotenzial. Eine clevere Produktion des jungen Jermaine Dupri und Atlantas erster Schritt auf die HipHop-Bühne.

Naughty By Nature »Hip Hop Hooray« 1993

Eine HipHop-Hymne für die Ewigkeit mit einem nervtötenden Refrain und einem Tanz mit einfachen Armbewegungen. Spike Lees bestes Video.

Tag Team »Whoomp! (There It Is)« 1993

Inspiriert von den Tänzen in einem Strip-Club in Atlanta. Mit vier Millionen verkauften Exemplaren eine der erfolgreichsten Singles aller Zeiten.

Dr. Dre »Nuthin' But a G'Thang« 1993 / Snoop Doggy Dogg »Gin & Juice« 1994

Manifest der Ganovenschläue. Zwei Riesenhits, die die Palette der funkorientierten Produktionsfähigkeiten von Dre und des unheilvollen, melodischen Gesangs von Snoop illustrieren. Von Dres *The Chronic* wurden 3 Millionen Alben verkauft, von Snoops *Doggystyle* sogar vier Millionen.

Coolio »Gangsta's Paradise« 1995

Mit der Hammer-Formel und einem ausgefallenen Haarschnitt kam das ehemalige Gang-Mitglied zu einer neuen Karriere als Popstar. Mit einiger Unterstützung von Stevie Wonders »Pastime Paradise«.

Salt-N-Pepa »Shoop« 1995

Keine große HipHop-Band, aber ein phantastischer Pop-Act. Die Queens aus Queens nahmen noch einmal das Szepter in die Hand.

Puff Daddy (featuring Mase) »Can't Nobody Hold Me Down« 1997

Kurz vor der Ermordung von Notorious B.I.G. und zum Zeitpunkt von Puffs maximalem Synchronismus mit seiner Zeit wurde dieses Stück mit 3 Millionen verkauften Exemplaren zum »Ain't No Stoppin' Us Now« der 90er.

Diese Aufnahmen haben viele Gemeinsamkeiten. Sie sind am Dancefloor orientiert, haben positive Textaussagen und einprägsame, einfache Refrains (Ausnahmen waren das langsame »I Need Love« von L.L. Cool J und Coolios »Gangsta's Paradise«). Die meisten sampelten eingängige Text- oder Instrumentalpassagen, so genannte »Hooks«, aus berühmten R&B- oder Popsongs der 70er oder 80er. »Rapper's Delight« gehört zu den wenigen Aufnahmen, in denen die Musiker die zitierten Passagen (in ihrem Fall Chics »Good Times«) von einer Band nachspielen lassen. In den 80ern setzten viele Rockriffs als Hooks ein, eine Mode, die so definitiv vorbei ist wie Turnschuhe ohne Schnürsenken.

Alles, was nach »Rockit« kam, setzte auf energiegeladene, unterhaltsame Videos, die mit Tanzeinlagen garniert waren oder in denen die Musiker überdimensionale Superrollen spielten. Die Begeisterung des Publikums für die Tanzvideos solch harmloser Einspielungen wie »Ice Ice Baby« oder »Bust a Move« war die Voraussetzung für den Verkaufserfolg. Sich Platten von Young MC und Vanilla Ice anzuhören, ohne sich an die Videos zu erinnern, ist so, wie sich einen DJ ohne Mixer vorzustellen.

Für Hardcore-Puristen ist fast alles auf dieser Liste Crossover-Scheiß und kein »echter HipHop«, aber wie alle fundamentalistischen Positionen (in verschiedenen Künsten) ist auch diese kurzsichtig und ahistorisch. In den letzten zwanzig Jahren sorgten diese Hits für Begeisterungsstürme oder sorgten zumindest dafür, dass HipHop nicht in Vergessenheit geriet und dass die Spötter in der Musikindustrie eines Besseren belehrt wurden.

Die Seifenblasenproduktionen mit ein oder zwei Hits waren aber nur eine Verbindung zwischen HipHop und weißen Käuferschichten. Die Besprechung von »The Message« in der weißen Musikpresse (Der *Rolling Stone* gab dem Song fünf Sterne!) war ein Vorbote der Begeisterung jugendlicher Rockhörer für HipHop. Russell Simmons, der Chef von Def Jam Records, hatte wahrscheinlich das beste Gespür für diese Verbindung. Mit »Rock Box« produzierten Simmons und Larry Smith Run-D.M.C. als Rockband. Rap hatte eine rebellische, nonkonformistische Seite, in der er eine gewisse Parallele zur Rockmusik sah, wie er sie in Punkschuppen wie dem Mudd Club, dem Hurrah's oder der Peppermint Lounge in Manhattan kennen gelernt hatte.

Die weißen Hippies, die sich schon für Graffiti und Break Dance begeistert hatten, hörten auch die dazugehörige Musik und hatten Anteil daran, dass einige der ersten HipHop-Platten in Zeitschriften wie der *Village Voice, SoHo Weekly News* und anderen Magazinen im Süden Manhattans besprochen wurden. Und es waren dieselben Leute, die sich mit ihrem Einfluss dafür stark machten, dass *20/20*, ein Nachrichtenformat der ABC, die erste US-weite Dokumentation über HipHop ausstrahlte. Aber Russell, der von Queens in den Süden Manhattans umzog, hatte ganz Großes im Auge. Er wollte das Amerika der Einkaufszentren auf HipHop einstimmen, und in Rick Rubin, einem aus Long Island stammenden langhaarigen Rapsüchtigen Gitarristen und Studenten an der NYU, fand Russell einen Gleichgesinnten für seine Vision: Rap = Rock.

Rubin »speckte« die Rap-Tracks ab, entfernt sich vom R&B, der die Grundlage für Kurtis Blow und The Furious Five gewesen war, und produzierte einen frontalen Angriff auf die Ohren, mit Vorläufern wie AC/DCs »Back in Black« und Billy Squiers »The Big Beat«, einem Breakbeat der Old Schooler aus der Bronx. Die von Rubin »abgespeckten« Meisterwerke von Run-D.M.C. *Raising Hell* und weiterer Def Jam Acts wie L.L. Cool Js *Radio* oder *Licensed to Ill* von den Beastie Boys ergänzten die Beat-Vorliebe der Old Schooler um Heavy Metal-Schwingungen, die das Hören von HipHop veränderten. Russell und Rubin und ihre Musiker produzierten abgeschlossene Kunstwerke, die den Hörgewohnheiten von Rock-Liebhabern entsprachen.

Zu den Eigenarten afroamerikanischer Kultur gehört es, dass wir, sobald Weiße Interesse an unserer Kultur zeigen, einen Eigentumsanspruch an unseren Erfindungen geltend machen. Bestes Beispiel: die Beastie Boys, deren Debütalbum *Licensed to Ill* sich 4 Millionen Mal verkaufte. Plötzlich wurde den Beasties vorgeworfen, sich unerlaubt in 100 % schwarzes Terrain vorgewagt zu haben, obwohl sie – und das war die Ironie daran – von Russell Simmons gemanagt wurden. Die Beasties waren einer der wenigen Fälle in der Geschichte der Musik, in denen ein weißer Act, der schwarze Musik machte, mit Erfolg von einem schwarzen Manager gefördert wurde. Ein weiteres prominentes Beispiel war der Produzent und Songschreiber Maurice Starr aus Boston, der New Kids on the Block aufbaute, die später von Dick Scott, ebenfalls einem Schwarzen, gemanagt wurden. Während Rubin sich um die Produktion kümmerte, sorgte Russell für die zahlreichen skandalösen Auftritte der Beastie Boys, die Teil der Promotion für *Licensed to Ill* waren. Das pubertäre Gehabe, für das die Jungs aus Manhattan berühmt wurden, haben sie mittlerweile zum Glück abgelegt.

Die Musiker von Public Enemy, eine weitere Rubin/Russell-Produktion, fanden ihre eigene Balance zwischen Dancefloor und aggressivem Rock. Viele Schwarze fragten sich, wie eine militante schwarze Band wie P.E. eine so große weiße Hörerschaft um sich scharen konnte. Ganz einfach: P.E. rockte und war rebellisch. Es gibt einen beachtlichen Teil der amerikanischen Jugendlichen (und auch einige Erwachsene), denen die Produkte der amerikanischen Mainstreamkultur zuwider sind. Natürlich ist diese jugendliche Rebellion oft oberflächlich, unpolitisch und scheinheilig – aber sie verkauft eine Menge Platten.

Weiße Teenager sorgten für die Erfolge von *It Takes a Nation of Millions to Hold Us Back* (1988), Ice Cubes *AmeriKKKa's Most Wanted* (1990), N.W.A.s *Niggaz 4 Life* (1991) und Snoop Doggy Doggs *Doggystyle*. N.W.A. (Niggaz with Attitude) erbte zusammen mit den anderen West Coastlern (Cube, Dre, Snoop, Tupac) die Rebellenrolle von Public Enemy, allerdings ohne deren ständige politische Kritik nachzuahmen. Sie pflegten eher eine allgemein antiautoritäre Haltung, verbunden mit zwei der typischsten amerikanischen Obsessionen, der Schusswaffe und der Frauenfeindlichkeit, die ihre Wirkung auf pubertierende Jungs noch nie verfehlt haben, ob sie nun von Rockern oder Rappern propagiert wurden.

Während Pop-Rapsongs bei Jungs und Mädchen ankamen und Rap als Rebellion auch in den Vorstädten Gehör fand, gab es noch eine dritte Verbindung des HipHop zur weißen Käuferschicht. Viele Acts aus New York wurden in den späten 80ern und frühen 90ern von Rap-Liebhabern verehrt. So überschüttete beispielsweise die Zeitschrift *Source* die Brand Nubiens (vier Mikrophone für ihr Album *One For All* 1990), das abtrünnige Bandmitglied Grand Puba und den aus Queens stammenden Nas (Nasir Jones) mit Lob. Wenn man diese Rezensionen liest, denkt man nicht nur, dass diese Leute Gottes Geschenk an HipHop sind, sondern die Verkörperung all dessen, was authentisch, urban und schwarz war.

Brand Nubian, Grand Puba und Nas machten ihre Plattenverträge alle mit weißen Managern, vorsichtige Verträge, die nicht nur mit der Kenntnis des Marktes zu tun hatten. Die Weißen, die ihnen die Karrieremöglichkeiten eröffneten, waren Produkte derselben Musikkultur wie sie selbst, und sie hatten alle mit der Rick Rubin-Russell Simmons-Achse zu tun, deren Fäden in der Elizabeth Street 298 zusammenliefen, der alten Adresse von Def Jam und Rush Management in Greenwich Village. Während sich gegenüber die Crackies ihre Hits einpfiffen, lernte hier eine Generation von Musikmanagern die »Ins and Outs« des Geschäfts, indem sie es sich selbst beibrachten. Bill Stephney, Dante Ross, Lisa Cortez, Sean »Captain Pissy« Casarov, Faith Newman, Dave (Funken) Klein, Hank Shocklee und Lindsay Williams, sie alle arbeiteten irgendwann einmal in der Elizabeth Street als Praktikanten oder schlecht bezahlte Assistenten. Sie alle wurden innerhalb kürzester Zeit Vizepräsidenten großer Labels oder gründeten ihre eigenen Labels.

Brand Nubian kam bei Elektra unter Vertrag dank Dante Ross, einem schlaksigen, übereifrigen New Yorker aus der Bowery Gegend, der in HipHop-Kreisen vor allem für sein fanatisches Interesses an Basketball und seine notorisch schlechte Laune berühmt war. Dante hatte als Laufbursche für Def Jam angefangen und sich schnell zum Assistenten des Vizepräsidenten von Rush Management, Lyor Cohen, hochgearbeitet. Einen Namen machte sich Dante als Songschreiber und Produzent mehrerer Underground-Acts, von denen einer ganz passend den Namen Uptown trug, bis er 1989 von Bob Krasnow als Leiter der Abteilung Rap-A&R zu Elektra geholt wurde. Krasnow ist ein weißer Manager mit einer Vorliebe für schwarze Musik, die noch in die Zeit von Ike & Tina Turners Revue bei Blue Note Records zurückreicht. Dante war zwar weiß, aber er war ein typischer New Yorker mit snobistischem Geschmack, der Pop-Rap und Rock-Rap verabscheute. Er stand auf dreckige Old School-Beats und flüssige Reime, und mit diesem Gespür nahm er Brand Nubian unter Vertrag, ein Quintett, das seine Inspiration aus den Lehren der Five Percent Nation bezog, einer Abspaltung der Nation of Islam mit starker Gefolgschaft im Großraum New York und fließenden Übergängen zur HipHop-Kultur.

Götter und Teufel

Die Five Percent-Theologie gründete sich auf einen Text des Nation of Islam-Gründers W. D. Fard von 1934, die »Lost Found Moslem Lesson #2«.

In diesem Frage-und-Antwort-Text schrieb Fard, dass die Erde zu 85 Prozent von »unzivilisierten Völkern« bewohnt werde, von Sklaven, die sich von unreinen Tieren ernährten, zu 10 Prozent von »Sklavenmachern, die lügen, wenn sie lehren, dass der allmächtige wahre Gott ein Geist ist und mit dem bloßen Auge nicht gesehen werden kann«, und zu 5 Prozent von »armen und gerechten Lehrern, die wissen, dass der lebende Gott der Menschensohn ist, das höhere Wesen, der schwarze Mann aus Asien.«

Clarence 13 X (Clarence Jowars Smith), ein Abtrünniger der Nation of Islam, gründete die Five Percent Nation und verwendete neben seinen Fard-Zitaten auch Begriffe wie »Supreme Alphabet« und »Supreme Mathematics«, um die Welt und das Universum zu erklären. In seiner Kosmologie wurde Harlem zum neuen Mekka, und Brooklyn, wo er später hinzog, zu Medina. Frauen waren für ihn Monde und Planeten, die um ihre Männer kreisten und die als fruchtbarer Boden zur Verfügung standen, in den die schwarzen Götter ihre Samen pflanzten.

Seit den späten 70ern haben die Five Percenters großen Einfluss auf den Underground des Nordostens, vor allem wegen der spirituellen Kraft ihrer Lehre, die eine enorme Anziehung auf junge schwarze Männern ausübt, und wegen der strengen Vorschriften in Kleidung und Disziplin im Vergleich zur Nation of Islam oder gar dem traditionellen Islam. Seit der Ermordung von Clarence 13X, die bis heute nicht aufgeklärt wurde, sind die Five Percenters ohne Führung und konnten ihre Religion auslegen, wie es ihnen passte. In direkter Nachbarschaft zu meiner Wohnung in East New York konvertierten einige ziemlich üble Jungs zu den Five Percenters und gaben sich Namen wie »True God«, »Powerful« oder was ihnen sonst so einfiel und wovon sie glaubten, dass es ihnen mehr Macht verleihen würde. Sie wurden nicht weniger aggressiv, aber ihr Stolz und ihr Gemeinschaftsgefühl wurden stärker.

Rakim ist wahrscheinlich der berühmteste Five Percent-Rapper. Die religiöse Bilderwelt hat sein Schaffen durchgehend geprägt. Auch anderer New Yorker Rapper wie Lakim Shabazz, die Poor Righteous Teachers, King Sun,

Big Daddy Kane haben Verbindungen zu den Five Percenters. Im HipHop ist die Ansicht der Five Percenters, dass die Weißen Teufel sind – eine Ansicht, die sie mit der NOI (Nation of Islam) teilen – und die Schwarzen auf die Erde herabgestiegene Götter, weit verbreitet. Statt im weißen Jesus der Christen finden die Five Percenters Kraft und Wahrheit in sich *selbst*, eine Überzeugung, die, wie man sich leicht denken kann, Egoismus und Spiritualismus fördert.

Man sollte denken, dass ein Weißer niemals eine Gruppe mit solchen Ansichten promoten würde, aber in Dante Ross fand Brand Nubian einen begeisterten Unterstützer. Er hielt sogar noch an ihnen fest, nachdem Grand Puba die Band verlassen hatte, und förderte die Solobemühungen anderer Bandmitglieder.

Eine weitere Gruppe, mit der Dante in seiner Zeit bei Def Jam arbeitete, war 3rd Bass, ein weißes Rap-Duo, bestehend aus dem Frontmann Pete Nice (Peter J. Nash) und dem MC Serch (Michael Berrin). Serch ist ein echter B-Boy, so weit das per Definition für einen Weißen überhaupt möglich ist. Aufgewachsen in Far Rockaway, einem schwarzen Teil von Queens, verbrachte er als Teenager die meisten Wochenenden im Latin Quarter, einem berüchtigten Club am Times Square, in dem MCing und Taschendiebstahl gleichermaßen auf der Tagesordnung standen. Obwohl es Serch als Weißer zu Beginn nicht leicht hatte sich durchzusetzen, gelang es ihm doch immer wieder, ans Mikrophon zu kommen und sich mit seinen Reimen und seiner herausfordernden Art Respekt zu verschaffen (ein Respekt, der den Young Black Teenagers, einer Gruppe weißer (!) Jugendlicher, die für Hank Shocklee und Bill Stephney's kurzlebiges Label SOUL Aufnahmen machten, verwehrt blieb). Und so kam es, dass 3rd Bass, als sie 1989 ihr erstes Stück bei Def Jam rausbrachten, bereits einiges Ansehen in der New Yorker Szene besaßen. »Steppin'to the A.M.« und darauf folgende Singles wie »The Gas Face« feierten vor allem im Nordosten Erfolge. Der US-weite Erfolg kam mit »Pop Goes the Weasel« 1991, einer handfesten Attacke gegen die weiße Rap-Konkurrenz von Vanilla Ice. Aber schon bald darauf gab es Streit, und das Duo brach auseinander. Pete Nice behielt den Namen 3rd Bass und brachte zusammen mit DJ Richie Rich ein miserables Album raus, während Serch – nach einer erfolglosen Soloplatte – sich nur noch um Management und Produktion kümmerte.

In seiner neuen Funktion traf Serch auf Nas, einen kleinen Kerl mit schläfrigem Blick, den viele in der HipHop-Welt für den besten Lyriker überhaupt hielten. Nas war nach einem Gastauftritt bei »Live at the BBQ« von Main Source über Nacht zur Kultfigur im Big Apple geworden. Serch begegnete ihm in einem Studio in Manhattan, und fragte ihn, nachdem er mit ihm ein paar Aufnahmen für die 3rd Bass-Single »Back to the Grill Again« gemacht hatte, ob er denn schon irgendwo unter Vertrag sei. Angebote hatte er wohl schon einige bekommen, aber noch hatte er nirgends unterschrieben. 1991 brachte Serch in der Funktion als Nas' Manager ein paar Demo-Bänder in das Büro von Faith Newman, der A&R-Chefin von Sony in der Madison Avenue. Faith war eine Soul-Fanatikerin. Fünf Jahre zuvor war sie aus einer Vorstadt von Philadelphia nach New York City gekommen, um an der NYU zu studieren, aber auch sie hatte ihre eigentliche Ausbildung bei Def Jam erhalten. Als Serch das Tape auf ihren Tisch legte, stellte sich heraus, dass sie schon eine ganze Weile erfolglos versucht hatte, Nas ausfindig zu machen. Für Faith, die später zu Jive wechselte, war der Vertrag mit Nas ihr erster großer Abschluss, und für Nas war es der Beginn einer erfolgreichen Karriere, die ihm zwei Platinalben und mit die treuesten Fans in der ganzen HipHop-Szene einbrachte.

BMOC

Ross, Serch und Newman, die progressive Inhalte an der Def Jam University studierten und mit den angesagtesten HipHop-Musikern New Yorks zu tun hatten, waren keine Einzelfälle in dieser Zeit. Sie gehörten zu einer neuen Generation von weißen Hipstern, für die HipHop keine Kuriosität mehr war, sondern ihre musikalische Muttersprache. Zwei andere junge Männer, die im »wahren HipHop« ihre Berufung fanden, waren Jon Schecter und David Mayes.

Als Student in Harvard nahm Schecter ein Rap-Album auf: *BMOC (Big Men on Campus)*, das von einem Label verlegt wurde, das Brett Ratner gehörte, noch so einem Rap-versessenen jungen Weißen, der seine Platten über Sire Records vertrieb. (Ratner wurde später einer der besten Videoregisseure und führte außerdem Regie bei den Chris Tucker-Komödien *Money Talks-Geld stinkt nicht* und *Rush Hour*.) Trotz der Mitwirkung von Ex-Chic Nile Rodger machten beknackte Titel wie »Play That Funk« *BMOC* eher zu einem Scherzartikel als zu einem ernst zu nehmenden Rap-Album.

Zusammen mit David Mayes, der ebenfalls in Harvard studierte und als DJ im Uni-Radio aktiv war, und einem zurückhaltenden Schwarzen namens Ed Young, gelang es Schecter doch noch, Einfluss auf die HipHop-Bewegung zu nehmen. 1988 gründete er *Source*. Die erste Ausgabe hatte zwei Seiten, kostete 2,50 und wurde in einem Wohnheim in Cambridge redigiert. Als *Source* Anfang der 90er nach New York umzog, war es bereits ein vierfarbig gedrucktes, monatlich erscheinendes Magazin. Mayes kümmerte sich um Werbeeinnahmen und Eigen-PR, Schecter war für den Inhalt verantwortlich. Sie stellten eine Truppe talentierter, zumeist afroamerikanischer Autoren, Fotografen und Designer zusammen, und *Source* wurde vor allem wegen seines Bewertungssystems von Neuerscheinungen berühmt, das Mikrophone und keine Sterne als Maßeinheit benutzte (bei fünf Mikrophonen hatte man es mit einem Meisterwerk zu tun). Hinzu kam die kontinuierliche Berichterstattung über die HipHop-Szene und ihre immer neuen Spin-offs. *Source* wurde so sehr zum Bestandteil der Kultur, dass Quincy Jones und Time-Warner das Magazin erwerben wollten, aber Mayes und Schecter wollten nicht verkaufen. Und so kam es, dass die beiden Interessenten mit *Vibe* 1992 ein Konkurrenzblatt starteten.

1994 machte *Source* eine schwere Krise durch, als die Redaktion zusammen mit Schecter gegen Mayes' leidenschaftliche Unterstützung der mittelmäßigen Bostoner Rap-Crew Almighty RSO rebellierte. Mayes' Loyalität rührte einfach daher, dass er die Musiker noch aus dem College kannte, während der Rest des Magazins ihre Musik nicht ausstehen konnte. Der Streit ging so weit, dass Redaktionsmitglieder RSO vorwarfen, sie zu bedrohen, und die Schmierenkomödie erreichte ihren Höhepunkt, als Mayes hinter dem Rücken der Redaktion einen Artikel über RSO in einer *Source*-Ausgabe platzierte. Es gab viel Geschrei und offene Briefe, und schließlich verließ Schecter zusammen mit einem Großteil der Redaktion das Magazin, während Mayes und Young weitermachten. Die Auseinandersetzung war alles andere als heilsam, denn sie zerstörte das alte Team und wirkte sich zunächst negativ auf die journalistische Qualität aus. Dennoch, *Source* hat überlebt. Es wurden neue engagierte Mitarbeiter gefunden, die bereit waren, für ein geringes Honorar zu arbeiten. 1997 bestand die gesamte Redaktion aus Afroamerikanern und Latinos, die im Durchschnitt 25 Jahre alt waren, und im selben Jahr bestätigte sich auch endgültig die Bedeutung und Lebendigkeit des Magazins: Von *Source* wurden mehr Exemplare verkauft als von irgendeinem anderen Musikjournal, im Schnitt 317.369 pro Ausgabe (zum Vergleich: *Rolling Stone*: 169.625). *Source* ist auch heute noch die reelle Alternative zum Hochglanz-Photo-Stil von *Vibe*. 1997 starteten einige ehemalige afroamerikanische Redakteure von *Source*, darunter auch Reginald Dennis und James Bernard, ein Magazin, das es durchaus mit *Source* aufnehmen konnte: *XXL*. Es erschien zunächst viermal im Jahr, bis sich das Schicksal von *Source* wiederholte und auch hier einer der Verleger alles hinwarf, weil er meinte, nicht mehr genug Kontrolle auszuüben.

Der wichtigste Weiße im HipHop

Als die Anti-Rap-Aktivistin C. Dolores Tucker (auf die ich später noch ausführlich zu sprechen komme) weißen Managern unverantwortliches Handeln vorwarf, weil sie Rap-Musik promoteten, richtete sich ihre Attacke vor allem gegen Barry Weiss. Barry passte perfekt in ihre stereotype Sichtweise (und nichts, was C. Dolores Tucker jemals von sich gegeben hat, geht über ein paar Stereotypen hinaus). Weiss war über fünfzehn Jahre für unzählige HipHop-Plattendeals verantwortlich. Außerdem ist er Jude und kommt aus New York, woraus sich für Verschwörungstheoretiker automatisch das korrupte Wesen seiner Karriere ableiten lässt. Aber alles war noch schlimmer: Barrys Vater, Hy Weiss, hatte in den 50ern und 60ern Old Town Records geleitet, ein produktives R&B-Unternehmen, wodurch sein Sohn von Anfang an ein prominentes Mitglied des Musikestablishments war, des »permanent business«. Vielleicht mit der Ausnahme von Tommy Boy-Gründer Tom Silverman war kein Weißer länger, ausdauernder und erfolgreicher im Rap-Geschäft tätig als Barry Weiss.

Jive Records, ein Spielbein des erfolgreichen britischen Verlags Zomba, stellte Weiss 1982 für das Geschäft in den USA ein. Eines der ersten Projekte des jungen Unternehmens war ein Sampler aus Break Beat-Platten, an denen Zomba die Rechte hatte. Die bescheidenen, wenn auch für die damalige Zeit beachtlichen Verkäufe dieses Samplers ließen Weiss auf die gerade erst entstehende Szene aufmerksam werden. Er wollte eine LP mit Mr. Magic machen, dessen Radioshow *The Rap Attack*, die am Wochenende nachts auf WHBI in Niederfrequenz ausgestrahlt wurde, die erste Rap-Sendung überhaupt war. Als Mr. Magic in letzter Minute absprang, fanden sich sein Assistent Jalil Hutchins und dessen Kumpel Ecstasy (John Fletcher) bereit, *Magic's Wand* in einer hektisch improvisierten Session zusammenzustückeln. Weiss gab dem Duo den Namen Whodini, und zusammen mit dem großspurigen DJ Grandmaster Dee (Drew Carter) machten sie weiter, bis sie ein paar Platinalben im Wohnzimmer hängen hatten.

Weiss nahm ein breites Spektrum verschiedener Rapper unter Vertrag oder warb sie von anderen Unternehmen ab, darunter auch so radikale wie KRS-One, die Pop-Rapper DJ Jazzy Jeff & the Fresh Prince, den ruhigen Kool Moe Dee, die Eingeborenen von A Tribe Called Quest, den Paten des Zuhälterraps Too Short, den Chronisten aller West Coast-Morde Spice I oder den Oakland-Mogul E-40. Dank der Unterstützung durch Weiss gelang es Ann Carli, einem Mitarbeiter von Jive, und mir, den Song »Self Destruction« des Stop the Violence Movement einzuspielen und im Januar 1989 in den Handel zu bringen. Und das war, nachdem wir viele berühmte Afroamerikaner im HipHop um ihre Mitarbeit für diese Benefiz-Platte gebeten hatten. Sie waren entweder nicht bereit mitzumachen oder hatten sich nicht einmal die Mühe gemacht, uns zu antworten.

Weiss gehörte von den aller ersten Plattenaufnahmen an mit zum HipHop, erlebte die Ausbreitung über die gesamten USA und seine regionale Aufspaltung in den 90ern. Weiss fiel es deshalb so leicht, all diese Veränderungen innerhalb der Szene mitzumachen, weil er selbst kein künstlerisches Programm durchsetzen wollte. Im Unterschied zu Suge Knight, Andre Harrell und Russell Simmons besaß Weiss die Souveränität, seinen eigenen Geschmack nicht mit in die geschäftlichen Überlegungen mit einzubeziehen. Der Schlüssel zum Erfolg von Jive war die konsequente Analyse der Verkaufszahlen unabhängiger Labels. Sah etwas vielversprechend aus, nahm Weiss Kontakt mit dem Musiker oder Label auf und machte entweder direkt einen Vertrag mit Jive oder kaufte dem kleineren Label Welt- und Nebenrechte ab.

Das historische erste Album von Boogie Down Productions, *Criminal Minded*, erschien zuerst bei B-Boy Records in der Bronx, bevor sie zu Jive wechselten. Weiss hatte auch die Plattenverkäufe in Philadelphia in den 80ern im Auge behalten und eine Reihe von Philly Bands unter Vertrag genommen, darunter Jazzy Jeff & the Fresh Prince und Moe Dee, der seine ersten Platten bei Harlem Rooftop Records rausbrachte. Too Short hatte auf drei Alben mit Dangerous Music in Oakland die Freuden der Zuhälterei besungen. Auch er kam 1988 zu Jive. E-40, sein Nachfolger als Topact der HipHop-hyperaktiven Bay Area, hatte schon ein paar erfolgreiche Alben vorgelegt, bevor er einen Vertrag mit Jive unterschrieb – und zwar sowohl für seine eigene Musik als auch für sein Label Sick-Wit-It.

Sogar R. Kelly, der erfolgreichste R&B-Musiker der 90er, landete bei Jive, nachdem sein Debütalbum *R. Kelly & the Public Announcement* erschienen war. Aber im Geschäftsleben gibt es leider keine absolut idiotensichere Strategie. 1990 machte Jive mit viel Getöse einen Vertrag mit Mitgliedern der Oakland's Hieroglyphics Posse – Casual, Souls of Mischief, Prolific –, die über regionale Bedeutung kaum hinauskamen. Dennoch ist in der trendbewussten HipHop-Welt das Top-Flop-Verhältnis von Weiss und seinem Label unerreicht.

Natürlich kann man die wertfreie Firmenpolitik von Jive für opportunistisch und amoralisch halten, wie Mrs. Tucker das tut. Als Weiss mit seinem Unternehmen Too Short unter Vertrag nahm, propagierte der ein endloses Gesülze über das Flachlegen notgeiler Weiber. Als der blutrünstige West Coast-Rap aufkam, zögerte Jive keine Sekunde und verlegte die Mörderballaden von Spice I. Und der Soundtrack zu *Menace 2 Society*, der unter der Mitarbeit der Regisseure Allen und Albert Hughes zustande kam, ist eines der repräsentativsten Tondokumente über den Nihilismus des Gangsta-Genres.

Jives beste Rechtfertigung ist der Eklektizismus. Anders als Death Row, bei denen die Aggression schon im Logo zum Ausdruck kommt, hat Jive sich immer am Geschmack der Hörer orientiert. Weil die A&R-Abteilung von Jive sich nur von dem leiten lässt, was am Markt bereits erfolgreich ist – wenn auch erst regional – folgt sie neuen Trends bis an Orte, die von vielen verabscheut, vom HipHop-Publikum und von afroamerikanischen Unternehmern aber freudig aufgenommen werden.

Für mich ist die größte Leistung von Weiss seine Einstellung zu KRS-One. In zehn Jahren hat Jive acht Alben von Boogie Down Productions-KRS-One herausgebracht, ohne dass dabei auch nur eine einzige Crossover-Single herausgesprungen wäre. Nur wenige Videos, die zu diesen Songs produziert wurden, liefen auf MTV oder hatten Erfolg bei weißen Hörern. Diese Unterstützung einer kompromisslosen, streitsüchtigen, anti-Pop-, anti-R&B- und alles andere als Platin-verdächtigen Band ist beispiellos in der Geschichte des HipHop. Kein MC, mit der Ausnahme von L.L. Cool J, hat so viele Alben gemacht oder ist so lange bei demselben Label geblieben wie KRS-One. Mit seiner bedingungslosen Unterstützung von KRS-One hat Weiss dafür gesorgt, dass sich das komplexeste Phänomen des Genres kreativ entfalten konnte.

Tag der Arbeit

Die Geschichte von Rap und seiner weißen Hörerschaft wäre nicht vollständig ohne folgendes Ereignis. Im Sommer 1995 verbrachte ich das lange Labor Day Wochenende an einem Strand in Long Island. Zu meiner großen Überraschung las ich, dass Run-D.M.C. zu einem Gig in den Bay Club in den Hamptons kommen würde. Zusammen mit zwei anderen Old-School-Kumpels, Ann Carli und Bill Stephney, machte ich mich auf den Weg. Vor dem Club in East Quogue wartete bereits eine Menge Leute: angetrunkene weiße College-Studenten. Drinnen war es verdammt eng, und auf der kleinen Bühne gab es kaum genug Platz für das Equipment.
Als Run-D.M.C. und Jam Master Jay die Bühne betraten, bebte der ganze Schuppen. Das zu 99,9 Prozent weiße Publikum kannte die Texte von jedem einzelnen Song: »My Adidas«, »Rock Box«, »King of Rock« hatten nichts Befremdliches für diese Leute. Sei waren mit dieser Musik aufgewachsen. Für sie war Run-D.M.C. so etwas wie für mich ein Konzert der Temptations in den 60ern. Für sie hatte die Musik nicht dieselbe Bedeutung wie für einen jungen Schwarzen aus Harlem, nein sie empfinden sie so, wie Weiße schwarze Pop-Musik schon immer empfunden haben: als tiefe, lustvolle Erinnerung an eine unbeschwerte Kindheit. Bei Bier, Gelächter und Zungenkuss hatte die Vorstadtmeute ihren Spaß an dieser Raserei aus gereimten Worten, vertrauten Hooks und Beats. Vielleicht war es nicht das, was viele unserer Leute gerne sehen würden, aber es war ein authentisches Stück HipHop unserer Tage.

Sechs – Das permanente Business

»So a register is all I hear
Money overturned, then I jet
To make another hit.«

Eazy-E, »We Want Eazy«

Jack Newfield, der umstrittenste Journalist der 70er, brachte die Korruption in der Stadtverwaltung New Yorks auf den Punkt, indem er den Ausdruck »Permanente Regierung« erfand. Newfield dachte dabei vor allem an die nicht gewählten Beamten, die sich ihrer Position über viele Jahre hinweg sicher sein konnten, ohne dem Steuerzahler je Rechenschaft über ihr Tun abzulegen. Ich habe mir seine eingängige Bezeichnung ausgeborgt, um die Bande aus Juristen, Managern, Agenten und Buchhaltern zusammenzufassen, die das Geschäft mit der Musik kontrollieren. Sie sind die Türsteher der gesamten Branche, nicht nur der HipHop-Industrie. Produzenten und vor allem Musiker kommen und gehen, aber die permanenten Businessleute sind nur eins: permanent. Sie sind der Hauptgrund, weshalb HipHop die Revolution nicht aus der Musik in die Unterhaltungsindustrie weitertragen konnte.

Hier ist eine weitere Geschichte aus dem permanenten Business: Ein neues Talent – Big Willie – taucht plötzlich auf den Straßen einer amerikanischen Großstadt auf. Er (ich könnte genauso gut »sie« sagen) könnte ein kampfeslustiger Rap-Krieger werden. Ebenso gut aber auch ein neuer heißer Plattenproduzent oder Manager des neuesten Trends aus Harlem. Es ist egal, wo er herkommt. Er ist jung, schwarz und hat Geschmack. Eines der großen Unternehmen aus der Unterhaltungsbranche mit internationalem finanziellem Rückhalt und einem unstillbaren Hunger nach neuen Produkten, Stars und Nervenkitzel hat Big Willie als neues Talent entdeckt.

Auftritt des permanenten Business. Bevor Big Willie und das international operierende Unternehmen miteinander ins Bett steigen können, muss ein Rechtsanwalt engagiert und ein Buchhalter oder irgendein Berater bestellt werden, und höchstwahrscheinlich führt auch kein Weg an einem Top-Manager vorbei. Big Willie fühlt sich ungemein geschmeichelt und zugleich total unsicher und verängstigt, obwohl er sein Bestes tut, es zu verbergen.

Falls Big Willie seinen Stab schon mitbringt, wird ihm sein großer neuer Partner einreden, dass er bessere, härtere und erfahrenere Leute braucht. Kurzum, wenn Willie heiß ist, wird das permanente Business versuchen, ihn zu Dingen zu überreden, die eher seinem großen Geschäftspartner zugute kommen als ihm selbst. So empfiehlt das Unternehmen beispielsweise einen mächtigen Anwalt. Jeder, der sich ein bisschen im Geschäftsleben auskennt, weiß, dass es ein großer Fehler ist, den von der Gegenseite empfohlenen Anwalt zu engagieren.

Aber erinnern wir uns: Trotz seiner Großstadtarroganz ist Willie unsicher. Er will sich das Geschäft nicht durch die Lappen gehen lassen, und er will das Maximum rausholen. Er glaubt, was man ihm sagt, nämlich dass ihm die Geschäftspartnerschaft von empfohlenem Anwalt und Unternehmen zugute kommen wird. Ebenso irrt er, wenn er glaubt, dass all die wohlmeinenden Mitarbeiter des permanenten Business im Zweifelsfall auf seiner Seite stehen werden.

Die Gleichung des permanenten Business ist verhältnismäßig simpel: Rechts steht das Unternehmen, das ihm ein eigenes Label, ein so genanntes »Boutique Label« anbietet. Links ist Big Willie, der weiß, dass er schon bald einen Jeep fahren und für seine Mutter ein Haus kaufen kann, dass er Verträge unterschreiben und Platten produzieren wird. Dazwischen sind die Figuren des permanenten Business, die schon seit Jahren Verträge für das große Unternehmen machen und auch noch machen werden, wenn Big Willie schon längst mit seinem letzten überteuerten Remix gefloppt ist.

Das wirft eine Frage auf: Wäre Big Willie besser geschützt, wenn er sich mit schwarzen Mitgliedern des permanenten Business umgeben würde? Zu gerne würde ich uneingeschränkt mit Ja antworten, aber das kann ich nicht. Einen ersten Eindruck davon, wie das permanente Business arbeitet, erhielt ich zu Beginn der 80er, als sich eines Tages beim Lunchen ein Plattenproduzent über seinen damals in der Unterhaltungsbranche sehr bekannten Anwalt beklagte. Eigentlich hätte er sich freuen sollen, schließlich hatte er gerade einen 100.000 Dollar Produktionsdeal von einem schwarzen A&R-Manager bekommen.

Aber er ärgerte sich, weil er herausgefunden hatte, dass das Label sogar 150.000 geboten hatte und dass sein Anwalt, der mit dem A&R-Manager eng vertraut war, einen Extra-Deal ausgehandelt hatte, in dem das Label dem Anwalt 10.000 für nicht näher spezifizierte Beratungskosten zahlte. Die 40.000, die das Label gespart hatte, wanderten in die Tasche des A&R-Managers. Auf dem Papier hatte der Produzent also einen Vertrag über 150.000 unterschrieben, von denen aber in Wirklichkeit nur 100.000 (abzüglich 5% Anwaltskosten) auf seinem Konto ankamen. Als ich den Produzent fragte, wie er auf den Anwalt gekommen sei, rollte er die Augen und murmelte: »Der A&R-Typ hat ihn mir empfohlen.«

Es gibt unterschiedliche Strategien, um mit dem permanenten Business fertig zu werden. Einige Big Willies machen so viel Geld, dass sie für ihre Geschäftspartner im permanenten Business ebenso wichtig werden wie deren Kunden im Big Business. Es gibt auch Big Willies, die aufgrund ihrer Intelligenz, Geschäftstüchtigkeit oder Persönlichkeit verlässliche Geschäftsverbindungen mit dem permanenten Business aufbauen, so dass die Buchhalter und Juristen ihnen wirklich den Rücken freihalten. Leider – und das ist meist so – lernt Big Willie das permanente Business von einer anderen Seite kennen, von der Seite der Korruption und der Ausbeutung von Neulingen und fühlt sich dabei wie ein Bittsteller.

Wenn Rapper von den »Schlangen in der Plattenindustrie« erzählen, handelt es sich fast nie um Phantasiegeschichten oder übertrieben dargestelltes Märtyrertum, sondern meist um eine weiter Episode aus der Reihe Big Willie gegen das permanente Business – nur eben in Reimen.

In der Geschichte des HipHop gibt es nur wenige Afroamerikaner, die den Hattrick geschafft haben: lang anhaltenden Erfolg, Aufbau enger persönlicher Beziehungen zum permanenten Business und Entwicklung eines klugen und loyalen Netzwerks, das sie unterstützt. Ja, je mehr ich darüber nachdenke, komme ich zu der Überzeugung, dass es nur einen Einzigen gibt, dem das gelungen ist.

Russell Simmons als …

Heute sehen manche Leute in Russell Simmons weniger eine zentrale Gestalt der zeitgenössischen Kultur als eine mit dickem Filzstift gezeichnete Karikatur: Simmons sitzt in der ersten Reihe bei einer Modenschau und trägt eine Kappe mit dem Logo seiner Kollektion, Phat Farm. Nach der Modenschau verschwindet er mit einem dieser unerhört dünnen, einsachtzig großen Models, ein winziges Handy ans Ohr gepresst, in seinem kugelsicheren Rolls Royce. Er ist auf dem Weg zu den Aufnahmen einer neuen Folge von *Def Comedy Jam*, die er jedes Mal in seiner oft imitierten Tonlage mit den Worten beschließt: »Good night, God bless«.

Wegen solcher Auftritte wird Russell nicht immer ernst genommen. Aber er ist selbst Schuld daran. Jahrelang hat er Journalisten durch sein »boomendes« Innenleben geführt. Immer mit von der Partie: sein Handy, sein Haus in Greenwich, das früher Cher gehörte, und seine große Klappe, die selbst Crazy Eddie schwindelig quasseln würde. Russels intelligentere Seite – sein Geschäftssinn, der visionäre Motor des Erfolgs und die Verletzlichkeit hinter dem zur Schau gestellten Playboy-Lifestyle, werden dabei oft übersehen. In dem von ihm selbst erzeugten Hype ging die

Rolle, die er im HipHop spielte, irgendwann unter. Denn es war Simmons, der Mitte der 80er HipHop aus dem New Yorker Underground holte und zu einem internationalen Ereignis machte.

Ich kenne Russel schon zwanzig Jahre, mit anderen Worten, er gehört zum Inventar meines Erwachsenendaseins. Deshalb ist meine Meinung, weshalb er so wichtig ist, ebenso begründet wie voreingenommen. Russel Simmons, der aus einer schwarzen Familie der Mittelschicht kommt und in Queens aufwuchs, der Inhaber des ältesten Labels im HipHop, braucht niemanden wie mich, um seinen Platz in der Geschichte dieser Kultur zu behaupten. Aber die Veränderungen innerhalb der HipHop-Szene kann man nicht verstehen, ohne die Bedeutung dieses Mannes zu würdigen.

Russell Simmons als Berry Gordy

Viele haben eine übereilte Parallele gezogen zwischen Russell und Berry Gordy. Schmeichelhaft, aber nicht sehr genau. Gordy war ein Held der Bürgerrechtsbewegung, dessen Motown-Imperium sich einer Kombination verschiedener Faktoren verdankte: großen Songwritern, einem Gespür für Talente und einem sehr traditionellen Verständnis von Erfolg im Showbizz. Jobete, Gordys Musikverlag, verfügt mit Musikern wie Stevie Wonder, Smokey Robinson, Ashford&Simpson, Holland-Dozier-Holland, Marvin Gaye und einer Reihe weniger bekannter, aber ebenso erfolgreicher Musiker über die vollständigste Sammlung an amerikanischen Songwritern der Nachkriegszeit. Im HipHop gibt es niemanden – und schon gar nicht Russell – der über ein Repertoire verfügt, was auch nur annähernd so beständig wäre.

Was das Entdecken neuer Talente angeht, stimmt die Parallele schon eher, auch wenn Gordy hier immer noch die Nase vorn hat. Musiker, die vor 30 Jahren bei Motown unterschrieben (Wonder, Diana Ross, die Four Tops, die Temptations, Gladys Knight, die Isley Brothers), gehen heute noch auf Tournee und nehmen Platten auf. Eine beachtliche Leistung, bedenkt man die Kurzlebigkeit der meisten R&B-Acts gestern wie heute.

Def Jam Records und das von Russell mittlerweile wieder aufgegebene Rush Management waren zu einem bestimmten Zeitpunkt die Heimat für viele der musikalisch und umsatzmäßig stärksten Bands in den über zwanzig Jahren HipHop-Plattengeschichte: L.L. Cool J, Public Enemy, die Beastie Boys, EPMD, 3rd Bass, Redman, Warren G, Method Man, Onyx, Slick Rick, Foxy Brown, DMX. Sie alle nahmen bei Def Jam auf, während Run-D.M.C., Jazzy Jeff & the Fresh Prince, Whodini und Kurtis Blow irgendwann mal bei Rush Management waren. Von Kurtis Blow und den ersten Rap-Recordings bis zum charismatischen Wu-Tang-Star Method Man hat Russell immer mit der Entwicklung des Rap Schritt gehalten.

Diese Fähigkeit, immer die neuesten Trends zu erwischen, verdankt er zum Teil der Tatsache, dass er nicht der ersten HipHop-Generation angehört. Da er aus Hollis stammt, einem Teil von Queens, in dem vor allem Arbeiter leben, betrachtete er die Anfänge in den späten 70ern aus einer Art Außenseiterperspektive. Während DJs und Promoter in Harlem und der Bronx vor allem auf bereits eingefleischte Fans setzten, fanden seine Partys in Teilen von New York statt, in denen man bis dahin noch nichts von HipHop gehört hatte. Von Anfang an verfolgte Russell das Ziel, den Absatz zu vergrößern und neue Märkte zu erschließen.

So nahm Def Jam Anfang der 90er, als die Verkaufszahlen von Public Enemy abflachten und sowohl Will Smith als auch die Beastie Boys ihre größten Erfolge außerhalb von Russells Imperium feierten, Warren G unter Vertrag, den jüngeren Bruder von Dr. Dre. Die Single-Auskopplung »Regulate« aus seinem Album *Regulate … G-Funk Era* war die erste Nummer eins in den Pop-Single-Charts für Def Jam.

Wegen seiner Fähigkeit, jede Welle richtig zu erwischen, ist Def Jam einer der stärksten Markennamen in der schwarzen Kultur geblieben. In einer Branche, in der Unternehmen in der Hand von Schwarzen für eine bestimmte Zeit hell aufleuchten wie Sugar Hill, Cold Chillin' oder Uptown und dann ebenso schnell verglühen, wenn die Musik oder die Mode eine neue Richtung einschlägt, war Def Jam eine Institution und Simmons ein Vorbild für alle HipHop-Unternehmer.

Def Jam wurde nie wie ein Bilderbuchverlag geführt. Schon Ende der 80er verbrachte Simmons so wenig Zeit wie möglich in den Geschäftsräumen seines Labels, seines Managementbüros oder eines anderen seiner Unternehmen. Mit Faxgeräten und später über Handy war Russell der Prototyp des mobilen Unternehmers. Lange bevor dieses Modell zur Mode wurde, dirigierte Russell die Geschäfte aus dem Fitnessstudio, einem russischen Bad oder dem Time Cafe in Greenwich Village.

Russells lockerer Vollgasstil war auch Ausdruck seines Unwillens, an irgendeiner Sache länger dranzubleiben. Während er in den 80ern vor allem vom Aufbau von Def Jam, Rush Management und dem Organisieren von Konzerttourneen besessen war, steckte er in den 90ern seine ganze Energie in Mode, Fernsehen, Film und die Institutionalisierung von HipHop in allen Nicht-Musik-Bereichen. Den wenigsten ist dabei aufgefallen, dass der entscheidende Impuls zu Russells Strategie der Diversifizierung nichts mit Berry Gordy zu tun hat, sondern mit einem ganz anderen Vertreter des schwarzen Entertainment.

Russell Simmons als Sammy Davis Jr.

Sammy Davis Jr. war einer der größten Entertainer Amerikas. Er war ein eleganter Stepptänzer, hatte eine angenehme, kratzige Stimme, erzählte nie einen Witz, über den man nicht lachen musste und war außerdem ein großer Schauspieler. Aber sein wichtigstes Talent war sein Networking, seine Fähigkeit, Kontakte aufzubauen.

Innerhalb der afroamerikanischen Kultur hat es zahlreiche begabte Entertainer gegeben, aber Davis gehörte zu den wenigen, die bereits in den

50er Jahren die Rassenschranken durchbrachen, und das nur, weil er seine Kontakte zu toleranten weißen Entertainern pflegte. Schon bevor Berry Gordys Motown-Bands Vergnügungszentren wie Las Vegas und Clubs wie das Copacabana eroberten, gehörte Davis dort längst zum Establishment. Mit seiner starken Persönlichkeit gewann er die Sympathien von Frank Sinatra, Dean Martin und anderen Großen der Branche – von denen ihm die meisten halfen, wenn ihn der Rassismus wieder einmal am Weiterkommen hinderte.

Sicher war sein Erfolg vor allem auf sein Talent, seinen Humor und seine Ausstrahlung zurückzuführen. Aber neben ein paar Ausrutschern, zu denen er immer mal neigte (zu gerne möchten wir vergessen, wie er Richard Nixon umarmte), waren es seine hervorragenden Kontakte, die ihn zu einem Vertreter des Crossover machten, bevor man überhaupt wusste, was das war. Auch Simmons hat Brücken gebaut, um sein Reich am Leben zu halten. Den Kern von Russells Lebensphilosophie bildet eine bestimmte Art des sozialen Umgangs, der von seinen Kritikern als Aufsteigerverhalten verspottet wird. 1996 sprach er im *One World*-Magazine seine Meinung über Hollywood offen aus:

»Dies ist der Ort mit der schlimmsten Segregation, die ich je erlebt habe. Wenn ich zu einer Party in Hollywood gehe, dann sind die einzigen Schwarzen im Raum Quincy [Jones], Sidney Poitier, die Kellner und ich. Das liegt daran, dass dieser Ort rassistisch ist, aber es hat auch damit zu tun, dass sich die meisten schwarzen Filmemacher nicht integrieren wollen. Sie halten sich an die irre Vorgabe, dass sie immer irgendetwas treu bleiben müssen ... Ich nicht. Ich lasse es nicht zu, dass meine Wut auf Rassismus und Segregation mich davon abhält, irgendeine Grenze zu übertreten. Ich mache Filme über das, was mich gerade interessiert, egal, was das ist, egal, ob das weiße Hollywood oder das schwarze Hollywood das gutheißt. Ich lebe nicht in einem Käfig.«

Russell, der für viele nur ein neureicher B-Boy ist, hat seinen Promi-Status dazu genutzt, seine Präsenz und Bedeutung außerhalb der afroamerikanischen Gemeinschaft auszubauen. In den 80ern machte er die Bekanntschaft des Konzertpromoters Jeff Wald und des Talentmanagers Shep Gordon, der ihn in den Jahren der großen Rap-Tourneen in Sportarenen absicherte. Über Weihnachten flog er nach Hawaii, um mit anderen Veteranen der Branche zu feiern – und natürlich Geschäfte zu machen. In den 90ern zog er sich nach St. Bart's zurück, die Insel der Reichen und Prominenten. Viele Sommer mieteten er und der Rap-Mogul Andre Harrell ein Landhaus in den Hamptons. Den ganzen Tag wurde Basketball gespielt, und es fanden sich Künstler, junge Musikmanager und schwarze Broker von der Wall Street bei ihnen ein.

Russells Erfolg verdankt sich teilweise auch seinen guten Kontakten zu jüdischen Geschäftsleuten aus der Unterhaltungsbranche. Der ehemalige CBS-Manager Walter Yetnikoff, der mächtige Anwalt Paul Shindler, der Unternehmensberater Bert Podell und der Milliardär Ron Perelman sind nur ein paar Vertreter des permanenten Business, die Russell viele Jahre hinweg zur Seite gestanden haben. Auch Quincy Jones hat er einiges zu verdanken (beinahe hätten sich die beiden zusammengetan, um *Vibe* herauszubringen), ebenso Tommy Hilfiger (der ihn in der Gründungsphase von Phat Farm beriet) und Brian Grazer (mit dem er Eddie Murphys *Der verrückte Professor* koproduzierte).

Dasselbe permanente Business, das so oft die Projekte schwarzer Jungunternehmer zunichte machte, unterstützte Russell. Nun wäre es ein Fehler anzunehmen, dass er sich keine Feinde gemacht hätte. Def Jams Trennung von Sony 1994 beispielsweise hatte vor allem mit Russels gespanntem Verhältnis zu Donnie Ienner zu tun. Aber aufs Ganze gesehen ist er eine Ausnahme im HipHop, weil er Brücken baut, wo andere vor unüberwindlichen kulturellen Abgründen kapitulieren.

Russell hat seinen Erfolg nie als einen »schwarzen« Triumph gefeiert. Er sieht sich eher in der Rolle des Botschafters der HipHop-Kultur. So wie er

Kontakte außerhalb seines Unternehmens aufbaute, um es auf eine sichere Basis zu stellen, so hat er innerhalb des Unternehmens auf starke und langlebige Beziehungen gesetzt, vor allem auf amerikanische Unternehmer, die für die nötige Sicherheit sorgten.

Mitte der 80er tat sich Russell mit zwei jungen ambitionierten Weißen zusammen, dem Produzenten Rick Rubin und dem Manager Lyor Cohen. Def Jam war ursprünglich Rubins Logo gewesen, der bereits als Student an der NYU T. LaRocks »It's Yours« aufgenommen und einen Vertrag mit L.L. Cool J abgeschlossen hatte. Rubin und Russell wollten Def Jam zu einem bedeutenden Label ausbauen und handelten eine Vertriebsvereinbarung mit CBS aus. In den ersten Jahren waren die Büros von Def Jam in der Elizabeth Street 298 in Greenwich Village untergebracht, einem viergeschossigen Gebäude, in dem ständig renoviert wurde. Im Erdgeschoss residierte Rush Management, im zweiten Stock Def Jam. Unterm Dach wohnte Rubin, und im Keller werkelte irgendein Tonstudio, das man nicht loswurde. Lyor Cohen saß in einem Eckzimmer im ersten Stock. Der große, in Israel geborene Cohen war, bevor er Simmons kennen lernte, Konzertpromoter in Los Angeles gewesen. Als Lyor nach New York kam und sich mit Russell zusammentat, wurde er zum bissigen Terrier hinter Russells überdimensionalem Lächeln. Er schrie lahmarschige Promoter zusammen, mahnte faule Künstler ab und führte das Büro mit eiserner Hand. Mit dem schrulligen Rubin im zweiten Stock und dem gestrengen Cohen im ersten war die Elizabeth Street 298 einer der faszinierendsten Orte in New York, in dem es vor Energie nur so brummte. Als Rubin bei Rush Management ausstieg, um 1988 in Los Angeles Def American (später American) zu gründen, begann Lyor damit, Rush Management allmählich abzuwickeln und sich stärker um das Tagesgeschäft von Def Jam zu kümmern. 1990 wurde Lyor Geschäftsführer von Def Jam und allen dazugehörigen Labels, weil Russell Zeit brauchte, um seinen Modeambitionen nachzugehen.

Mitte der 90er hatte Russell bereits eine Menge Projekte angezettelt, die nichts mit Musik zu tun hatten: Er hatte Phat Farm gegründet, sein Mode-

Label mit eigenem Laden in SoHo. Er hatte Werbefilme mit Def Jam-Musikern und -Tänzern gedreht, zum Teil für so mächtige Kunden wie Coca Cola. Er hatte mehrere Filme produziert oder war zumindest als Koproduzent an ihnen beteiligt (*The Addiction, How to Be a Player*), und er wurde Herausgeber des schwarzen Lifestyle-Magazins *One World*. Zusammen mit seinem älteren Bruder, dem Maler Daniel, hat Russell außerdem die Rush Philanthropic Arts Foundation gegründet, eine gemeinnützige Stiftung, die sich zum Ziel gesetzt hat, Werke von Minderheiten-Künstlern zu fördern. Aber Russells größte Kulturleistung außerhalb der Musikbranche, die sein Ansehen innerhalb des HipHop wesentlich erhöhte, hat mit verbaler Kunst einer ganz anderen Couleur zu tun.

Russell Simmons als King of Comedy

Als 1991 auf dem Privatsender HBO die *Russell Simmon's Def Comedy Jam* startete, begann ein neues Kapitel in der Geschichte der »black comedy«. Es war eine Art von Humor, die das Publikum polarisierte, genau wie HipHop. Die Darsteller verhielten sich wie die Kinder von Richard Pryor und Eddie Murphy. Ihre Witze waren profan und anal, sie gaben sich nicht mit vornehmem Humor ab, wenn ein deftiger Pussy-Witz zur Hand war. Ohne den Genius von Pryor und ohne die Mimik von Eddie Murphy demonstrierten die Darsteller der *Def Comedy Jam* lautstark und obszön ihre Verachtung von gutem Geschmack auf eine Weise, wie das im amerikanischen Fernsehen bis dahin noch nie zu sehen war.

Die *Def Comedy Jam* stand in der Tradition der Chitlin Circuits, der zwischen 1930 und 1960 von Stadt zu Stadt ziehenden schwarzen Unterhaltungsshows. Der Chitlin Circuit genießt auch heute noch einen so legendären Ruf, weil viele große Sänger und Musiker dort angefangen haben, während die Sketche zwischen den Musik-Acts eher als Pausenfüller betrachtet wurden. Dabei hatten Komiker wie Redd Foxx, Moms

Mabley, Slappy White, Nipsey Russell und Wildman Steve, Skillet & Leroy oder LaWanda Page das schwarze Publikum jahrzehntelang mit Witzen über Ehebruch und Sex unterhalten. Ein weiterer Vorläufer von Russells Fernsehprojekt war der Uptown Comedy Club in Harlem, in dem Monteria Ivey moderierte.

Dennoch war die *Def Comedy Jam* alles andere als ein Nostalgieprodukt. Die Sendung war so spontan und »in your face« wie die neueste HipHop-Single. Kid Capri, der Def Jam-Hits abspielte, und das hysterische junge Publikum trieben die Schauspieler zu Höchstleistungen. Die *Def Comedy Jam* war keine Nabelschau für Introvertierte. Fernsehkritiker, und konservative Entertainer vom Schlag eines Bill Cosby waren entsetzt, aber die schwarzen Jugendlichen hatten ein neues Kultobjekt gefunden.

Vor der *Def Comedy Jam* hatte es drei Formen der afroamerikanischen Comedy gegeben: Bill Cosby auf NBC – der unbestrittene König des unbefleckten Humors, unter dessen Einfluss Sinbad und noch ein paar andere Komiker in *A Different World* auftraten (Londel Sheridan, Mario Joyner, George Wallace), alle ohne jemals einen ethnischen oder klerikalen Witz zu reißen. Dann gab es das »schwarze Rudel«, das von Eddie Murphy angeführt wurde und zu dem solche Leute wie Keenan und Damon Wayans, Robert Townsend, Arsenio Hall und Paul Mooney gehörten. Und schließlich noch ein Trio geistreicher, junger Laberköpfe: Martin Lawrence, Tommy Davidson und Chris Rock.

Def Comedy Jam veränderte die Fernsehlandschaft. Produziert von den mächtigen Comedy-Managern Brad Grey und Bernie Brillstein unter der Regie des alten Hasen Stan Latham und nicht zuletzt wegen Russell Simmons wurde die halbstündige Wochenshow zur Bühne für bis dahin völlig unbekannte Künstler. Das Interesse an der Show war so gigantisch, dass sie bis ins Filmgeschäft, die Werbung und andere Fernsehformate durchschlug. Lawrence, der kurz vor dem Durchbruch gestanden hatte, wurde mit *Def Comedy* endgültig zum Star. Nachdem er die Sendung zwei Jahre moderiert hatte, trat er in seiner eigenen SitCom bei Fox auf und bekam außerdem noch eine Rolle in dem Film *Bad Boys*. Die besten Def Comedy-Darsteller (Bill Bellamy, Joe Torre, Chris Tucker, Eddie Griffin, Adele Givens, Bernie Mac) gingen zu MTV, bekamen Rollen in SitComs, wurden Synchronsprecher oder gingen alleine auf Tour. Als Spin-off der *Def Comedy Show* gründeten Russell, Latham, Brillstein und Grey ein Managementbüro für junge schwarze Schauspieler und Alleinunterhalter. In den ersten drei Jahren war *Def Comedy* ein Muss. Und in den 90ern, als die großen Rap-Tourneen wegen der Angst der Versicherungen vor Gewaltausschreitungen immer seltener stattfanden, füllte die Tournee der Def Comedy Show zumindest teilweise die dadurch entstandene Lücke. Die Tickets waren so schnell ausverkauft, dass einmal sogar zwei Teams gleichzeitig auf Tournee gingen.

Auf seinem ureigensten Terrain begann die afroamerikanische Comedy dem Rap als Live-Act Konkurrenz zu machen, Auftritte in Bars, Discos oder Stadthallen wurden Teil der afroamerikanischen Kultur. Ähnlich wie Rap eignet sich auch die Comedy besonders gut für Neueinsteiger. Ein Künstler muss sich nur alleine mit einem Mikrofon in der Hand raus vors Publikum wagen. Dazu bedarf es keines großen technischen Aufwands und keiner geschulten Auftrittstechnik. Wegen der Schauspieler, die sich über die ganze Medienwelt verteilten, und dem elektrisierenden Einfluss dieser Show auf die schwarze Kultur, war *Def Comedy Jam* für Russells Karriere fast ebenso bedeutsam wie Def Jam Records. Im Rap promotete Russell ein sich bereits entwickelndes Genre, in der schwarzen Comedy hingegen war er der Pionier.

Russell Simmons als er selbst

Wenn Musikmogule die 40 überschritten haben, liegen die besten Jahre meist hinter ihnen. Aus Trendsettern werden Geschäftsleute und Ehrenmitglieder im permanenten Business. Als Russell 1997 die kritische Marke überschritt, stand er am Scheideweg. Seine Bedeutung für den zeitgenössischen HipHop wurde in Frage gestellt, zum einen durch den ununterbrochenen Strom an neuen Trends und Entwicklungen, zum anderen durch unvorhersehbare kulturelle Verschiebungen. In seinen zahlreichen Initiativen außerhalb der Musik kann man den Versuch erkennen, eine Antwort auf die Frage zu finden, welche Möglichkeiten die gesellschaftliche Etablierung des HipHop bietet.

Aber selbst wenn sich Russell nicht mehr weiterentwickeln sollte – was ich ganz stark bezweifle – und nur ein weiterer Fett-(Phat?-)Sack im permanenten Business wird, so hat er als Unternehmer jedenfalls einen neuen Standard gesetzt für den nächsten, der kommen wird und an etwas glaubt, woran sonst niemand glaubt.

Sieben – Sample This

»Mase got the ladies, Puff drives Mercedez
Take hits from the 80s, don't it sound crazy?«

Mase, »Bad Boy«, 1997

An einem Sonntagmorgen 1988 war ich zusammen mit dem Produzenten und Songwriter Mtume und ein paar anderen Typen aus der Musikbranche zu Gast bei Bob Slade, der damals auf dem New Yorker
Radiosender KISS-FM eine Sendung namens *Week in Review* machte. Wir
stritten uns über afroamerikanische Kultur, und Mtume ließ kein gutes
Haar an der HipHop-Bewegung. Der Mann, von dem Klassiker der 80er
stammen wie Roberta Flacks »The Closer I Get to You« oder Stephanie
Mills' »I Never Knew Love Like This Before«, ist einer der redegewandtes-
ten und nachdenklichsten Musiker, denen ich je begegnet bin. In den
60er Jahren gehörte er zur politischen Organisation um Ron Karengas
und war sogar einmal in eine Schießerei mit den Panthers verwickelt. Mit
Miles Davis spielte er während dessen umstrittener Funkperiode zusammen und schrieb und produzierte im Anschluss daran Songs für Flack,
Mills, Levert und Phyllis Hyman sowie für seine eigene Band. Dank seiner
vielschichtigen musikalischen Erfahrung und seiner Herkunft aus der Pro-
testbewegung hat Mtume immer eine eigene Ansicht, wenn es um die
Entwicklung schwarzer Kultur und Musik geht.
Diesen Sonntagmorgen brachte Mtume vor allem damit zu, sämtlichen
HipHop-Produktionen vorzuwerfen, sklavisch an der Idee des Sampelns
festzuhalten. »Wir erleben heute die erste Generation von Afroamerika-

nern, die nicht in der Lage ist, das musikalische Spektrum zu erweitern«, schimpfte er und verhöhnte die zeitgenössische Musik als »Memorexmusik«. Um seine Abscheu gegenüber dieser neuen Antikreativität zu verdeutlichen, bemühte Mtume ein gewagte Analogie. Drumbeats von James Brown in einem HipHop-Album zu verwenden sei so, als schriebe ich ganze Kapitel von James Baldwin ab und gäbe sie als meine eigenen aus.

An dieser Stelle sind ein paar klärende und klare Worte angebracht. Mtume ist nicht ganz und gar gegen das Sampeln eingestellt, lehnt aber Sampeln als Ersatz für Komposition ab. Es ärgert ihn, dass viele HipHopper keine Ahnung von Musiktheorie haben, kein Instrument spielen können und eine große Plattensammlung als einzig wichtige Voraussetzung zum Musikmachen betrachten. Seiner Meinung nach hat diese Mode dazu geführt, dass Musiker und Publikum heute faul und träge geworden sind. Während sich das Gros der Bevölkerung über die obszönen Inhalte der HipHop-Texte errege, seien Musikkenner vor allem über das hemmungslose Sampeln erbost.

Das musste Daddy-O (Glenn Bolton) von den Brooklyn's Stetsasonic gehört haben. Daddy-Os Band besteht aus vier Rappern, einem DJ und einem Drummer und bezeichnet sich kühn als HipHop-Band. So wie Mtumes Kritik des Sampelns die weit verbreitete Verärgerung der Generation der Soul-Musiker widerspiegelt (die oft nicht einmal genannt werden, wenn ihre Musik als HipHop wiederkehrt), sprach die Antwort des Stetsasonic-Vertreters die klare Sprache der HipHop-Rebellen: Fordert dich jemand heraus, musst du ihn dissen.

Die Antwort der Stetsasonics war »Talkin' All That Jazz«, eine artikulierte Verteidigung des Sampelns, die zum Wiedererkennungshit der Band wurde. Die Platte erschien 1988 und basierte selbst auf einem Loop mit Zusammenschnitten des 70er Jahre-Stücks »Expansions« von Keyboarder Lonnie Liston Smith. Der Text lautete: »Tell the truth, James Brown was old / Til Eric and Rak came out with ›I Got Soul‹ / Rap brings back old R&B and if we would not / People could have forgot.« Eine Referenz an Eric B.

und Rakim, die mehrere Stücke von James Brown gesampelt hatten, und an Bobby Byrds Text aus »You Know You Got Soul«. Die Zeile »You said it wasn't art / So now we're gonna rip you apart« gefiel Mtume überhaupt nicht und die Antwort der Stetsasonics war auch nicht im Geringsten dazu geeignet, ihn von seinem Urteil abzubringen.

Sampeln zerstört die Ideologie einer ganzen Generation. Als Bob Dylan 1965 plötzlich mit einer elektrischen Gitarre auftrat, bekam er den Zorn der Folkpuristen zu spüren. Auch Miles Davis zog sich den Unmut der Jazz-Puristen zu, als er Anfang der 70er die akustischen Instrumente beiseite legte. (Interessanterweise war Mtume genau zu jener Zeit Percussionist bei Miles). Dennoch hält die Diskussion darüber an, ob Sampeln ein verhängnisvoller Bruch mit der kreativen afroamerikanischen Musiktradition ist oder eine radikale, ja sogar innovative Fortsetzung davon.

Neues Spielzeug

Seit Ende des 2. Weltkriegs spielt der technologische Fortschritt eine wichtige Rolle in der Entwicklung der schwarzen Musik. Neue Techniken brachten neue Instrumente und eröffneten damit Möglichkeiten, die mit den alten Instrumenten nicht denkbar gewesen wären. Charlie Christian, ein außerordentlicher Jazz-Musiker, war der erste, der das Potenzial der E-Gitarre erkundete. Aber Leute vom Land, aus dem tiefen Süden und dem Mittleren Westen, waren es, die den Blues elektrifizierten und dieser ländlichen Musik damit einen harten, lauten und städtischen Glanz verliehen, der zum Vorläufer des Rock'n'Roll wurde. Monk Montgomery, in der Nachkriegszeit Bassist bei Lionel Hamptons Bigband, spielte als erster einen elektrischen Fender, das Instrument, das zusammen mit E-Gitarre und Schlagzeug den Sound der amerikanischen Tanzmusik revolutionierte.

Quincy Jones sagte einmal zu mir, dass der Sound des E-Basses so aufdringlich sei im Vergleich zum Kontrabass, dass er »gar nicht dieselbe

Funktion haben konnte. Vor dem Auftauchen von E-Bass und E-Gitarre blieb die Rhythmusgruppe im Hintergrund und hatte die Aufgabe, Bläser und Klavier abzusichern. Aber als dann die neuen Instrumente aufkamen, konnten die Solisten von einst im Zuschauerraum Platz nehmen ... Der alte Stil funktionierte nicht mehr, eine neue Sprache war entstanden.«

Auf ähnliche Weise mischte Stevie Wonder in den 70ern mit seinem Moog Synthesizer die Popmusik auf. Alben wie *Music of My Mind, Innervisions, Fulfillingness' First Finale* oder *Songs in the Key of Life* leben von einem neuen, erst durch die Computertechnologie möglich gewordenen Sound. Experimentierfreudigen Songwritern wie Wonder bot sich dadurch die Möglichkeit, gleichzeitig auf traditionelle Sounds wie Hörner oder Saiteninstrumente und auf ein riesiges Spektrum an völlig neuen Klangstrukturen zugreifen zu können. So wie das Zeitalter der Bigbands mit dem Machtzuwachs der Rhythmusgruppen zu Ende ging, waren auch die Folgen von Wonders Alben wie die Ausläufer eines Erdbebens in allen Bereichen der Popmusik zu spüren. Eine Folge der Vielseitigkeit des Synthesizers war leider auch, dass die meisten großen afroamerikanischen Bands der 70er stark an Bedeutung verloren oder ganz verschwanden.

Als die 70er schon in den letzten Zuckungen lagen, tauchte in Australien das Fairlight Computer Musical Instrument auf. Sampeln war eigentlich nicht die Hauptaufgabe dieser Maschine, aber die meisten Musiker setzten sie vor allem dazu ein. Mit dem Fairlight konnte man einen Sound digitalisieren, Pitch und Ton verändern und anschließend wieder abspielen. Britische Musiker wie Peter Gabriel, Heaven 17 und Human League machten Anfang der 80er Aufnahmen mit dem Fairlight, aber auch R&B-Produzent Kashif und Earth, Wind & Fire für ihr Album *Powerlight*.

Etwa 1981 kam der E-mu Emulator, der erste echte Sampler, auf den Markt. Diese digitale Maschine und die vielen, die ihr folgen sollten, waren in der Lage, jeden x-beliebigen Sound zu speichern, zu manipulieren und wiederzugeben. Musikalische Vorkenntnisse waren nicht vonnöten – was natürlich nicht heißt, dass kein musikalisches Gespür gefordert ist, wenn es darum geht, Bausteine aus verschiedenen Aufnahmen zu etwas Neuem zusammenzufügen. Aber um das Gerät zu bedienen, musste man nur ein paar Tasten drücken.

Der Legende nach kam der Emulator, der zum zentralen Element aller Rap-Aufnahmen wurde, erstmals nur durch Zufall zum Einsatz. 1981 oder 1982 produzierte Marley Marl einen Remix, bei dem er den Emulator einsetzte, als, angeblich »zufällig«, eine Snare zu hören war. Zumindest erzählte Marl so die Geschichte an Harry Allen weiter. Ihm gefiel der Sound dieser alten Snare auf seinem neuen Remix so gut, dass er sich sagte: »Ich könnte eigentlich jeden Drumsound von irgendeiner alten Platten runterholen und den Sound dieses alten Drummers in den neuen Scheiß reinmixen.«

Kurtis Blow sagt, er habe 1983 einen Fairlight benutzt, um sich den »one, two«-Countdown von »A.J Scratch« unter den Nagel zu reißen. Dieses Take habe er zu einem Loop zusammengebaut und anschließend noch »Pump It Up« von der Go-Go-Band gesampelt. So sei sein HipHop-Klassiker »If I Ruled the World« entstanden.

In den Zeiten vor HipHop benutzten Produzenten das Sampeln nur, um das Fehlen von Live-Musik zu kaschieren. Brauchte man plötzlich Hörner oder war ein Keyboard-Ton verschwunden, konnte sich der Popproduzent diese Passagen von anderen Platten sampeln, wobei er natürlich immer darum bemüht war, die Fremdartigkeit des entliehenen Elements zu verbergen. HipHop-Produzenten hingegen, deren ästhetische Vorstellungen sich an der Verwendung von Break Beats verdreckter alter Schallplatten orientierten, sahen keine Peinlichkeit darin, die Sounds anderer Musiker zu verwenden. Alte oder bekannte Sounds in einen neuen Kontext zu stellen, war schließlich allerbeste HipHop-Tradition. Marley Marl machte sich beispielsweise einen Namen als Produzent für »staubige« Platten. Bei seinen Aufnahmen für Big Daddy Kane, Biz Markie und L.L. Cool J waren immer die Sprünge, Kratzer und das ganze atmosphärische Geräusch des alten Vinyl zu hören.

Für die Post-Soul-Generation, die Generation der Produzenten und Konsumenten von Rap, Menschen, die mit Fernbedienung, Mikrowelle und Videospielen aufgewachsen sind, ist der Einsatz eines E-mu SP-1200 (wie er beispielsweise von den Produzenten von Public Enemy benutzt wird) oder eines Akai MPC-60 (verwendet von Teddy Riley) etwas ganz Natürliches. Sampeln, Loops zusammenbauen und mit anderen Schlaginstrumenten zu kombinieren, all das ist für sie Musikmachen, und auch kein noch so massives Anblöken von noch so berufener Stelle wird das je ändern.

Sample That

1979 spielten die Studiomusiker von Sugar Hill das Stück »Good Times« von Chic nach, um es als musikalischen Hintergrund für »Rapper's Delight« zu verwenden. 18 Jahre später sampelte Sean »Puff Daddy« Combs »I'm Coming Out« von Diana Ross, das auf »Mo Money Mo Problems« von Notorious B.I.G. zu hören ist. Beide gesampelten Songs wurden von Nile Rodgers und dem verstorbenen Bernard Edwards geschrieben. Aber in der Zwischenzeit war einiges geschehen.

Die Sugar Hill-Platte entstand wie viele der ersten Rap-Platten in Zusammenarbeit mit Live-Musikern, die versuchten, das Gefühl eines DJs am Plattenteller nachzustellen. Vielleicht wollten sie einen Sound erzeugen, der besser zum Geschmack der schwarzen Radio-DJs passte als der Rap, der auf den Straßen und in den Parks zu hören war. Aber damit, wie authentischer Rap klang oder gemacht wurde, hatte das nichts zu tun. Ihr Vorgehen trägt noch deutlich die Handschrift der Soul-Produzenten, die die Aufnahmen bei Sugar Hill, Enjoy und sonst wo leiteten.

Als die Sampler aufkamen, begannen die Musikmacher, die bereits mit HipHop aufgewachsen waren, Tracks zu sampeln, die selbst in der Hip-Hop-Tradition standen, aber auch über diese Tradition hinausgehen. Für sie ist Live-Instrumentierung im Vergleich zur Tiefe und Komplexität von

Sounds auf einer kreativ gesampelten Platte bestenfalls eine Begleiterscheinung des Plattenmachens. Platten sind Platten und keine Aufnahmen von Musikern und ihren Instrumenten mehr – sondern Sammlungen irgendwo erzeugter und gefundener Sounds.

Die Meilensteine im HipHop-Sampling wurden beide in den späten 80ern von Bands aus Long Island aufgenommen. Der erste, Public Enemys *It Takes a Nation of Millions to Hold Us Back* von 1988, hat nicht nur wegen seinem Bezug zu den Black Panthers, der Nation of Islam und den furchtlosen schwarzen Brüdern solche Macht. Die Rhetorik wird verstärkt durch rohe Heavy-Metal-Gewalt, die über ein Gewebe an Samples Eingang in das Album findet. P.E. setzte einen neuen Standard, den auch später nur wenige erreichten.

Greg Tate nannte das »Gesangskunst aus Bruchstücken längst versunkener Soulgoods«. Auf *Nation* sind ein Gitarrensolo von Funkadelic, ein Stöhnen von Sly und ein von Bobby Byrd geraubtes Growl zu hören, nicht rhythmisch glattgebügelt, sondern melodisch in eine farbenfrohe Erzähllinie gebracht. Man denkt an Romare Bearden, diesen schwarzen Maler, der mit Farbe, Struktur und Collagen (Photos, Werbung, Stoffreste) arbeitete, der aber, auch wenn er im visuellen Bereich tätig war, in gewisser Weise vergleichbar ist mit dem, was das Team von Bomb Squad Production und *Nation* zustande brachte. Mit Zitaten der Nation of Islam-Schwester Ava Muhammad, einem John Coltrane-Solo, einem Rockriff von Anthrax und zig anderen Soundclips erfüllte *Nation* das Versprechen von Sampeln als Agitprop-Werkzeug.

3 Feet High and Rising, das Debut von De La Soul, war von ähnlicher Qualität: eine Sammlung aus 24 Stücken mit Raps, Songs, Sketchen und Wortspielen, die ein Jahr nach *Nation* herauskam. Während P.E. auf der Suche war nach Sounds, die Unbehagen und Wut ausdrücken konnten, suchte De La Soul nach ungewöhnlichen, spontanen Geräuschen und Melodien wie aus Kinderliedern. Auf De La Souls »Eye Know« hört man Steely Dans »Peg« zusammen mit Otis Reddings »Dock of the Bay«. Und auf »Say No

Go« treffen Fragmente von Sly Stone auf einen Hall/Oates-Hook aus »I Can't Go for That«. Zu diesen ausgeklügelten, von Prince Paul produzierten Tracks, rappen Trugoy und Posdnuos ihre geistreichen Reime ganz entspannt wie bei einer netten Plauderei.

It Takes a Nation und *3 Feet High and Rising* waren beides Produkte einer Zeit, in der man noch sorglos mit dem Sampeln umging. Die Produzenten der 80er machten sich anders als heute keine Gedanken über die Verletzung von Urheberrechten. Heute haben bei Produktionen alle ein Wort mitzureden, die Plattenlabels, die Produzenten und natürlich die Inhaber irgendwelcher Rechte, die immer wieder gesampelt werden. Als »Rapper's Delight« 1979 die Charts stürmte, klagten Edwards und Rodgers und erhielten tatsächlich die vollen Autorenrechte (und damit Tantiemen) an dem Songs zugesprochen. Über den Prozess wurde zwar ausführlich berichtet, aber dennoch dauerte es ein paar Jahre, bis die Juristen begriffen, wie lukrativ das Sampeln für die Originalerzeuger der Sounds sein konnte.

Leider hat diese Geschichte einen rassistischen Hintergrund, denn erst als P.E. und De La Soul anfingen, nichtschwarze Musik zu sampeln, machten sie negative Schlagzeilen. Als Rock- und Popmusiker – oh Gott, oh Graus – herausfanden, dass eine Rap-Band ihre Sachen verwendete, verfolgten sie diese Übergriffe mit einer Hartnäckigkeit, aus der die Verachtung für die ganze Musikrichtung sprach. Die alten R&B-Musiker und ihre Vertreter waren nicht so aggressiv, oder vielleicht waren sie einfach auch nur zu sehr daran gewöhnt, übers Ohr gehauen zu werden. Prince Paul, einer der Stetsasonics zu Zeiten von »Talkin' All That Jazz« wurde zusammen mit den anderen Partnern von De La Soul verklagt, weil er einen Ausschnitt aus dem Song einer 60er Jahre Band (the Turtles) für De La Souls »Transmitting Live from Mars« gesampelt hatte. Der Streit endete in einem kostspieligen Vergleich.

Den größten Schaden verursachte ein Rachefeldzug aus einer Ecke, aus der man so was eigentlich nicht erwartet hätte. 1992 verklagte Gilbert

O'Sullivan, der Mann mit der sanften Stimme, Cold Chillin'-Warner Bros. und Biz Markie für die unrechtmäßige Verwendung seines Hits »Alone Again (Naturally)« aus dem Jahre 1972. Aber anstatt Biz und sein Label zur Zahlung fetter Tantiemen zu verknacken – wozu er sicher das Recht gehabt hätte – zwang O'Sullivan Warner Bros., die Pressungen aus dem Verkehr zu ziehen und ein neues Album ohne den Song zu veröffentlichen. Mit Biz Markies Karriere ging es abwärts, und die Auswirkungen dieses Schocks sind noch heute spürbar.

Natürlich ist das Sampeln nicht aus dem HipHop verschwunden, aber die Begeisterung hat nachgelassen. Komplexe Soundgewebe wie die von P.E. haben oft ein wenig einfältig wirkenden Loops aus Beats und Gesangsfetzen populärer Songs Platz gemacht – ein neues Rezept, mit dem Hammer, Coolio und Puff Daddy Millionen gemacht und mit dem sie die alten R&B-Hitlisten in Goldminen verwandelt haben.

Die gewagtesten Samples der 90er Jahren kamen nicht aus der HipHop-Ecke, sondern von Acts, die direkt vom HipHop beeinflusst sind, wie die Beastie Boys, Beck, Tricky, Forest for the Trees und Bands, für die HipHop eine von mehreren Quellen der Inspiration ist, wie Prodigy oder die Chemical Brothers. Die Kluft zwischen dem Spielen eines Instruments und dem Sampeln, die von HipHop überbrückt wurde, ist heute allgemein ein Element moderner Tanzmusik. Dank HipHop hat das Sampeln heute eine zentrale Bedeutung in der Musikproduktion, ähnlich wie sich in den 50ern E-Gitarre und E-Bass mit R&B durchsetzten und in den 70ern Stevie Wonder den Synthesizer populär machte.

Diese unbestreitbaren Tatsachen lösen bei mir nicht immer nur Begeisterung aus. Manchmal, wenn ich eine Platte höre, mit der ich aufgewachsen bin, wie beispielsweise »I'm Coming Out« von Diana Ross, produziert von Bernard Edwards und Nile Rodgers, und dann feststelle, dass dieser Song nur in eine neue Aufnahme eingebaut wurde, ärgere ich mich. Ich verfluche den Mangel an Kreativität der HipHop-Generation. Ich sehne mich danach, dass die alten, vertrauten Sounds in ihrem alten Kontext belassen werden und dass junge Musiker mit neuen Ideen den Lauf des Mainstream verändern.

Aber das ist nichts als das Jammern eines Old-Schoolers, und seit den 90ern dürfen solche puristischen Argumente nicht mehr auf Verständnis hoffen. Die Antwort auf meine Ausgangsfrage, ob Sampeln eine Weiterführung der afroamerikanische Tradition ist oder nicht, ist ein ungeschränktes »Jain«. Wenn es in der afroamerikanischen Musik darum geht, neue Melodien, Akkorde und Harmonien zu schaffen, dann steht Sampeln nicht in dieser Tradition. Wenn diese Tradition aber bedeutet, dass man Neues entdeckt und in die Tradition integriert und neue Technologien auf der Suche nach neuen Rhythmen »kidnappt« und seinem kreativen Willen unterwirft, um seine Zuhörer zu begeistern, dann ist Sampeln so schwarz wie der Blues. Sampeln hat die Hörgewohnheiten einer ganzen Generation verändert, und HipHop stand im Zentrum dieser Veränderung. Oder wie Run D.M.C. es ausdrückte: »It's like that and that's the way it is!«

Fußnote: Mtume, der in den 90ern für Fox das Format *New York Undercover* entwickelte, ist noch immer ein lautstarker Kritiker des Sampelns, nur tut er es heute jeden Sonntag morgen in seiner eigenen Sendung auf WRKS in New York. Selbst die Tatsache, dass »Juicy Fruit«, der größte Hit seiner eigenen Band, häufig gesampelt wird – der berühmteste und für ihn, so sollte man meinen, auch lukrativste Fall war »Juicy« von Notorious B.I.G. – hat sein Urteil nicht milder gestimmt. Immerhin bezeichnet er Rap jetzt nicht mehr als »Memorexmusik«. Ja, da hat er sich schon ein bisschen bewegt. Heute nennt er sowas »künstlerische Nekrophilie« und lacht sich schlapp darüber.

Acht – Was die Augen sehen

»Man sagt, eine Kamera könne nicht lügen, und dennoch lassen wir sie fast nie etwas anderes tun, denn die Kamera sieht das, worauf man sie richtet: Die Kamera sieht, was sie sehen soll.«

James Baldwin, *Teufelswerk*

Von allem, was Einfluss auf die Entwicklung des HipHop genommen hat – Geld, Konzerne, Crack, Sampeln, Verbrechen, Gewalt – ist nichts so wichtig wie das Musikvideo. Erst mit den Fernsehbildern eroberten die Einstellungen und Moden des urbanen Amerika die Welt, entfachten Faszination und Furcht, sorgten für Entrüstung und Nachahmung bei der Jugend auf der anderen Seite der Erdkugel (oder des Kontinents). Trotz der vielen Millionen, die Hollywood in HipHop-Filme und die Promoter in Konzerttourneen gesteckt haben, war es das Video, das die Kultur zum Mythos machte. Die Anfänge des Musikvideos reichen zurück bis in die 60er. Vor allem in Europa fing man an, für die meisten weißen Musiker, aber auch für viele schwarze, zwecks Imagebildung Videos zu drehen. MTV, das anfänglich nur europäische Clips ausstrahlte, vertrat zu Beginn eine sehr ablehnende Haltung gegenüber jeder Form von schwarzer Musik. Schwarze Musik war kein »Rock'n'Roll«, und MTV definierte sich selbst als Rockradio fürs Fernsehen. Natürlich lief trotzdem R&B oder Reggae – solange er von weißen Musikern stammte.
Die Gründung von Black Entertainment Television (BET) 1981 war ein Segen für den R&B, aber das konservative Management des Senders brauchte Jahre, um die Ausstrahlung von HipHop zuzulassen. Während man also

schwarzen Mainstream (the Whispers, Shalamar, Midnight Starr) sofort auf BET begutachten konnte, war die Wahrscheinlichkeit, zwischen 1981 und 1988 HipHop-Videos zu sehen, in London größer als in der Bronx. Das »Rapper's Delight«-Video wurde während einer Tour der Sugar Hill Gang in England aufgenommen, war aber selbst nach dem sensationellen Erfolg der Platte in den USA dort nirgendwo zu sehen. Auch Whodinis »Magic's Wand«-Video von 1982, das am Times Square und in der Gegend der neuen MTV-Zentrale, 1515 Broadway, gedreht wurde, lief vor allem in England, weil man die engen Kontakte des Musikers zu dem damals schwer angesagten Produzenten Thomas Dolby ausnutzen wollte. In den 80ern sah ich mir regelmäßig *Video Music Box* an, die erste Hip-Hop-Videoshow, die auf dem von der Stadt New York betriebenen Fernsehkanal WNYE auf Kanal 31 ausgestrahlt wurde. Das war Jahre vor *Yo, MTV Raps! Video Music Box* lief am späten Nachmittag nach der Schule und samstags. Es war die einzige Möglichkeit, Rap-Videos zu sehen. Moderiert wurde die Sendung von Ralph McDaniels und Lionel »the Vid Kid« Martin, der später einer der wichtigsten Regisseure des Genres wurde. Jahrelang strahlte NBC *Friday Night Videos* aus, eine Sendung, die von Radio-DJ Frankie Crocker und jedes Mal wechselnden Prominenten moderiert wurde.

Die Budgets für R&B-Videos waren in den 80ern alles andere als gigantisch: Die teuersten kosteten zwischen 40 und 50 Tausend Dollar, während Rock-Bands schon damals regelmäßig die 100.000er-Marke überschritten. Rap-Videos mussten sich sogar mit 10.000 Dollar und weniger begnügen. Spike Lee drehte 1983 auf gut Glück ein Video von Grandmaster Melle Mels »White Lines«, bevor er mit *She's Gotta Have It* berühmt wurde. Das ultra billigproduzierte Video, in dem auch Laurence Fishburne zu sehen ist, stieß zwar bei der Produzentin Sylvia Robinson auf Ablehnung, aber in einschlägigen Clubs tauchten immer mal wieder Raubkopien auf.

Die wenigen Videos, die für schwarze Künstler gemacht wurden, waren primitiv. Meist wurden sie auf Videomaterial und nicht auf Film gedreht, in

Nachtclubs, auf der Straße, vor Bluescreens, in die später irgendeine Kitschkulisse kopiert wurde. Drehbücher waren ebenso selten wie ausgesuchte Locations, und auf die Plattenverkäufe hatten sie ohnehin keine Auswirkung, weil die Videos in den USA ja so gut wie nicht zu sehen waren.

Interessanterweise blieben auch die frühen Prince-Videos, und der ist zweifellos der mit Abstand kreativste schwarze Musiker der 80er gewesen, nicht von dieser Billigpolitik verschont. Bei den ersten Prince-Videos, die in den USA zu sehen waren, handelte es sich um Bühnenmitschnitte. Die Grundeinstellung war die Bühne in der Totalen, Abwechslung boten nur nachträglich hineingeschnittene Nahaufnahmen, in denen Prince die Kamera verführt. Im Grunde handelte es sich dabei eher um Mini-Konzertfilme (wie seine spätere Phantasie *Sign O' the Times*) als um Videos. Prince drehte sein erstes kreatives Musikvideo erst 1984. »When Doves Cry« wurde auf Filmmaterial gedreht und war ebenso provokativ wie der Text.

Michael Jackson war es, der die Welt der Videoclips 1983 mit seinen *Thriller*-Videos revolutionierte. Mit »Billie Jean«, »Beat It« und »Thriller« drang er auf eine neue Ebene der Planung und Umsetzung vor und setzte neue Maßstäbe, was das Budget für Videoproduktionen anging – nicht nur für die schwarze Musik. Er öffnete damit auch allen anderen Crossover-Stars wie Whitney Houston, Prince oder Lionel Richie die Tür zum Erfolg: Und diese Tür hieß MTV. Eine vergleichbare Rolle für den HipHop spielte Run D.M.C. So wie auf »Beat It« eine Rockgitarre zu hören ist, um mehr Akzeptanz für Jackson bei MTV zu erreichen, so schaffte auch Run D.M.C. den Durchbruch mit seinen Rockmotiven. Zusammen mit drei Alben veröffentlichte Profile jedes Mal eine Single mit Gitarrensounds: »Rock Box« 1984, »King of Rock« 1985, »Walk This Way« 1986. Und jede verkaufte sich besser als die vorherige und wurde häufiger auf MTV gezeigt.

Die Kings aus Queens schafften vielleicht den Durchbruch mit ihren Rap-Videos, aber die wichtigste Figur in der Entwicklung des HipHop-Videos war ein typischer Hipster, Fab Five Freddie Braithwaite. Wie ich schon berichtet habe, war es Fab, der Graffiti aus den U-Bahn-Schächten in die Kunstgalerien holte, was ihn zu einem Bindeglied machte zwischen der schwarzen Szene im Norden und der Kunstwelt im Süden Manhattans, die damals von der Punk und New Wave-Ästhetik erfasst wurde. (Das war der Grund, weshalb er in Blondies HipHop-begeistertem Video »Rapture« von 1981 so auffällig im Hintergrund herumhüpft). Es sollte sich herausstellen, dass Fabs Begeisterung für Graffiti nur ein Aspekt seines Engagements für die visuelle Komponente des HipHop war.

1983 trat Freddie in Charlie Ahearns HipHop-Film *Wild Style* auf. Außerdem suchte er nach Künstlern für ein Projekt, das die experimentelle Atmosphäre des New Yorker HipHop einfangen sollte, bevor er vom Mainstream entdeckt wurde. In seiner Rolle als Wanderer zwischen der Uptown und der Downtown-Welt ging der stets auf seinen Stil bedachte Freddie (nie ohne Brille, meistens mit dunklen Gläsern, Hut oder Kappe) völlig auf und bewegte sich zwischen B-Boys, Bohemiens und Geschäftsleuten stets mit derselben Selbstverständlichkeit. Dieser permanente kulturelle Crossover war der Hauptgrund, weshalb Ann Carli von Jive Freddie als Regisseur für ein Rap-Video vorschlug. Sein erstes Werk ging gleich in die Geschichte ein: Es war das gewaltige Schwarzweißvideo für »My Philosophy«, der ersten Single des Boogie Down Productions-Albums *By All Means Necessary*. Bilder der Solidarität aus dem Stadtteil der Band (South Bronx und anderswo), das Vermächtnis der Gewalt (der Sohn des toten Scott LaRock) und schwarze Helden (Malcolm X, Bob Marley). Das »My Philosophy«-Video gab die Standards des Genres vor, wie die Verwendung einer mit der Band identifizierten Gegend, afrozentrische Ikonen und tribale Bilder. Freddie wurde zum Rap-Video-Regisseur der Stunde, weil es ihm gelang, seine eigenen künstlerischen Tendenzen mit den Rollen verschiedener Künstler zu verbinden.

In dem Maße, in dem sich Rap-Videos als lebensfähiges Geschäftsfeld erwiesen, machten in New York zwei konkurrierende Produktionsfirmen von sich reden: Atlantis, in den Händen von Regisseur Rolando Hutson und der Produzentin Pam Gibson, und Classic Concepts von Regisseur Lionel Martin und dem Produzenten Ralph McDaniels. Später trugen vor allem Paris Barclay, Cuck Stone und Millicent Shelton dazu bei, dass trotz kleiner Budgets visuell anspruchsvolle Rap-Videos produziert wurden. In den 90ern sorgte der Pop-Erfolg von HipHop und R&B-lastigem HipHop dafür, dass die Budgets der großen Rock-Bands und Pop-Solisten eingeholt und teilweise sogar weit überschritten wurden. Zwei junge Afroamerikaner, Hype Williams und Paul Hunter, haben mit diesen ständig wachsenden Finanzmitteln die technisch ausgefeiltesten und originellsten Hochglanzvideos geschaffen.

Es überrascht nicht, dass schwarze Labels wie Def Jam, Cold Chillin' oder Uptown zu den Hauptförderern von Classic und Atlantis zählten. Die Filmemacher Reggie und Warrington Hudlin, die später *House Party I* und *Boomerang* drehten, hatten einen erfolgreichen Karrierestart mit zwei Videos für Uptown. Und Puff Daddys Bad Boy-Unternehmen ließ Hype und Hunter freie Hand.

Es dauerte nicht lange, und weiße Regisseure und Produktionsfirmen jagten hinter diesen Gigs her. Grund dafür war die rasante Zunahme der Sendezeiten für diese Art von Musik, was vor allem wieder einmal Freddie zu verdanken war. Wegen seiner Bekanntheit und seinem hippen Auftreten war er genau der Richtige, um den ersten Vorstoß von MTV ins Rap-Milieu zu moderieren. *Yo, MTV Raps!* startete an einem Samstag im September 1988 und erzielte sofort die höchsten Einschaltquoten aller Sendungen in der noch jungen Geschichte des Senders. Im Februar 1989 brachte die enorme Zuschauerbegeisterung MTV dazu, die Sendung täglich auszustrahlen, moderiert von Dr. Dre, Ed Lover und T-Money. Sowohl Freddies Sendung am Samstag als auch die täglichen Formate von *Yo* wurden von Ted Demme produziert, dem Neffen des berühmtern Jonathan. Er benutzte die Sendung als Karrieresprungbrett. Später führte er Regie bei *Who's the Man?* von Dre und Lover, bevor er sich dann mit *Ref* Richtung Komödie verabschiedete.

Yo, MTV Raps! rüttelte die Musikindustrie durch wie ein Erdbeben. Musik, Tanz und Aufmachung der HipHop-Bewegung bekam einen festen Sendeplatz auf einem US-weit ausstrahlenden Sender und so konnte die ursprünglich urbane HipHop-Kultur auch im Rest des Landes Fuß fassen. In der Plattenindustrie führte die enorme Popularität von *Yo* dazu, sich stärker auf die Produktion von Musikvideos zu konzentrieren, was als Nebenprodukt die fortlaufende Dokumentation des HipHop-Stils mit sich brachte. Zwischen Konsumenten und Künstlern entwickelte sich eine faszinierende Interaktion. Künstler nahmen neue Kleidungsstile von der Straße auf, zeigten diesen Stil im Video, und die Zuschauer brachten diesen Stil wieder auf die Straße, egal ob Runs Hut oder Snoop Doggy Doggs Haarband. Innerhalb weniger Wochen wurde so ein in Queens oder Compton kreierter Stil zu einem landesweiten und manchmal sogar internationalen Trend. Dieser kulturelle Cross Talk bedeutete etwas: Die Musiker, deren Videos auf *Yo* gezeigt wurden, verkaufen zwar alle mehr Platten, aber cool war man erst mit einem neuen, auffälligen Look.

In der Folge von *Yo* entstanden viele unabhängige Rap-Video-Sendungen, die meist live aus Clubs oder von Konzerten sendeten und in regionalen Kabelnetzen oder auf öffentlichen Frequenzen empfangen werden konnten. Diese Video-Sender wurden zu einem wesentlichen Bestandteil der Kultur, weil sie unbekannte Musiker und ihre Szene ins Rampenlicht rückten, oft mit so billig produziertem Material, dass MTV diese Acts nie gezeigt hätte. Der Erfolg von *Yo* zwang auch die konservative Führungsriege von Black Entertainment Television dazu, mit einer eigenen Rap-Sendung rauszukommen. *Rap City* startete ein ganzes Jahr nach *Yo*, aber nach und nach räumte BET Rap-Formaten immer mehr Sendezeit ein.

The Box, ein Sender aus Miami, der Musik-Videos als Wunschprogramm ausstrahlt und überall in den USA im Kabel empfangen werden kann, war der ultimative Ausdruck für die Interaktivität des HipHop. Der Startschuss fiel auf einer UHF-Station in Miami im Dezember 1985. Leute aus der Stadt konnten anrufen und sich Videos aus einer Liste wünschen, die über den Bildschirm lief. 1992 konnte The Box in 36 Staaten empfangen werden mit 160 angeschlossenen Stationen auf UHF und Kabel. Die körper- und sexbetonten Videos von Luther Campbell aus Miami wie »Doo Doo Brown« wurden zu Klassikern auf The Box und verschafften den Zuschauern Zugang zu einer Musik, die im lokalen Radio nie gelaufen wäre. Um bestimmte Videos nach vorne zu bringen, drückten die Produktionsfirmen den Kids Geld in die Hand, damit sie immer wieder beim Sender anriefen und sich denselben Titel wünschten.

1995 wurde The Box schwer gebeutelt, als Time-Warner, in deren Besitz sich das Kabelnetz von New York City befindet, The Box rauskickte und stattdessen den History Channel einspeiste – eine »Good will«-Geste gegenüber der Musikindustrie, die Warner unter Druck gesetzt hatte, sich nicht mehr so stark für HipHop zu engagieren. Es war einer der größten Erfolge von C. Dolores Tucker, William Bennett und ihresgleichen. Trotz dieses Rückschlags ist The Box immer noch da, kann in den ganzen USA empfangen werden und spielt weiterhin eine wichtige Rolle dabei, eigenwilligen Acts außerhalb von MTV oder BET ein Forum zu bieten.

Mitte der 80er begannen die Traditionalisten eine verbissene Schlacht, um Rap aus dem Mainstream rauszuhalten. Aber da war es schon zu spät. Rap verfügte über zwei Elemente, an denen keiner vorbeisehen konnte: Stars und Style. Bevor sich der Massenmarkt mit seinen Designern über die neue Zielgruppe hermachte, war Style eher Ausdruck von Funktionalität und Geschmack. Von den Koteletten und Westen der Sugar Hill Gang 1979 über die Cameo-Schnitte und Ringe an allen Fingern 1989 wandelte sich der HipHop-Style mit unerbittlichem Tempo.

Die Videos sendeten Bilder dieser sich ständig verändernden Stile und Künstler, die für ihre Verbreitung über den ganzen Erdball sorgten, was noch keiner afroamerikanischen Musikrichtung jemals gelungen war. In den 60ern waren James Brown und die Temptations zwar mal in der *Ed Sullivan Show*, *American Bandstand* oder einem *Motown Special* aufgetreten, in den 70ern fand man schwarze Musik im Fernsehen bei *Soul*

Train, *Midnight Special*, *In Concert*, der *Mike Douglas Show* oder sporadischen Sondersendungen, die von Bill Cosby, Diana Ross oder den Jackson Five moderiert wurden, aber im Vergleich zu der Sendezeit, die weißen Musikern wie Glen Campbell, Sonny und Cher oder Tony Orlando zur Verfügung stand, war schwarze Musik immer nur kurz und oft in einem kulturell unpassenden Umfeld zu sehen. Videos hingegen werden endlos wiederholt und von Moderatoren präsentiert, die sich mit der Kultur verbunden fühlen. Bilder und Musik leben von einer unmittelbaren Authentizität, die Kids in Iowa und Tokio genauso begeistert wie die Kids in South Central Los Angeles. Die Stars der 80er wie Luther Vandross, Freddie Jackson oder Whitney Houston hüllten sich in die Glitzerfummel der Hollywood-Aristokratie. Die Rapper hingegen waren die Kids von der Ecke, ganz gleich wie extrem die Mode im Viertel gerade war.

Big Daddy Kane mit seiner Grace Jones-meets-Carl Lewis-Haarpracht, Biz Markie mit seinen grotesk humoristischen Tanzschritten und Roxanne Shanté als knallhartes Homegirl (das Vorbild für Queen Latifah?) sind nur drei Beispiele für die Cold Chillin' »Juice Crew« der 80er. Vor der Kamera knallten die Rap-Stars hoch wie Champagnerkorken. Das Kultgetue um ihre Persönlichkeit führte zu einer Steigerung der Plattenumsätze und dazu, dass Hollywood neugierig wurde.

Privatschnüffler und bedrohliche Hoods

Es gibt zwei Arten von HipHop-Filmen: diejenigen, die zur Entstehung der Kultur beigetragen haben, und diejenigen, die sich um diese Kultur drehen. Zur ersten Gruppe gehören Blaxploitation-, Kung-Fu- und andere Actionfilme. Zur zweiten Gruppe von Musik und Tanz inspirierte Filme, der gute alte Ghettofilm und die ein oder andere Perle, in der sich die Wahrheit afroamerikanischer Gegenwart spiegelt, ganz ohne Hollywood-Erzählmuster.

In den 70ern kämpften die führenden Organisation der Bürgerrechtsbewegung wie CORE oder die NAACP gegen das als Blaxploitation in die Geschichte eingegangene Filmgenre, weil sie fürchteten, diese Filme könnten sich nachteilig auf die schwarze Jugend auswirken. Da ich zu denen gehörte, um deren Seelenheil man sich sorgte, kann ich bestätigen, dass diese Streifen ihre Wirkung nicht verfehlt haben, weder bei mir, noch in unserer Kultur. In meinem Schrank finden sich noch immer Rollkragenpulli und Lederjacken, weil Richard Roundtree in *Shaft* einfach zu cool aussah. Dialogfetzen aus den Blaxploitation-Filmen tauchten jahrlang in HipHop-Texten auf. Ein ganz schön langer Ausschnitt aus *The Mack* bildet beispielsweise das Intro zu »Rat-Tat-Tat-Tat« auf Dr. Dres *The Chronic*. Aber Filmszenen werden nicht nur gesampelt, sie werden auch umschrieben und manchmal werden auch nur die Bilder verwendet. Die Szene aus *The Mack*, in der der Protagonist des Films zum »Zuhälter des Jahres« gekrönt wird, taucht gleich in mehreren Videos auf. Die Rapperin Foxy Brown hat ihre Handbewegungen aus einem Pam Grier-Film. Jim Brown, Fred Williamson und der schwarze Kult-Komiker Rudy Ray Moore (Autor und Star der wüsten *Domemite*-Serie) treten regelmäßig in Musikvideos auf. Antonio Fargas, als vorlaute Witzfigur Gast in zahlreichen Blaxploitation-Filmen (*Shaft*, *Across 110th Street*), bevor er als Huggy Bear in *Starsky und Hutch* zum Fernsehbeamten wurde, taucht in unzähligen Videoclips auf. Seine maßlose Eitelkeit und sein übertriebenes Schauspielern erhielten einen Ehrenplatz im HipHop dank Eazy-E und Public Enemys Flavor Flav (William Drayton).

Der zum hard-boiled-Regisseur mutierte Videoladen-Junkie Quentin Tarantino übernimmt Erzählstränge und »Nigga«-Slang der Blaxploitation-Fließbandproduktionen in seine Filme. Gangster wie Marsellus (Ving Rhames) und der gelockte Killer Jules (Samuel L. Jackson) aus *Pulp Fiction* sind die blutrünstige Verwandtschaft der Uptown-Bosse, die die Blaxploitation-Landschaft beherrschten. Und natürlich hätte es nie eine *Jackie Brown* gegeben ohne die vollbusige und schießwütige Ms. Grier.

Die Frage ist nicht, ob Blaxploitation und sein Pendant, der Kung-Fu-Film, noch Einfluss auf uns haben – das ist ohnehin klar –, die Frage ist *wieso*. Im Rückblick auf meine Jugend würde ich sagen, dass der Grund in einem aggressiven schwarzen Heldentum zu suchen ist. *Shaft, Hammer, Trouble Man* und *Slaughter* waren knallhart, humorlos und so kalt wie die Unterseite des Kopfkissens. Selbst der asoziale Koksdealer Priest aus *Superfly* und der Zuhälter Goldie aus *The Mack* füllten die Leinwand mit einer coolen Präsenz, der nur die alten Ladys von der Kirchegenmeinde und die Sprecher der NAACP widerstehen konnten.

Im Unterschied zum relativ passiven Sidney Portier, der die 60er mit weißem Hemd, Krawatte und schwarzem Anzug als perfekte Verkörperung hehrer Ziele durchquerte, waren die Jungs und Mädels der Blaxploitation so funky wie grelle Schlaghosen und Plateauschuhe. In völliger Übereinstimmung mit der bonbonfarbenen Ästhetik jener Tage kleideten diese Filme ihre Darsteller in Gewänder, in denen sie so übergroß und unverschämt sein konnten, wie wir es alle gerne gewesen wären.

Noch nie in der Geschichte des amerikanischen Kinos hatte es so viele aggressive da-scheiß-ich-drauf Afroamerikaner auf der Leinwand gegeben. Das war das Entscheidende. In den Blaxploitation-Filmen gab es keinen Platz für verstohlene Küsse oder Spirituals singende »Neger«, die die andere Wange hinhielten. Wenn Figuren mit solchen Eigenschaften auftraten, erwischte sie meist die volle Härte des Genres. In Blaxploitation-Produktionen schießen die Schwarzen zurück, mit großkalibrigen Waffen, marschieren erhobenen Hauptes durch die dickste Scheiße und haben schweißtreibenden Sex, bei dem die Betten zu Bruch gehen. Egal, welche Story die abgedrehten Plots auch zu bieten haben, im Vordergrund steht immer die volle Action.

Das ist der Grund, warum man auch heute noch, zwei Generationen nach der goldenen Phase der Double Features, Blaxploitation-Videos in den Sammlungen von Jugendlichen findet und weshalb das Genre durch die Bilderwelt von HipHop und R&B geistert. War meine Generation die erste, die in den Genuss kam, sich an der kommerziellen Darbietung schwarzer Aggression zu berauschen, ist demonstrative Provokation von Anfang an eine Grundhaltung des HipHop gewesen. Auf den heutigen Betrachter wirken die Blaxploitation-Filme nicht selten wahllos und platt. Aber eine solche Wahrnehmung vergisst die öffentliche Erniedrigung, die zu unserer Vergangenheit gehörte, und sieht nur die Gegenwart, in der anmaßende Einstellungen, gelangweilte Gesichter und protziger Materialismus bejubelt werden.

Die Jugendkultur der Aggression, wie sie vom HipHop kodifiziert wurde, hat ihre Wurzeln auch in den Kung-Fu-Streifen. Parallel zu den Blaxploitation-Produktionen aus Hollywood erschienen Filme aus Hong Kong und anderen Teilen Asiens auf dem Markt und übernahmen die Rolle des Western als moralisches Lehrstück jener Zeit. Auf Grundlage klarer Raster, wie dem Film *Shane*, und asiatischer Volkssagen geht es in diesen Filmen immer um einen tugendhaften und bescheidenen Kampfkunstnovizen, dessen Aufgabe es ist, gegen einen bösartigen Clan zu Felde zu ziehen, um seine Familie, seinen Meister, seine Schule oder sein Dorf zu rächen. Sein ursprünglicher Unwille zu Kämpfen wird ausgeglichen durch seine tänzerische Kampfeskraft, sobald er einem Kampf nicht mehr ausweichen kann. In unzähligen Filmen kam es schließlich doch noch zu einer befriedigenden Rache, und die begeisterten Jugendlichen prägten sich Fußtritte, Schläge und schlecht übersetzte Textpassagen ein.

Während die Faszination der Blaxploitation von der ungeschminkten schwarzen Aggressivität herrührt, bot die Kung-Fu-Welt ein nichtweißes, nichtwestliches Vorbild für kämpferische Überlegenheit. Die fliegenden und herumwirbelnden gelben Männer des von *Variety* als »Chop Socky-Filme« bezeichneten Genres erfüllten uns mit Staunen. Und keiner war eindrucksvoller als Bruce Lee, der schmächtige Riese des Genres. Berühmt wurde er zunächst in der Rolle des Kato, des Fahrerkumpels von TV-Komiker Green Hornet. Als man Lees Idee einer wöchentlichen Kung-Fu-Serie tatsächlich umsetzte, wurde die Rolle in letzter Minute mit einem weißen

Darsteller besetzt. Lee ging nach Asien und wurde mit einer Reihe von Kung-Fu-Kickfestspielen berühmt. Sein Meisterwerk, *Der Mann mit der Todeskralle*, ist ein Film, der dank der Kunst und des Charismas von Bruce Lee das Ansehen des ganzen Genres verbesserte. In den Wohnungen der Schwarzen fand man in den 70ern nicht selten ein Foto von Martin Luther King an der Wohnzimmerwand, während im Keller, direkt neben dem schwarzen Kamasutrahoroskop aus Samt und der Kompaktanlage ein Poster von Bruce Lee hing – eine würdige nichtweiße Ikone.

Auch wenn Kung-Fu-Filme 1979, zur Zeit von »Rapper's Delight«, schon passé waren, sollten sie im HipHop noch lange eine wichtige Rolle spielen. Hätte sich Joseph Saddler in Grandmaster Flash umbenannt, wenn er nicht von so vielen »Meistern« in den Chop Socky-Filmen gehört hätte? Und die »Furious«, seine fünf Rapper-Kollegen, hätten sie für ihre grotesken Auftritte sonst einen Titel gewählt, der an Kung-Fu-Filme erinnerte? In den 90ern wurde der Einfluss zeitgenössischer Actionfilme aus Hong Kong, eine Mischung aus 70er Jahre-Kampfkunst und weiterentwickelter Spezialeffekte (wie etwa in der sehr beliebten Serie *Chinese Ghost Story*) in den Rhythmen, Namen und der Weltanschauung des Wu-Tang Clans sichtbar. Obwohl sie aus Staten Island kommen, behaupten die neun Clan-Mitglieder einer antiken Geheimgesellschaft anzugehören, die nach der sechsunddreißigsten Kammer der Kampfkunstweisheit sucht. Der Wu-Tang Clan hat seine widersprüchliche Begeisterung für asiatische Actionfilme dazu verwendet, einen Hauch von Mystik in die HipHop-Kultur zu tragen.

Die letzte und wahrscheinlich wichtigste Verbindung zwischen den Pulp-Filmen der 70er Jahre und der Jugendkultur der späten 90er sind die Soundtracks der Blaxploitation-Filme. Niemand kann ernsthaft die Haltbarkeit der Qualität von Isaac Hayes' *Shaft* oder Curtis Mayfields *Superfly* bezweifeln. Beide Soundtracks waren Produkte von Songwritern und Produzenten des 60er Jahre Soul, für die die Filmmusik eine Möglichkeit darstellte, ihr musikalisches Spektrum zu erweitern. Mit Wahwah-Gitarren, gefühlvoller Latino-Percussion, Blechbläsern, Flöten und Chören erzeugten sie einen Sound, von dem sich auch noch zeitgenössische Musiker beeindruckt zeigen.

Dr. Dre, der wichtigste HipHop-Produzent der 90er Jahre, setzte häufig auf Flötenklänge, Keyboard und Bassläufe, um den Schießereien und dem Machismo, für die er berühmt ist, ein cineastisches Flair zu verleihen. Nahe liegend, dass Dre als der ultimative Produzent von Gangsta Rap der Blaxploitation-Tradition die Ehre erweist. D'Angelo, ein Soul-Musiker mit HipHop-Hintergrund, beginnt seine Bühnenshow mit dem *Shaft*-Thema: D'Angelo ist nicht auf der Suche nach postmoderner Ironie oder Nostalgie. Sein Song ist Ausdruck seiner eigenen Bad-Boy-Haltung, die auch von seinem Publikum unterschrieben wird.

Das Beste, was die Blaxploitation-Musik zu bieten hat – die Themen von *Superfly* und *Shaft*, Marvin Gayes »Trouble Man«, Willie Hutchs »Brothers Gonna Work It Out« aus *Mack* und James Browns »Down And Out In New York City« aus *Black Cesar* – sind so theatralisch und auf einen bestimmten Ort bezogen, wie dies kein nachfolgendes Genre im afroamerikanischen Pop, nicht einmal HipHop, erreicht hat. HipHop hat die rhythmischen Grundlagen dieser alten Filmpartituren in sich aufgenommen. Man muss sich einmal die Sachen von Premier, Marley Marl und anderen alten Produzenten anhören, dann bekommt man eine Vorstellung davon, wie die ersten HipHop-DJs Beats und Rhythmen dieser Platten einsetzten.

In den 70ern durfte der Soundtrack von *Shaft* bei keiner Party fehlen. Der größte Hit war »Are You Man Enough« von den Four Tops, aber das eigentliche Objekt der Begierde war ein Percussionbreak auf einem schwer einzuordnenden Instrumentalstück. Alle drei DJ-Pioniere des HipHop – Flash, Afrika Bambaataa, Kool Herc – waren ruhelose Grabschänder auf dem Plattenfriedhof. Sie durchkämmten Reihe für Reihe die Vinylständer bei Downstairs Records, einem chaotischen Laden an der 43. Straße, direkt am Times Square, immer auf der Suche nach dem »Neuesten«, dem »Abgefahrensten« und »Übersehensten«. Hawaiigitarren, Schlagzeugsoli und die galoppierenden Rhythmen aus der instrumentalen Untermalung von Verfolgungsszenen fanden nicht selten den Weg in ihr Repertoire. Sie verbanden die Musik der B-Movies mit einem Groovefanatismus, der auf dem Weg zu einer eigenen Kultur war.

Auch andere Filme haben im Namensgebungsritual des HipHop eine große Rolle gespielt, Spaghetti-Western beispielsweise oder der weiße Großstadtkrimi mit Clint Eastwood und Charles Bronson. Sie haben Stile beeinflusst, Textzeilen und Szenen zum HipHop beigesteuert. Die Titel zweier Sciencefiction-Filme aus den 80ern, *RoboCop* und *Terminator* wurden beliebte Namen der Kids von der Straße, und sie waren nicht immer als Kosenamen gedacht. Während Terminator X von Public Enemy als Zuneigung für Camerons Killermaschine gelten kann, wurden die Bezeichnungen Terminator oder RoboCop auch häufig auf rassistische und brutale Polizisten angewandt. Der billig produzierte, leicht existenzialistische Gangsterfilm *King of New York* verlieh HipHop einen Titel, den Notorious B.I.G. für sich ganz alleine beanspruchte.

Allerdings zog kein Film der 80er weitere Kreise im HipHop als Brian de Palmas *Scarface* von 1983. Stieß der Film bei Kritikern zunächst auf scharfe Ablehnung, begann er schon bald ein Eigenleben als Kultobjekt zu führen. Sein Protagonist, der kubanische Drogendealer Tony Montana, wurde zum Schutzheiligen sämtlicher Drogenhändler. Erfunden vom sehr jungen und aufgedrehten Oliver Stone und mit äußerster Brutalität gespielt von Al Pacino war Montana ein Star mit Außenseiterstatus, dicken Knarren und Bergen von Koks.

»The world is mine« von Paul Muni aus dem *Scarface*-Original der 30er Jahre wurde von De Palma übernommen und zu einem geflügelten Wort, das im HipHop die Runde machte, in Videos, Albumtiteln und Songs. Nas aus New York zitierte den Satz in seinem ersten, kritisch gewürdigten Album. Ein Houston MC war von dem Film so bewegt, dass er sich fortan *Scarface* nannte und die damit verbundenen brutalen Assoziationen einsetzte, um seinem Image als Plattenstar auf die Sprünge zu helfen. Die ungeschliffene, aggressive, bodenlose Energie in DePalmas Film – die personifizierte Habgier der 80er – macht ihn zu einem Grundlagentext des HipHop.

New Jack Cinema

Im Gegensatz dazu waren die Filme, die sich bewusst mit HipHop befassten, fast alle enttäuschend. Ob Spielfilme oder Dokumentationen, im Großen und Ganzen waren sie technisch mangelhaft, hatten keine Ahnung von der Kultur, wirkten kindisch und ungenau, allesamt vertane Chancen. 1993 schrieb ich mit an einer Komödie über HipHop und seine Folgen, *CB4*. Ich weiß also aus erster Hand um die Schwierigkeiten, HipHop in ein Filmformat zu bringen. Weil dem Film die Unmittelbarkeit eines Musikvideos abgeht, ist jeder Film zu diesem Thema schon veraltet, wenn er rauskommt. Jeder Aspekt der Kultur – Klamotten, Sprache, Tanz und Musik – kann ihn alt aussehen lassen. Selbst wenn der Film schon sechs Monate nach dem Dreh in die Kinos kommt, kann das im HipHop eine Ewigkeit sein. Das Diktat des Erzählstrangs oder, um genauer zu sein, die Konventionen Hollywoods, konnten noch selten dazu beitragen, irgendeinem Zuschauer das Leben irgendeiner Subkultur näher zu bringen – und schon gar nicht einer, die so vielschichtig ist wie diese.
Meiner Meinung nach sind die einzigen Filme, die der HipHop-Erfahrung der 90er gerecht werden *Boyz N the Hood*, *Menace II Society* und der Konzertfilm *The Show*. Auch wenn alle drei unbestritten ein klares Verständnis für HipHop haben, zeigt nur ein einziger Spielfilm, den ich gesehen habe, die wahre Struktur des Alltags, aus dem HipHop entstand und in dem er sich halten konnte. In dem Film geht es vordergründig gar nicht um HipHop, sondern um eine andere Großstadtobsession: Basketball.
Das Team, das *Hoop Dreams* realisierte, begleitete vier Jahre lang zwei Jungs aus Chicago im Highschool-Alter und ihre Familien. Der Regisseur

Steve James und sein unermüdliches Team enthüllten Phantasieleben, Rationalisierung, Soziologie und Tragik der schwarzen Arbeiterklasse in Amerika. *Hoop Dreams* dokumentiert die künstlerischen Impulse und die raffsüchtigen Geschäftspraktiken, die begabte schwarze Jugendliche zugleich fördern (wenige) und zerstören (viele). Wegen seiner Nuancen, seiner Menschlichkeit und seiner konsequenten Zurückweisung von Stereotypen ist *Hoop Dreams* der Film, der die Landschaft des HipHop wahrheitsgemäß widergibt, die andere nur verzerren.

Weil es sich bei *Hoop Dreams* um einen extrem billig produzierten Film handelt, vermittelt er nur den Kern, nicht aber das Funkeln der HipHop-Kultur. Große Spielfilme hätten ihm eigentlich überlegen sein sollen. Schließlich ist es ihre Aufgabe, packende Verbindungen aus Musik, Sound und Bildern zu erschaffen. Und, wenn man nicht allzu kleinlich ist, entdeckt man hier und da schon ein paar Spielfilme, die eine adäquate Bildsprache für den HipHop gefunden haben, wie beispielsweise die Szene in *Juice* mit Omar Epps und Tupac Shakur bei einer Houseparty in Harlem, während Cypress Hills »I Could Just Kill A Man« läuft. Das ist ein faszinierender Augenblick des HipHop. Und dann ist da diese Szene am Ende von *Do the Right Thing*, als der stotternde Prophet Smiley in Sals brennenden Pizzaladen läuft, um ein Photo von Malcolm X aufzuhängen, wie er Dr. King grüßt. Mit »Fight The Power« im Hintergrund – ein schwieriger und starker Moment.

Aber die Videos haben es den Filmen schwer gemacht, die Bilderwelt dieser Kultur festzunageln. Scott Calverts »Parents Just Don't Understand« für Jazzy Jeff & the Fresh Prince, Lionel Martins »Night Of The Living Baseheads« für Public Enemy, Dr. Dres »Let Me Ride« für sich selbst oder Hype Williams' »Flava In Your Ear«-Remix für Greg Mack sind nur ein paar Videos, die einem sofort einfallen, wenn man an intensive, fröhliche oder polarisierende Momente des HipHop denkt, die in ihren fünf Minuten mehr zu bieten hatten als irgendein Rap-Film – vielleicht mit der Ausnahme von *Wild Style*.

Raptors

Während also die Erzählungen der Großleinwand meist an der Kultur vor-
beigingen, haben einzelne Rap-Schauspieler, die so genannten »Raptors«,
mit ihrer Schlagfertigkeit, ihrem Witz und ihrem authentischen Auftreten
einen bleibenden Beitrag zur Filmgeschichte geleistet. Rappen ist eine
extrovertierte Kunst, zu der ganz wesentlich die Projektion einer selbst-
gewählten Identität zählt. Das ist der Grund, weshalb es, sehr zum Leid-
wesen vieler etablierter schwarzer Schauspieler, einer ganzen Reihe von
Rappern gelang, direkt vom Videodreh aufs Filmset zu wechseln. Selbst in
ihren lächerlichsten Rollen brachten Ice Cube, Ice-T und Tupac Shakur
authentische Härte und Realitätsnähe auf die Leinwand. Das ikonische
Gewicht von Ice Cube in *Boyz N the Hood* oder Ice-T in *New Jack City* verlieh beiden Filmen Bodenhaftung. Während die beiden »Eisigen« die
harten Typen verkörpern, verströmte Shakur echtes Führungscharisma.
DeNiroeske Boshaftigkeit (*Juice*) hatte er ebenso im Programm wie Verletzlichkeit (*Poetic Justice*, *Gridlock'd*), die erahnen ließ, wie sehr sein
Inneres von seiner Outlaw-Pose abgeschirmt wurde.
Wie die Footballspieler in den 70ern, so verkörpern Hardcore-Rapper
schwarze Hypermaskulinität. Erstaunlich daran ist, wie viele von ihnen ins
humoristische Fach wechselten. Flavor Flav von P.E. bekam trotz seiner
enormen Leinwandpräsenz kein Angebot für eine Komödie – er war eine
Ausnahme. Viele MCs haben auf ihrer Reimfähigkeit eine Karriere als
Komiker begründet. Kid 'N Play (Christopher Reid und Chris Martin), ein
wunderbares tanzorientiertes New Yorker Rap-Duo verstand es, den uner-
warteten Erfolg von *Houseparty I* (auch wegen der hohen Qualität des
Films, die sich den Filmemachern Reggie und Warrington Hudlin verdankt)
als Plattform für vier weitere Filme zu nutzen, die Pilotsendung zu einer
Sitcom, eine kurzlebige Musiksendung, und letztlich einen Prominentenstatus zu erlangen, den sie mit ihren Reimkünsten allein nie erreicht hätten. Auch Tone Lôc (Anthony Smith) hat mit seiner rauen Stimme und

seinen müden Augen von dem Raptor-Trend profitiert. Er eignete sich für Karikaturen auf Platte ebenso wie auf Video. Seit 1991 arbeitete er pausenlos an Film- und Fernsehprojketen und hatte Auftritte in *Poetic Justice*, *Posse* und *Ace Ventura – ein tierischer Detektiv*, in dem er sich mit Jim Carreys eloquentem Arschloch unterhält.

Queen Latifah, die in afrikanischen Gewändern debütierte und eine der ersten richtig harten Frauen-MCs war, und L.L.Cool J, der als kriegerischer Schreihals mit aufrührerischen B-Boy-Hymnen von sich reden machte, schienen nicht gerade Prototypen für Fernsehproduktionen zu sein. Dennoch, als Khadijah, Herausgeberin einer schwarzen Zeitschrift, wurde Latifah zum Dreh- und Angelpunkt von *Living Single* auf Fox, und L.L.'s Verbrecherattitüde und Talent für humoristische Gesten führten dazu, dass *In the House* 1997 von UPN übernommen wurde, nachdem NBC schon nach einer Staffel bedient war. Dass sich diese einst so streng dreinblickenden HipHop-Ikonen im Umfeld des 30 Minuten-Formats der Comedyshows wohlfühlen, spricht für ihren natürlichen Sinn fürs Showbizz.

Als Filmschauspielerin hatte Latifah eine viel glücklichere Hand als L.L. *The Hard Way* (der als Konkurrenz zu *New Jack City* in die Kinos kam), *Toys* und der nur in ausgewählten Kinos gezeigte *Out of Sync* führten nicht gerade dazu, dass L.L. zu einem Leinwandstar wurde. Latifah hingegen hatte Rollen in *Juice* und *Jungle Fever* sowie eine Hauptrolle als sehr männliche Bankräuberin in *Set It Off*, die sie alle sehr gut in Szene setzten. Auf jedem ernst zu nehmenden Album nimmt ein Rapper verschiedene Posen ein, ist Waise, Narr, Opfer, Täter oder einfach Berichterstatter. Bis heute ist es Latifah gelungen, diese Vielseitigkeit auch als Schauspielerin zu verkörpern.

Der größe Raptor aller Zeiten jedoch ist einer der MCs, wen wundert's, der am wenigsten Straßenleben verkörpert: Will Smith. Einst der Fresh Prince, der heute dank solcher Riesenerfolge wie *Independence Day* und *Men In Black* unter 10 Millionen Dollar nicht mehr am Set erscheint, hat nie einen Hehl daraus gemacht, wo er herkommt. Im Unterschied zu anderen Pop-Rappern wie Hammer und Vanilla Ice, die sich, selbst wenn sie

Tanzmusik für Teeny-Bopper aufnahmen, mit einer Gangster-Aura umgaben, war Smith immer das Kind aus der Mittelschicht Philadelphias. Schon bevor 1988 »Parents Just Don't Understand« rauskam, war Smith ein Liebling der Einkaufszentren, und auch die Geschäftemacher aus L.A. hatten schon ein Auge auf ihn geworfen. Viele Hardcore-Aficionados jedoch betrachteten seine Karriere mit Argwohn.

Wills Partner, Jazzy Jeff, einer der ersten scratchenden DJs außerhalb New Yorks, verschaffte sich Achtung bei den Kids von der Straße mit seinem »The Magnificent Jazzy Jeff« von 1987. Aber Smiths offenes Auftreten und seine klare Stimme stieß bei Leuten auf Ablehnung, die Chuck D zu ihrem persönlichen Guru erkoren hatten. Nach sechs Jahren Fernsehen, einem Film im Eddie Murphy-Stil (*Bad Boys* mit Marin Lawrence) und zwei Ausflügen in die Welt des Sciencefiction sieht man in Will Smith entweder Denzel Washington in Ausbildung oder einen durchgebräunten Tom Hanks. Smith setzte sich durch, weil er die Grundregel des HipHop beherzigte: Keep It Real – alles muss echt sein. Und seine Realität kommt eben mehr aus dem Einkaufszentrum als aus der Hood.

Video Killed The House-Rocking MC

Die traurigste Folge der HipHop-Videos war das Verschwinden der Live-Auftritte – ein Trend, der übrigens bereits 1983 mit der Qualitätssteigerung der Rap-Aufnahmen einsetzte. Die DJs wurden vom Zentrum der Kultur an den Rand gedrängt, zunächst von den MCs, dann von den Produzenten. Auf der Bühne konnte man diese Veränderungen am Dauereinsatz der DAT-Bänder ablesen. Ihre hohe Klangqualität schien DJs überflüssig zu machen. Außerdem konnten die Tracks jederzeit abgerufen werden, und zwar ohne unerwünschte Kratzer und wacklige Plattenteller – was bei Live-Auftritten nie ganz zu vermeiden war. Leider blieb bei dieser technischen Umrüstung die Interaktion zwischen Live-DJs wie Flash oder Jam Master

Jay von Run D.M.C., den MCs und dem Publikum auf der Strecke. Die DAT-Bänder verwandelten die Rap-Auftritte in extravagante Lippensynchronisationen, die an schlechte Karaoke-Shows im Fernsehen erinnerten.

Aber damit nicht genug: Videos zwangen junge Musiker, von denen viele nur über wenig, manche auch über gar keine Bühnenerfahrung verfügten, mit frenetischen Szenen, Lichteffekten und dramatischen Kamerawinkeln zu konkurrieren. Nur ganz selten gelingt es einer Bühnenshow (etwa Public Enemys *Fear of a Black Planet* oder N.W.A.'s *Straight Outta Compton*) für ausreichend akustische und visuelle Abwechslung zu sorgen, um damit eine Stunde zu bestreiten, aber die meisten Rap-Acts, denen die Präsenz eines Chuck D oder Ice Cube, die Beats von Bomb Squad oder Dr. Dre oder der Humor von Flavor Flav oder Eazy-E fehlen, wirken auf der Bühne ganz schön mickrig. Ihre Konzertauftritte sind einfach nicht so zwingend wie ihre Videos.

Eine andere Entwicklung, die zum Niedergang der Liveszene im HipHop beitrug, ist eine bestimmte Form der Livekultur, die von den Videos propagiert wurde. Die »Alle-für-einen-einer-für-alle«-Mentalität solcher Rapper wie Snoop Doogy Dogg (»It Ain't No Fun If My Homies Can't Have None«) sind für den erfolgreichen Ablauf einer Bühnenshow alles andere als hilfreich. Denn in der Realität heißt das, dass MC und DJ, ob mit oder ohne DAT-Rekorder, die Bühne nie für sich haben, sondern ständig von einer Posse von zwanzig oder mehr Homeboys umringt sind.

Was nach einer Demonstration der Macht aussieht, einem Zeichen der Einheit in einem durchgestylten Video, wirkt in einem Club oder Stadion unübersichtlich und schlecht organisiert. Die Menge finsterer Gestalten, die tatenlos rumstehen, trinken oder, was das Schlimmste ist, sich das Mikro klemmen, lenkt die Aufmerksamkeit der Zuschauer von demjenigen ab, den sie sehen wollen und für dessen Auftritt sie bezahlt haben. Die logische Folge waren die Shows des Wu-Tang Clans, die ihre Bühne von Anfang an mit reimerfahrenen Rappern bevölkern. Während die Leute auf der Bühne sonst irgendwie mit den Musikern verwandt sind oder um die

Ecke von ihnen wohnen, bildet der Clan die Ausnahme: Bei ihnen ist die Posse der Star.

In dem Maße, wie die Videos die Live-Auftritte im HipHop beschädigten, trugen sie dazu dabei, die Avantgarde des neuen Geschmacks in Konsumenten zu verwandeln. Von den Anfängen in den Parks bis in die späten 80er waren DJs von einer Gruppe hingebungsvoller Käufer verehrt worden, egal, ob weiß oder schwarz. Durch den Underground-Verkauf von 12 Inch-Scheiben, denen die aktiven Käufer hinterherjagten, gelangten Run-D.M.C., Public Enemy, Ice-T, N.W.A., Too Short und viele andere zu Ruhm. Die Video-Kultur hingegen verhalf solchen Leuten wie Hammer, Vanilla Ice, und Arrested Development zu internationalem Ansehen, deren Faszination nichts mit realen Reimkünsten zu tun hat und die nie eine loyale Gefolgschaft in ihrer Hood aufgebaut haben. Mit einem Mal werden HipHop-Stars kreiert, bevor sie echte Fans haben – ein Konzept, das so alt ist wie die Popmusik selbst, das den HipHop aber erst mit den Videos erreichte. Auf der Basis eines einzigen guten oder großartigen Videos konnte man nun zum Star aufsteigen. Bestes Beispiel: Kriss Kross 1992 mit »Jump« und Onyx 1995 mit »Slam«.

Die Entwicklung führte jedoch nicht dazu, dass regionale Underground-Acts gar keine Rolle mehr spielten. Master P's Aufstieg von einer Lokalgröße in New Orleans 1995 zur Nummer eins in den *Billboard* Album-Charts 1997 beweist, dass auch das klassische Modell nach wie vor zum Erfolg führen kann. Video änderte die HipHop-Umwelt jedoch so weit, dass es für beschissene MCs leichter wurde, Hits zu landen und dass Leuten, die was drauf haben, die Sendezeit gekürzt wird. Es gibt viele Leute, die diese Aspekte des Musikvideos anders bewerten, weil sie einen Vorteil darin sehen, dass ein Act schneller groß werden kann – womit sie aus ihrer Sicht natürlich auch Recht haben. Video hat Rap demokratisiert – aber ist Demokratie immer das Richtige für die Kunst?

HipHop war einmal ein Wettstreit. Man kämpfte im Park, man rockte das Haus von der Bühne aus, und man veröffentlichte 12 Inch-Platten, mit denen man sich ein Publikum schuf. Man tourte und machte sich einen Namen. Hatte man all diese Stufen überlebt, war man ein Rap-Star, der sich sein Ansehen verdient hatte. In den 90ern, als man den richtigen Sample mit dem richtigen Video kombinieren konnte, ging das alles viel schneller, explosionsartig. Das war die neue Realität. Vielleicht war sie gut für die Plattenverkäufe und auch gut für schwarze Videoproduzenten, aber für die Kultur war sie schlecht, weil ein Videoproduzent mit einem Gespür für Rhythmus genauso wichtig wurde wie ein MC mit einem Killer-Flow.

Neun – Von New Jack Swing bis Ghetto Glamour

»Music plays a monster jam
Feels all right, just got paid.«

Johnny Kemp, »Just got paid«

Es war 1987, als Andre Harrell, ehemaliges Mitglied des Rap Duos Dr. Jeckyll & Mr. Hyde, der ehemalige Vizepräsident von Rush Management und Anzeigenverkäufer beim Nachrichtensender WINS, endlich nach New York kam. Er war als MC jetzt nicht mehr auf Gags angewiesen (mit seinem Partner Alonso Brown war er immer im Anzug aufgetreten). Andre profitierte von der Erkenntnis eines der Major-Labels, dass HipHop noch eine Weile präsent sein würde.

Jheryl Busby, Chef für schwarze Musik bei MCA und der einflussreichste Afroamerikaner in der ganzen Branche, entschied sich dafür, ein in Kalifornien ansässiges Rap-Label zu finanzieren. Busby war der erste prominente Geschäftsmann im Establishment, der aktiv in der HipHop-Kultur mitmischte. Nach langer Zeit kamen Buppies und B-Boys endlich zusammen, und es sah nach einem lukrativen Geschäft für beide Seiten aus.

Mit »Uptown« legte sich Andre einen sehr symbolischen Namen zu. Er kam nicht nur selbst aus Uptown Manhattan – geboren war er in der Boogie Down Bronx –, der Name stand für eine bestimmte Geisteshaltung und einen Style, dessen Ansprüchen das Label jetzt gerecht werden musste. Aber wie sollte sich der Sound von Uptown anhören? Ich erinnere mich an eine Unterhaltung in den ersten Monaten von Uptown, als Andre mir zum ersten Mal über das neue Label erzählte. Wir redeten über Platten, und ich sagte, wie bescheuert ich »Rap's New Generation« von den Classical Two fand. Auf der Basis eines Samples von James Brown und einem funkigen Keyboardloop hatte der Track Unmittelbarkeit und war »fresh« im Sinne des HipHop. »So, du findest es also scheiße?« Andre grinste. »Teddy Riley hat das gemacht.« Und dann erzählte er mir, dass das komplexe und eindrucksvolle Schlagzeug und die Keyboardspuren auf »The Show« von Doug E. Fresh, einem Stück, das schon bei Erscheinen ein Klassiker war, von demselben Riley gespielt wurden. Andre war natürlich bereits dicke mit Riley im Geschäft. Er wusste, dass sich die Investition in Riley auszahlen würde, aber niemand konnte wissen, dass der Junge HipHop erneut mit R&B verbinden würde.

Im *Village Voice* gab Michael Cooper Rileys Musikrichtung den Namen »New Jack Swing«, und dabei blieb es. »In Rileys Musik gibt es keinen Platz, um Atem zu holen«, schrieb Cooper. »Die Besetzung haut dich um, die Drums reißen dir das Herz aus dem Leib. Rileys Musik ist RoboCop-Funk auf dem Höhepunkt, von HipHop zur Strecke gebrachte Gogo-Musik, die anschließend mit noch mehr üblen Beats und übertriebenen Gesten wieder aufgerichtet wird.«

»New Jack«, das war ein Slangwort der späten 80er für die Supercoolen mit ihren in Gold gefassten Namensschildern und ihren auseinander fallenden Klamotten. »Swing« kam von dem Regler an der Linn-Drummaschine, mit der Riley den Swingbeat erzeugte, die Grundlage seiner intensiven Synkopierungen. Coopers Bezeichnung traf die neue Richtung sehr genau, weil Riley es schaffte, die Kluft zwischen zwei sich bekriegenden Stilrichtungen zu überbrücken.

Rileys musikalische Begabung hatte sich schon in seiner Kindheit in Harlem gezeigt. Mit fünf spielte er Gospel-Piano, und mit zwölf Schlagzeug, Trompete und Saxophon. Mitte der 80er erwarb Rileys Onkel Willie das Harlem's Rooftop, eine alte Rollschuhdisco, die zu einem beliebten nächtlichen Treffpunkt für Teddy und andere zukünftige Stars wurde, darunter auch Kool Moe Dee, ehemaliges Mitglied der Treacherous Three.

Rileys Entwicklung wurde in den ersten Jahren von Gene Griffin beein-flusst, dem Inhaber des Indie-Labels Sound of New York, das Mitte der 80er mit Indeeps Disco-Hymne »Last Night A DJ Saved My Life« abgesahnt hatte. Aber es gab noch eine andere Seite von Griffins Geschäftsinteressen – er wurde mit Drogen erwischt, und das genau zu dem Zeitpunkt, als sich für Riley die ersten Erfolge abzeichneten. Griffin musste zwei Jahre ab-sitzen, aber das Verhältnis der beiden wurde dadurch nur noch gefestigt. Während Griffin im Knast hockte, unterschrieb Riley einen lukrativen Ver-trag mit Zomba Music, einer Tochter von Jive Records, die zurecht davon ausgingen, dass die Rechte an seinen Songs eines Tages Millionen wert sein würden.

Als Andre versuchte, Riley für sich zu gewinnen, war das Jungtalent bereits mit zwei anderen einflussreichen Unternehmen im Geschäft. Andre är-gerte sich, dass er niemals volle Kontrolle über Rileys Produktionen haben würde. Freuen konnte er sich aber darüber, dass seine Verbündeten – Uptown, Griffin, der nach seiner Entlassung Rileys Manager und Produk-tionspartner wurde, und Zomba – ihm mit ihren Projekten alle zuar-beiteten. Gegen Ende der 80er stieß man überall auf Rileys Sound. Es schien fast, als sei er eine Ein-Mann-Modewelle und nicht nur ein Pro-duzent mit einem klar erkennbaren Stil.

Riley war der erste Produzent und Songwriter, der problemlos zwischen MCs (Heavy D., Kool Moe Dee) und Sängern (Keith Sweat, Johnny Kemp, Bobby Brown) hin und herspringen konnte und dabei die Barrieren zwi-schen der Beatproduktion des HipHop und dem Songschreiben im R&B abbaute. Es gelang ihm, alle herrschenden Mächte im schwarzen Pop zu beeinflussen: Jimmy »Jam« Harris, Terry Lewis, Kenny »Babyface« Ed-monds, Antonio »L.A.« Reid, Dallas Austin, Jermaine Dupri, Prince und Michael Jackson, zu dessen Produktionspartner er anstelle von Quincy Jones wurde. Bell Biv DeVoes bemerkenswerte Single »Do Me!« mit ihrem HipHop-R&B-Pop-Motto wäre ohne die Innovationen von Riley gar nicht denkbar gewesen. Die HipHop-Produzenten sprangen auf Rileys Verwendung funkiger Keyboards, Schlagzeugcomputer und sein dynamisches Grooveverständnis an. Auch Dr. Dre, einer der wirklich großen HipHop-Produzenten, wurde von Riley beeinflusst. Ein Blick auf *The Chronic* genügt. Weil er etwas von Gospel verstand, von den Synthesizer-Riffs Bernie Worrells (P-Punk), von Rap-Kadenzen und vom Sampeln, brachte Riley echte Post-Soul-Stimmung in die von ihm produzierte Musik. Im Unterschied zu der ansonsten hervorragenden Sugar Hill Houseband, die vom R&B herkam, oder Rick Rubin, dessen klangliche Stärken vom Hard Rock herrühren, war Riley mit HipHop aufgewachsen. Für Kool Moe Dees Durchbruch »How Ya Like Me Now« sampelte Riley James Browns »Night Train«, ließ ein Keyboard-Echo zum »Salt Peanuts«-Refrain aus Dizzy Gillespies Jazz-Klassiker erklingen und braute aus dicken Schichten synthetischer Schlagzeugklänge einen dichten Rhythmustrack zusammen.

Als sich der New Jack Swing zwischen 1987 und 1989 durchsetzte, hatte es den Anschein, als wäre Riley in jedes Projekt verwickelt. Er produzierte und schrieb Johnny Kemps Hymne »Just Got Paid«, produzierte und schrieb auch teilweise die Stücke auf Keith Sweats Album *Make It Last Forever*, Al B. Sure!'s Debüt *In Effect Mode* und Bobby Browns Hitsingle »My Prerogative«. Daneben startete er bei Uptown noch seine eigene Band: Guy.

Es ist ein Trauerspiel, dass Guy, die der reinste Ausdruck des New Jack Swing waren und bei denen der ehemalige Gospelsänger Aaron Hall – der beste Sänger, mit dem Riley je zusammenarbeitete – mitmachte, nicht denselben finanziellen Erfolg hatten wie Sure!, Sweat oder Brown. Zwar schaffte das erste Album *Guy* Platin, aber es wurde nie eine erfolgreiche Popsingle daraus ausgekoppelt, und auch sonst blieb der übergreifende Erfolg aus. Dennoch handelt es sich bei diesem Album sowie dem nachfolgenden *The Future* um Rileys Meisterwerke.

Für die Entwicklung der gesamten Kultur allerdings war »My Prerogative« von Bobby Brown 1988 von zentraler Bedeutung. Im Unterschied zu Hall, Sweat oder anderen New Jack Swingern war bei Brown öffentliches Auftreten immer sehr eng mit dem Rap verbunden. Als einer der Sänger von New Edition, einer Boygroup aus Boston, die R&B und Rap zusammenmixte, hatte Brown die Rolle des aggressiven und rebellischen Jugendlichen gespielt. Selbst innerhalb der streng choreographierten Grenzen der Bühnenshow von New Edition kam Brown immer etwas ungezähmter und sexuell direkter rüber als seine vier Kollegen, was schließlich auch einer der Gründe war, weshalb er die Formation verließ. Zu den Gerüchten um Drogenprobleme und einem chaotischen Management kam 1986 allerdings noch sein glanzloses Solodebüt *King of Stage*. Die meisten sahen Brown schon wieder auf dem Rückweg in die Sozialsiedlung in Boston, aus der er stammte. Aber Louis Silas, einer der cleveren A&R-Leute bei MCA, der mit Busby zusammenarbeitete, brachte Brown mit den Top-Produzenten jener Tage zusammen: L.A., Babyface und Teddy Riley. L.A. und Babyface kümmerten sich vor allem um Browns Album *Don't Be Cruel* von 1988 – Riley versorgte ihn mit »My Prerogative«, seiner ersten Hitsingle und dem Herzstück des Albums. Im Zentrum eines Testosteron-geladenen Basslaufs baute »My Prerogative« ein stampfendes Macho-Feeling auf, in dem Brown ein paar stimmliche Akzente setzte: »Everybody's talking all that stuff about me / Why don't they just let me be.« In diesem autobiographischen Lied wird der Sänger von einer Meute gehetzt und ist dennoch voller Verachtung für seine Verfolger. Diese neue Form von aggressiver Paranoia sollte zu einem festen Bestandteil urbaner Kultur werden.

Browns Geschrei hatte nichts mit den sanften Tönen der alten R&B-Diven Luther Vandross oder Freddie Jackson zu tun. Es ging tiefer in die Vergangenheit dieser Musikrichtung zurück, zu Leuten wie Wilson Pickett, wobei Brown es an Intensität durchaus auch mit L.L.Cool J aufnehmen konnte. Brown verkaufte vier Millionen Exemplare seines Albums *Don't Be Cruel*, mehr als irgendeine Single irgendeines anderen New Jack Acts. 1987 ging Brown auf Tournee, als Vorgruppe von New Edition und Al B. Sure!. Er festigte seinen Status als Star, indem er die beiden anderen Bands Nacht für Nacht an die Wand spielte und in mehreren Städten festgenommen wurde, weil er Frauen sexuell belästigte, nachdem er sie auf die Bühne gebeten hatte.

Rileys Einfluss auf die Karriere der Stars, die er produzierte, war so enorm, dass die meisten an Popularität verloren, wenn er sich von ihnen abwandte, wie beispielsweise Kool Moe Dee, Al B. Sure!, Bobby Brown, Wreckx-n-Effect, James Ingram, Today und Redhead Kingpin. Ausnahmen waren Heavy D. und Keith Sweat, die von Anfang an mit einer starken Persönlichkeit aufgetreten waren.

Aber auch für Riley selbst kamen schlechtere Zeiten. Obwohl er zu Beginn der 90er noch ein paar feine Sachen mit Michael Jackson einspielte (»Jam«, »Remember the Time«), liefen die Geschäfte nicht mehr rund. Ein Streit mit Aaron Hall führte zur Auflösung von Guy, seine Beziehung zu Griffin verschlechterte sich, kurz nachdem er ihm Co-Autoren- und Co-Produktionsrechte für einige Riley-Hits eingeräumt hatte. 1990 zog er schließlich von New York nach Virginia Beach, wo er einige Manager und Plattenverträge verschliss.

Uptown! Uptown!

Nachdem Riley von der Bildfläche verschwunden war, nahm der Einfluss des New Jack Swing noch weiter zu. Andre Harrell machte sich Rileys Ästhetik zu eigen, um Uptown fortan nicht nur als Label, sondern auch als Lifestyle-Anbieter weiterzuentwickeln. 1992 gelang Andre ein 50 Millionen Dollar Multimedia-Deal mit Universal/MCA, aus dem die HipHop-Krimireihe *New York Undercover* hervorging. Die Voraussetzungen für diesen Erfolg hatte Andre geschaffen, indem er sein Unternehmen mit der Aura des Geheimnisvollen umgab. Alle Künstler, die ursprünglich bei Uptown unter Vertrag gewesen waren, wie Heavy D., Guy, Al B. Sure! und später Mary J. Blige, Jodeci und Soul for Real, verkörperten nach Ansicht Andres in Kleidung, Videos und öffentlichem Auftreten einen urbanen

Look, der nicht so ungehobelt daherkam wie der von Def Jam, aber auch nicht so abgesoftet wie schwarzer Pop. Jahre später erhielt dieser spezielle Look einen eigenen »Tag«. Man nannte ihn »Ghetto Fabulous« oder manchmal auch »Ghetto Glamour«.

Andre vertrat eine Hand voll sehr dezidierter Ansichten zu seiner schwarzen Klientel, darüber, wen Uptown-Musik an sich binden sollte und wen nicht. Für *Vanity Fair* teilte er die Kundschaft in Gruppen auf:

»Erst sind da mal die Nigger aus dem Ghetto, aus verarmten Gegenden mit dem absoluten Minimum, was die Gesellschaft zu bieten hat. Die Ghetto-Nigger haben ein natürliches Gespür für alles was »edgy« ist. Dann gibt es Schwarze aus der unteren Mittelschicht, die sich nach dem richten, was bei Weißen gut ankommt, um so besser voranzukommen. Das sind die »Farbigen«. Dann gibt es die Leute auf den Logenplätze der schwarzen Gesellschaft. Das ist die zweite Aufsteigergeneration. Bildung, obere Mittelschicht, Vorstadt, zum Teil elitäre Intellektuelle. Das Beste an all diesen Stationen, vom Ghetto über die Farbigen zu den Intellektuellen, ist es schwarz zu sein. Wenn du in jeder Situation der bist, der du wirklich bist und dich gut dabei fühlst. Wenn du nicht das Gefühl hast, dich in deiner Kleidung oder deinen Einstellungen anzupassen, dann bist du ein Schwarzer. Du überwindest alle Schranken. Das ist die Idee von Uptown. Es ist ein Lifestyle.«

Uptown-Musiker, aber auch Leute wie Keith Sweat (den Andre einmal wegen seines musikalischen und modischen Stilempfindens als »perfekten Uptown-Act« bezeichnete), die nicht bei Uptown unter Vertrag waren, standen nicht für die harte Realität der städtischen Jugend, sondern für ihr Streben nach Rolex-Uhren und stets gefüllten Champagnergläsern. Uptown war so materialistisch wie die meisten Ausdrucksformen des HipHop, aber es war weder nihilistisch noch blutrünstig. Trotz allem war etwas »edgy« an den Aufnahmen von Uptown. Die Arbeit des Uptown-

Produzenten Eddie F, unter dem Einfluss von Riley, ließen die Platten von Heavy D. und die tanzorientierten Tracks der Overweight Lover härter und cooler erscheinen als alles, was von leichtgewichtigen HipHop-Kollegen wie Fresh Prince, Hammer oder Young MC kam.

In den zehn Jahren, in denen Uptown ganz oben war, kam nicht ein Stück raus, zu dem C. Dolores Tucker nicht Ja gesagt hätte, auch wenn es kurz vor dem Aus noch einmal kritisch wurde, als sich vier Rapper aus Queens, die Lost Boyz, einen etwas tougheren Anstrich gaben. Aber am Ende erinnerten sie doch alle eher an Heavy D. als an Ice-T. Beweis für den Erfolg von Uptown (und den Triumph des Softtouch): Zwischen 1986 und 1995 holte das Label mit sechs verschiedenen Acts Platin und Mehrfach-Platin.

Puffing Up

Mitten in der Uptown-Ära stellte Andre einen jungen Praktikanten ein, den er auf einer Party in Washington D.C. kennen gelernt hatte: Sean Combs, der eigentlich noch an der Howard University studierte, aber unbedingt einen Job in der Plattenindustrie haben wollte und seine Zeit mit der Veranstaltung von Rap-Partys zubrachte.

In der Anfangszeit bei Uptown saß er den ganzen Tag am Telefon, hörte sich unverlangt eingesandte Demos an und spielte den Laufburschen. Die Uptown-Büros befanden sich damals im MCA-Gebäude in Manhattan, und so kam es, dass der spätere Modeguru, angesteckt von der Geschäftsatmosphäre, in seiner ersten Woche mit Anzug und Krawatte im Büro erschien.

Aber es dauerte nicht lange, bis Combs grellere Seiten aufzog. Als Erstes brach er sein Studium ab und zog zu Andre in dessen großzügiges Apartment in New Jersey – das damals bereits eine berüchtigte Party-Location war. Aber den Höhepunkt erreichten die Partys erst, als Combs die Szene mit seiner New Jack-Energie aufmischte.

Andre und Combs hatten ein klassisches Lehrer-Schüler-Verhältnis, auch wenn sie sich gegenseitig beeinflussten. Andre, Ende zwanzig, war ein Analytiker und Theoretiker. Er fand Gefallen daran, den städtischen Markt zu beobachten, Talente aufzuspüren und Platten für bestimmte Nischenmärkte zu produzieren. Ähnlich wie bei Ted Riley erkannte Andre auch bei Sean Combs sehr früh, welche Talente er besaß: ein Auge für Mode, Gespür für Musik und Risikobereitschaft. Andre verließ sich auf den Rat des Studienabbrechers, was bei langjährigen Mitarbeitern Unmut auslöste.

In den ersten Jahren bei Uptown legte sich Combs eine Reihe von Namen zu: Puff, Puffy, Puff Daddy und PD, und er hatte eine Beziehung mit Jessica Rosenblum, einer weltgewandten jungen Jüdin, die sich für schwarze Musik und das Veranstalten von Partys begeisterte. Zusammen stiegen die beiden professionell in das Promoten von Partys ein, die als »Daddy's House« von sich reden machten. Damit verdiente sich Combs seine ersten Meriten in der HipHop-Szene. Bei seinen Festen aufzukreuzen gehörte schon bald zum Pflichtprogramm von Plattenmanagern, Rappern, Gangstern und scharfen Bräuten. Dem Ghetto-Glamour, den Uptown mit seinen Platten verkaufte, trat man bei »Daddy's House« von Angesicht zu Angesicht gegenüber. Mit seinem Job bei Uptown und seinen Partys sah alles nach einer neuen großen Karriere aus, aber dann schlug das Schicksal zu.

Combs, Rosenblum und Heavy D. promoteten eine riesige Party im City College in Harlem, auf demselben Campus, auf dem Russell Simmons Kurtis Blow über den Weg gelaufen war und auf dem ich mein erstes transzendentales HipHop-Erlebnis hatte und die ersten HipHop-Krawalle miterlebte. Die Hauptattraktion an jenem Abend sollte ein Basketballspiel werden, aber stattdessen gab es eine Massenpanik auf der Treppe im Eingangsbereich, bei der Menschen niedergetrampelt wurden. Neun kamen zu Tode, viele wurden schwer verletzt.

Die Berichterstattung in den Medien hätte beinahe ausgereicht, um die Karriere der Verantwortlichen wenn nicht für immer zu ruinieren, so doch gehörig einzubremsen. Andre brach seinen Urlaub in der Karibik ab, flog sofort zurück nach New York und engagierte den Prominenten-Rechtsanwalt Alan Dershowitz, um Combs zu vertreten. Der organisierte eine Pressekonferenz, auf der die gesamte Verantwortung auf die Sicherheitsleute und die Verwaltung des City Colleges abgeschoben wurde.

Der Wind drehte sich. Auch wenn die Angelegenheit nicht gleich in Vergessenheit geriet, war sie doch zumindest zu einem Problem der Stadtverwaltung geworden, und Combs, Rosenblum und Heavy konnten aufatmen. Rosenblums eigene Agentur Stress Management hat sich seither prächtig entwickelt und kümmert sich um viele New Yorker Produzenten und DJs. Und Combs hat nicht nur überlebt, er hat in den Nachwehen der Katastrophe eine Unverwüstlichkeit an den Tag gelegt, die bis heute als seine große Stärke gilt und ihn zu einer der einflussreichsten Figuren der ganzen HipHop-Geschichte werden ließ.

Eines der besten Beispiele für Combs' Einfluss ist seine Arbeit mit Lodeci. Al B. Sure! und sein Produktionspartner Kyle West arbeiteten für ihr Uptown-Debüt *Forever My Lady* eng mit dem Quartett aus North Carolina zusammen. Es war der größte Erfolg der Band bis zu diesem Zeitpunkt (DeVante Swing von Jodeci wurde später selbst ein Produzent mit eigener Handschrift). Combs spielte bei der musikalischen Entwicklung von Jodeci keine entscheidende Rolle. Sein Beitrag war die optische Veränderung dieser Jungs aus dem Süden, wobei er sich auf sein untrügliches Gespür für Ghetto-Glamour verließ. Er machte aus Jodeci die Alternative zu den Saubermännern Boyz II Men. In *Source* konnte man lesen: »Er [Combs] machte den Braggy-Look von Jodeci, den unter-dem-Nabel-Calvin-Klein-Look und das berüchtigte ›Puffy‹-Auftreten (schmollende Dreistigkeit, verbunden mit einer Ich-kann-alles-und-das-stimmt-Einstellung) zum amerikaweiten Modetrend.«

In die Zusammenarbeit mit Mary J. Blige investierte Combs wesentlich mehr. Als er das Angebot bekam, ein Album fertig zu stellen, an dem sie schon lange herumgebastelt hatte, griff er zu und machte daraus das absolut weiblichste New Jack Swing-Album. Mit *What's the 411?* wurde Blige zu einem der einflussreichsten Stars der 90er.

Im Unterschied zu den meisten R&B-Musikern singt Blige nicht mit übertriebener Gospel-Stimme, sondern eher mit einem dunklen, bluesigen Feeling, das alles, was sie macht, mehr nach Straße als nach Kirche klingen lässt. »Sie steht für die Mädels der schwarzen Viertel von Detroit, Harlem, Chicago und Los Angeles. Sie weiß, was es heißt, erwachsen zu werden und mit jemandem durch dick und dünn zu gehen. Auch das ist ein Teil des HipHop«, sagte Combs in *Source.* »Wir können immer gegen die Männer kämpfen oder mit ihnen Kinder machen. So ist Mary J. Blige, wenn sie singt, aber wenn du irgendwas anderes versuchst, haut sie dir die Scheiße aus dem Hirn.«

Auf *411* wird Blige von dem zu unrecht unterschätzten Trio Intro (Kenny Greene, Jeff Sanders, Clinton Wike) begleitet. Außerdem haben noch Dave »Jam« Hall und Combs mit seinem damaligen Kollegen Chucky Thompson mitgewirkt.

411 ist die erste Demonstration von Combs Ästhetik. Während bei *Blue Funk* von Heavy D. die Puff Daddy-Aura nicht so recht zu dem lebensfrohen Rap passen wollte, gibt es in Bliges Stimme ein ungestilltes irdisches Verlangen, zu dem Combs' Ohr und sein Gespür für Mode die perfekte Ergänzung sind. Combs hat auch viel zum Stylen ihrer äußeren Erscheinung und ihrer Videos beigetragen. Das zweite, noch dunklere, stark auf Samples zurückgreifende Album *My Life*, das vor allem von Combs und Thompson produziert wurde, setzte diese enge Zusammenarbeit fort. Auch wenn einige der Gesangspassagen schwach sind (wie die zu »I'm Goin' Down«) und die selbstbewusst unoriginellen Melodien (viele R&B-Klassiker mit neuem Text) störend wirken, bewies das zweite Album dennoch, dass es sich bei dem ersten nicht um eine Eintagsfliege gehandelt hatte.

Bad Boys

Entscheidend für Bedeutung und Erfolg von Uptown waren die teuren Maßnahmen zur Qualitätssicherung. Selbst auf dem Höhepunkt von Uptown veröffentlichten Andre und sein junges Mitarbeiterteam nicht mehr als drei Alben pro Jahr. Bei ihnen ging nichts raus, bevor nicht alle davon überzeugt waren, dass es hundert Prozent »dope« war. Das bedeutete, dass auch viele fertige Tracks nicht genommen wurden, und das hieß wiederum, dass eine Menge Zeit und Geld im Studio verschwendet wurde. Die Alben sprengten fast immer das vorgesehene Budget. Man braucht nicht viel Phantasie, um sich vorzustellen, dass diese pingelige Produktionsweise verbunden mit Combs jugendlichem Leichtsinn und einer entsprechenden Buchführung die Finanzen des Unternehmens schon bald sehr chaotisch aussehen ließ. Die Controller von MCA traten den Verantwortlichen von Uptown ständig in den Hintern, und mindestens einmal setzte sich einer der Finanzchefs von MCA ins Flugzeug, um die Uptown-Leute in New York persönlich zu ihrem unorthodoxen Geschäftsgebaren zu befragen.

Dummerweise tauchten die finanziellen Unregelmäßigkeiten zu einem Zeitpunkt auf, als Andre MCA dazu bewegen wollte, Uptown mehr Eigenständigkeit in Fragen des Marketings und der Promotion einzuräumen. Uptown hatte bis dahin von den Gewinnen profitiert, die MCA mit einer endlosen Reihe von »urban« Hits gemacht hatte, wie mit den Jets, Jody Watley, New Edition, Ready for the World, Pebbles – Erfolgen, für die ein Name stand: Jheryl Busby. Als Busby MCA 1988 verließ, um Vorstandsmitglied und Anteilseigner bei Motown zu werden, verlor Andre seinen Fürsprecher in der MCA-Zentrale an der Westküste. Von nun an vertrat man in der Chefetage die Meinung, dass Uptown weniger Geld ausgeben sollte, um seine Hits zu produzieren. Andre hingegen war nach wie vor der Ansicht, Uptown sollte ausgebaut werden und zu diesem Zweck mehr Autonomie erhalten. Dann würden sich auch die Crossover-Verkäufe verbessern. Hinter der Fassade der glanzvollen Erfolge des Labels führte Andre einen Kampf um Leben und Tod. Der Druck, unter dem Andre stand, wirkte sich auch auf sein Verhältnis zu Combs aus. »Uptown wuchs und wuchs«, sagte Combs dem *Rolling Stone*, »und Andre hatte Stress mit den Geldgebern. Ich hatte kein Verständnis dafür. Ich ging ihm auf die Nerven, weil ich mich nur für die ästhetische Seite interessierte. Wir waren wie zwei Könige in einem Schloss, und da es sein Schloss war, landete ich irgendwann im Wassergraben.« 1994 feuerte Andre Combs. Keiner von beiden hat sich je zu Details geäußert, und auf privater Ebene sind die beiden noch so eng miteinander verbunden, dass Andre Pate von Combs Sohn Justin wurde.

Es sprach sich schnell herum, dass Combs auf dem Markt war, und er konnte sich vor Angeboten der Majors kaum retten. Auftritt Clive Davis. Davis hatte in den 70ern Arista gegründet und zum erfolgreichsten Label für einen erwachsenen Geschmack der ruhigeren Art aufgebaut. Zu seinen Musikern zählten Barry Manilow, Air Supply, Ray Parker Jr., Dionne Warwick, Aretha Franklin und Whitney Houston. Sein Fachgebiet waren halbschnelle Liebeslieder und große dröhnende Balladen. Die meisten Leute hatten längst vergessen, dass Davis in den 60ern für CBS die Rockabteilung aufgebaut und Acts wie Sly & the Family Stone, Santana, Janis Joplin oder Chicago unter Vertrag genommen hatte. Und es war ebenfalls Davis zu verdanken, dass CBS einen der legendärsten Abschlüsse in der Geschichte der schwarzen Musik tätigte, denn er war es, der 1970 beschloss, Gamble und Huffs Philadelphia International zu finanzieren und zu vertreiben. Es war der erste Deal seiner Art und er hatte Vorbildcharakter für alle späteren Geschäftsbeziehungen zwischen schwarzen Labels und großen Distributoren – im Unterschied zum Motown-Modell mit eigenem Vertrieb.

In den 90ern, mit dem Aufstieg von R&B-haltigem HipHop, glaubte sich Davis auf sicherem Terrain. Innerhalb von nur zwei Jahren machte er Verträge mit Babyface und L.A. für LaFace, mit dem jungen Produzenten Dallas Austin für Rowdy und schließlich mit Combs für Bad Boy. Davis hatte sein Geld auf die richtigen Pferde gesetzt und schaffte es, Arista von der Plattform für Whitneys bombastische Balladen in einen Ort zu verwandeln, an dem die kreativsten Köpfe der schwarzen Musik zu Hause waren.

Die Geschichte von Bad Boy ist auch deshalb so berühmt, weil sie eng mit dem kurzen und tragischen Leben von Cristopher Wallace alias Biggie Smallz alias The Notorious B.I.G. verbunden ist. Seine noch immer nicht aufgeklärte Erschießung im Frühjahr 1997 in Los Angeles wird wohl immer, ob zu Recht oder Unrecht in Erinnerung bleiben als das letzte tragische Aufbäumen des berüchtigten Konflikts zwischen West und East Coast. Darauf kommen wir später noch zurück. Hier geht es darum, dass Biggies spektakuläre Karriere nur ein Teil des unvorstellbaren Erfolgs von Combs in den ersten Jahren des Labels war.

In der Geschichte der schwarzen Popmusik nach dem 2. Weltkrieg hat es nicht einen einzigen Menschen gegeben, der so viel richtig gemacht hat wie Combs. Er produziert, schreibt, rappt und führt ein eigenes Label. Auch andere haben all das gemacht, aber nicht so erfolgreich. 1997 gelangen Combs als Musiker zwei Nummer eins-Hits nacheinander: »I'll Be Missing You« mit Faith Evans und »Mo Money Mo Problems« mit Notorious B.I.G. und Mase – etwas, was zuvor nur den Beatles, Elvis Presley und Boyz II Men gelungen war.

Nimmt man noch Combs und Mases »Can't Nobody Hold Me Down« und Notorious B.I.G.'s »Hypnotize« hinzu, war Combs' Bad Boy das einzige Label außer Motown, das vier Nummer eins-Hits in einem Jahr zustande brachte. Seit der Gründung von Bad Boy hatte jedes von Combs produzierte Album zumindest Gold geschafft, viele sogar Platin. *Puff Daddy & the Family* verkaufte sich 1997 vier Millionen mal. Niemand, weder Berry Gordy noch Kenny Gamble, Russell Simmons oder Quincy Jones war gleichzeitig als Unternehmer, Produzent und Künstler so erfolgreich. In einer einzigen unvergessenen Woche 1997 hatte Combs einen Nummer eins-Hit (»I'll Be Missing You«), war auf dem Cover des *Rolling Stone* und präsentierte sein Solo-Album *No Way Out*, das gleich auf Nummer eins einstieg und mit 561.000 verkauften Exemplaren in der ersten Woche der erfolgreichste Albumstart des ganzen Jahrzehnts war.

Zu den charakteristischsten Eigenschaften der Post-Soul-Ära gehört die ruhelose Vielseitigkeit ihrer prominentesten Vertreter. Spike Lee macht nicht nur Filme. Er schreibt Bücher, hat seine eigene Werbeagentur, er ist Schauspieler (okay, schauspielen kann man es vielleicht nicht nennen). Shaquille O'Neal spielt nicht nur Basketball. Er rappt und er ist Schauspieler (okay, schauspielen kann man es vielleicht nicht nennen). Und es gibt viele Fälle dieser Multimediamanie, in der eine ausgereifte Fähigkeit Anlass zum Wechsel in andere (wenn auch teilweise mittelmäßige) Aktivitäten ist. Sean »Puffy« Combs ist das extremste und bis heute erfolgreichste Beispiel dafür. Trotz einer etwas tragischen Aura (City College, B.I.G.) ist er die personifizierte Erfolgsstory des HipHop.

Das Imperium schlägt zurück

Während Combs mit Schwindel erregendem Tempo von der Tragödie zum Triumph eilte, stellte Uptown, das Label, das New Jack Swing das Leben geschenkt hatte, seine Geschäftstätigkeit ein. Dabei hatte Uptown seinen musikalischen Schwung gar nicht verloren. 1996, im letzten Geschäftsjahr von Uptown, kam Jodecis *The Concert, The Afterparty, The Hotel* raus und räumte mehrfach Platin ab. Außerdem wurden zwei neue Acts lanciert: Soul for Real und die Lost Boyz.

Was war geschehen? 1995 hatte der lange schwelende Konflikt zwischen Andre und der MCA den Punkt erreicht, an dem es kein Zurück mehr gab. Mit neuen Vertragsverhandlungen in Sicht und einem Andre, der auf größere Autonomie drängte, machte MCA von seinem Aufkaufsrecht Gebrauch und nahm ihm das Label weg. In einer sehr effektiven Form des Rufmords äußerte MCA der Presse gegenüber, es sei gut möglich, dass Andre für das Label vorgesehene Mittel veruntreut habe.

Nicht anders als beim Rauswurf von Combs war nun die ganze Branche neugierig, wo Andre als nächstes landen würde. Die Spekulationen überschlugen sich, und schließlich landete er auf dem Platz mit dem größten Prestige in der schwarzen Musik: Andre wurde Präsident von Motown.

1988 war Motown von einem Konsortium aufgekauft worden, zu dem unter anderem die Investmentbank Boston Ventures und MCA gehörten. Dieser Deal war es, der Jheryl Busby von MCA weglockte, um bei Motown einzusteigen. Busby setzte alles daran, um aus dem klangvollen Namen wieder ein modernes Unternehmen zu machen. Unter seiner Ägide wechselte Motown von MCA zu PolyGram, die sich in den 90ern mit Mehrheitsbeteiligung einkauften. Unter Busby betrieb Motown die Entwicklung von Boyz II Men und machte die vier Vokalisten aus Philadelphia zum größten Erfolg der an Erfolgen reichen Geschichte von Motown. Ihre ersten beiden Alben verkauften sich zusammen weltweit einundzwanzig Millionen Mal. Das war die sehr gute Nachricht.

Die sehr schlechte Nachricht war, dass sich ansonsten gar nichts verkaufte, was Busby anleierte. Motown verkaufte Singles von Stevie Wonder, Johnny Gill und Another Bad Creation (ABC) und auch ein paar Alben, aber im Vergleich zu Boyz II Men war das alles mickrig. Und im Boyz II Men-Erfolg sahen die Verantwortlichen nicht Busbys guten Riecher, sondern einen Glücksgriff. Motown kriegte im HipHop einfach keinen Fuß auf den Boden – und das war der Hauptgrund, weshalb Andre mit ins Boot geholt wurde. Wäre Andre heimlich, still und leise zu Motown gewechselt, wie sich PolyGram das wahrscheinlich gewünscht hatte, wäre alles im Lot gewesen. Stattdessen übernahm Andre Berry Gordys Unternehmen so geräuschvoll wie nur irgend möglich. Er startete eine US-weite Werbekampagne in U-Bahnen, auf Plakatwänden, in der Fachpresse, mit einem Foto von sich in einem Ledersessel, mit dem Rücken zur Kamera und einer Zigarre in der rechten Hand. Darüber stand einfach »It's On!« Andre wollte Motown wieder zur ersten Adresse auf der Landkarte der Jugend machen, aber das sollte ihm nicht ganz gelingen.

Die PolyGram-Manager, allen voran Alan Levy, fanden Andres Getöse ganz und gar nicht komisch. Und auch viele Konsumenten, die nicht jede Personalentscheidung in der Branche verfolgen, fragten sich, wer der Mann auf dem Bild war. Die Pressemeute, unter anderem auch das Cover des *New York Magazine*, hatte ein neues Angriffsziel entdeckt. Welchen Druck Andre bei Uptown auch hatte aushalten müssen, es war ein Klacks verglichen mit dem, was er jetzt mitmachte, als Chef des berühmtesten schwarzen Unternehmens der USA.

Im August 1997, kaum zwei Jahre nach seiner Einstellung, zwang man Andre, der noch immer keinen großen Hit gelandet hatte, zurückzutreten. Der Wechsel zu Motown war weder ihm noch seinen ehemaligen Mitarbeitern bei Uptown leicht gefallen. Es gab einen Unterschied in der Vorstellung von Unternehmenskultur zwischen seinen Leuten und der Mehrzahl der alten Motown-Mitarbeiter. PolyGram kritisierte Andre, weil er zu viel Geld ausgab und seinen Mitarbeitern zu viel Gehalt zahlte. Und dann war da schließlich noch der seelische Schmerz – den man sicher unterschätzte –, weil er sein »Baby« verloren hatte. Andre sprang von einem Stressjob in den nächsten, von einem schicken Boutique-Label zu einem ausgewachsenen Unternehmen, und war dabei immer am Anschlag. Als er Motown verließ, konnte er sich nicht mal Boyz II Men oder auch nur einen kleineren Erfolg wie ABC zugute halten. Andre gründete HE (Harrell Entertainment) und fing von Neuem an, seine Theorien zu testen und sich nach Talenten umzusehen.

Während Andre sich bemühte, Motown seinen Stempel aufzudrücken, startete Teddy Riley, der eigentliche New Jack Man, eine zweite Karriere. Nachdem er eine Reihe Manager verschlissen hatte, schien er um 1994 etwas ruhiger zu werden, und das tat auch seiner Musik gut.

Der erste Sänger von BLACKstreet, der Band, die Riley im Anschluss an Guy gründete, war ein astreines Aaron Hall-Imitat. Ihr Debüt hatten sie mit der Single »Baby Be Mine« auf dem Soundtrack zu dem Film *CB4*, den ich produzierte. Der Song war nicht schlecht, aber er war kein Klassiker, wie man das von Riley erwartete hätte. Beide Alben der Band, *BLACKstreet* und *Another Level*, hatten zwar genug Rhythmus, aber auch die Tendenz, Platten aus den 70ern zu recyceln, und das auf eine ärgerliche, epigonale Art. Andererseits ist Riley heute wahrscheinlich ein noch besserer Songwriter als in der Hochphase des New Jack Swing. »Joy« und »Before I Let You Go« vom ersten BLACKstreet-Album und »Don't Leave Me Girl« vom zweiten zeugen von einer musikalischen Reife und Produktionsschläue, die man nur bei ganz wenigen Musikern der HipHop-Generation findet. Riley versucht sogar eine neue Sparte zu eröffnen: »Heavy R&B«. Die Superhit von 1997 »No Diggity« kam zwar mit der bekannten New Jack-Überheblichkeit daher, aber der Reifeprozess war nicht zu verkennen. Anders als viele, die einen neuen Stil kreierten und dann von ihren Nachahmern ausgebootet wurden, ist Riley auch zehn Jahre nach seinem Debüt noch eine Macht im Haus.

Zehn – National Music

»We used to be down with y' all niggas
All y' all had for the west coast was criticizm.«

Ice Cube mit der West Side Connection, »All The Critics In New York«

1989 kam Ice Cube nach New York, um mit Bomb Squad, dem Produktionsteam von Public Enemy, zu arbeiten. Er war noch völlig aufgedreht von seinem Erfolg mit N.W.A. Das Album, das aus dieser Zusammenarbeit hervorging, *AmeriKKKa's Most Wanted* ist immerhin eines der zentralen Ereignisse der HipHop-Geschichte. Es schien, als habe die ganze Kultur eine Einheit gebildet. Sieben Jahre später veröffentlichte er zusammen mit der West Side Connection die Kampfrede »All the Critics in New York«. Wenn man den Text liest, spürt man, wie sehr Cube sich verletzt fühlte. Hinter all der Verachtung spürt man, wie sehr er sich Anerkennung von New York wünschte, die er – wieso auch immer – seiner Meinung nach nicht bekommen hatte.

Im Unterschied zu vielen anderen sah ich »All the Critics in New York« nicht als ersten Schuss im neuen Zweiküstenkrieg, sondern eher als Ausdruck der alten Hassliebe zwischen dem Big Apple und dem Rest Amerikas, insbesondere der Westküste. Lange bevor es Rap und Coverversionen gab, erregte New York City in den anderen Teilen der USA zugleich Feindseligkeit und Faszination. New York City, dieser Melting Pot aus Arroganz, Kreativität und vorsätzlicher Multikulturalität hat Rednecks im Kongress, besorgte Kirchenvertreter und Konservative aller Art schon immer mit Schrecken erfüllt.

Auf den HipHop angewendet, bedeutet das ein Gefühl der Unsicherheit, da die Musik ihren Ursprung nun mal hier hatte, und die New Yorker mit ihrer Großspurigkeit, die von der Welt zugleich verachtet und beneidet werden, haben dafür gesorgt, dass dies auch nicht in Vergessenheit geriet. East Coast gegen West Coast beschreibt das Problem nicht genau genug. Es war immer der riesige, wenig urbane und dünn besiedelte Teil des Landes gegen New York, eine ästhetische Auseinandersetzung zwischen eingeschüchterten Landeiern und der egoistischen Doppelmoral meiner Heimatstadt. Ice Cube machte sich nicht nur zum Sprachrohr von South Central, er brachte die Verachtung/Faszination gegenüber New York auf den Punkt, eine Verachtung, die nicht erst mit dem Rap begann.

In der afroamerikanischen Kultur hat es diese Spannung das ganze 20. Jahrhundert über gegeben. Schon Langston Hughes beschrieb den Stadt-Land-Kontrast in seinen Jesse B. Semple-Geschichten, in denen es um die Probleme eines Südstaatlers in Harlem geht, dessen naive Sichtweise abwechselnd weise und bescheuert wirkt. »The Boy from New York City«, diese Ad-Lib-doo-wop-Kamelle aus den 50ern war die Hymne des angeblich so coolen Stils der Stadt. Bezeichnend ist das Verhältnis New Yorks zu Blues und Jazz. Während das urbane, subtile und »too-hip-for-the-room« der Jazzer in der New Yorker DNA vorprogrammiert ist, hatte Blues nie eine Chance. Blues war zu einfach, zu banal vom Inhalt, zu ungehobelt in der Präsentation. Blues roch einfach verdammt nach Land.

Ähnliches wiederholte sich in den 70er Jahren, als New York das Epizentrum des Disco-Bebens war. WBLS, die Nummer eins unter den New Yorker Radiostationen, spielte ständig Donna Summer, Chic und die Bee Gees. Funkbands mit großer Besetzung wie die Bar-Kays, Maze featuring Frankie Beverly, Cameo, the Meters, Con Funk Shun mit einem rauen back-to-the-roots-Feeling und einer beachtlichen Fangemeinde außerhalb von New York hatten es schwer, in der Stadt zu landen. P-Funk (Parliament Funkadelic) und Bootsy Collins waren die Einzigen, die irgendwann so groß wurden, dass die New Yorker Radios sie nicht mehr ignorieren konnten. Aber nach einer Begeisterung für P-Funk wie in Detroit, D.C. oder L.A. suchte man in New York vergeblich.

Die Ablehnung der New Yorker gegenüber Rappern, die von außen kamen, begann schon mit der Sugar Hill Gang, obwohl die nur aus New Jersey stammte, von der anderen Seite des Flusses. Dann griff die Bronx, vertreten durch Boogie Down Productions, MC Shan aus Queens an. Es ging um die Geburt des HipHop »On The Bridge« und »The Bridge Is Over«. Dann disste New York Philly, und anschließend machten sich New York und Philly gemeinsam lustig über Rap-Platten, die nicht aus dem Nordosten kamen. Diese Einstellung, dass alles, was nicht aus dem Nordosten kam, niveaulos war, wurde von der ersten Generation von Rap-Hörern uneingeschränkt geteilt.

Die ersten MCs, die nicht aus New York stammten und landesweiten Erfolg hatten, kamen aus Philadelphia: Schoolly D, Jazzy Jeff & the Fresh Prince und Roxanne Shanté. Die Acts aus der Stadt der brüderlichen Liebe wurden von mehreren, vor allem nachts ausgestrahlten Radioprogrammen unterstützt, insbesondere von Lady B, Phillys Mr. Magic, die auf WHAT zu hören war.

Die Fresh Fest-Tour und die Run-D.M.C.-Tour verschoben die Grenzen des HipHop weiter nach Westen. Die Auftritte in riesigen Stadien ermöglichten es den Rappern, die Zuschauer wie HipHop-Missionare zu bekehren. Die Kids in D.C., bei denen Go-Go angesagt war, die Kids in Oakland, mit seiner reichen und vielfältigen Musikszene, und die Kids in L.A., wo es eine sehr aktive Post-Disco Partyszene gab, sie alle kamen, um die Kings aus Queens zu sehen. Sie wurden nicht nur als Zuhörer und Kunden gewonnen, viele von ihnen konvertierten zur neuen Religion mit dem Ziel, selbst zu rappen.

1988 schrieb ich einen Beitrag für *Village Voice* mit dem Titel »Nationwide: America raps black«, in dem ich schrieb: »Rap ist nun ein landesweites Phänomen und wird bald regionale Besonderheiten entwickeln. Rap fing in New York an, aber jetzt rappt Amerika zurück.« Die Tatsache, dass sich bestimmte Rap-Platten in regionalen Märkten (Dallas, Houston, Cleveland, Detroit, Philadelphia, Miami, Los Angeles) besser verkauften als in New York, ließ vermuten, dass der Geschmack je nach Region verschieden war. Außerdem entstand eine regionale Infrastruktur, die ihre jeweiligen Acts unterstützte: riesige Rap-Clubs in Houston, oder Produzenten wie Lynn Tolliver in Cleveland mit einer aggressiven Mischung aus Rap und traditionellem R&B.

Während Boston gar nichts Eigenständiges zuwege brachte, war drüben in L.A. Ice-T der große Star – aber der war in Newark, New Jersey, geboren. Ice-T (Tracy Morrow) ist ein Reim-Avantgardist, dessen erste Stücke eine Fusion aus den Knast-Reimen der Old Schooler, den lyrischen Ergüssen des kriminellen Autors Iceberg Slim und seiner eigenen Vorliebe für die dunklen (im wörtlichen wie übertragenen Sinn) Seiten von L.A. sind. Sein Album *Rhyme Pays* von 1987 (Syre) verkaufte sich 300.000 Mal, ein ansehnlicher Erfolg für ein Debüt, aber natürlich weit entfernt von den Platinalben, die die New Yorker damals schon mit einer gewissen Routine einsteckten. Einer der Gründe, weshalb Ice-T beim, wie wir alle inzwischen wissen, großen Rap-Publikum von L.A. nicht voll einschlug, war seine New Yorker Herkunft. Außerdem hatte sein Freund und Mitglied der Zulu Nation, Afrika Islam, die Produktion von *Rhyme Pays* in New York überwacht. Ice T. sollte als der erste große HipHop-Star aus L.A. vermarktet werden, was unter diesen Voraussetzungen nicht ganz überzeugend war. Seine Musik löste kein Anti-New York-Gefühl aus.

1988 schrieb die 2 Live Crew aus Miami Geschichte: Ihr Album *2 Live Is What We Are* verkaufte sich über eine halbe Million Mal. Sie hatten Erfolg, *weil* sie kein bisschen nach New York klangen. Ihre Musik war provozierend ländlich. Meine Beobachtungen zu dieser Entwicklung im *Village Voice* stimmen auch heute noch: In meinen Ohren klang das in jeder Hinsicht roh. Reime ohne Witz (»Throw the D«), die Raps ungenau und die Aufnahmequalität saumäßig. Das rasante Tempo (unter dem Einfluss von Miamis Faszination für Disco), die »in-yo-face« Ausdrucksweise und ein kräftiger Schuss Lokalkolorit sorgten dafür, dass diese Platte zur heißesten Rap-Scheibe im Süden avancierte. Aber genau das war der richtige Weg: Der HipHop aus dem Süden, dem Mittleren Westen und der West Coast durfte sich nicht an irgendwelche Vorgaben halten. So wie New Yorker HipHop Disco und Funk ins Gesicht rotzte, so sollte auch der HipHop außerhalb New Yorks seine Eigenständigkeit haben, seine eigene B-Boy-Weisheit.

West Side, West Side!

Auch wenn HipHop in New York zur Welt kam, hat die Kultur zweifellos auch Wurzeln in L.A. Ende der 60er gab es in L.A. ein Trio namens Watts Prophets (Otis O., Richard Dedeaux und Dee Dee MacNeil), die mit ihrem Frage-Antwort-Gesang in der lokalen Szene erfolgreich waren. Bei vielen Lyrikfans ist ihr Album *Rappin' Black in a White World* ein Kultklassiker, den East Coast-Pendants Gil Scott-Heron und den Last Poets durchaus ebenbürtig. Der einzige Mainstream-Erfolg des Trios war ihr »Lover's Rap« auf Quincy Jones' Album *Mellow Madness* 1975.

Das Breaking ging, auch wenn es in New York verfeinert wurde, aus den in L.A. verbreiteten Tanzstilen »Locking« und »Popping« hervor, die in den 70ern mit Soul Train in den ganzen USA bekannt wurden. Locking und Popping waren Stehtänze, bei denen die Tänzer Arme, Beine und Oberarme roboterartig bewegten, was große Körperbeherrschung verlangte. In der HipHop-Tanzhysterie der frühen 80er lebten diese Tanzstile in billig produzierten Filmen aus Kalifornien wieder auf, und im Radio, einem Club in Downtown Los Angeles, konnte man immer Tänzer sehen. Das war zu einer Zeit, als weiße Hipster und schwarze B-Boys noch zusammen feierten und die Gangs noch nicht völlig durchgedreht hatten. Die Musik stammte von DJs von der West wie von der East Coast, von Afrika Islam und Grandmaster DST aus New York wie von Evil E, der später die Platten für Ice-T kreisen ließ, oder Chris »the Glove« Taylor, der eine Single für Motown aufnahm.

Noch bodenständiger waren die 80er Jahre Jams von Uncle Jam's Army, einem Zusammenschluss mehrerer DJs und Promoter, die auch schon mal Partys mit 16.000 Leuten steigen ließen. Musikalisch wurden all diese Veranstaltungen, ob im Radio oder bei anderen Jams von New Yorker Musik dominiert. Auch einheimische MCs rappten, aber das meist zu East Coast-Mixen. Der erste eigenständige L.A.-HipHop war eine Art Elektropop, bei dem der Einfluss von Afrika Bambaataa zu spüren war. Viele der frühen Sachen von Dr. Dre (Andre Young) mit seiner ersten Band World Class Wreckin' Cru hatten ein »Planet Rock«-Feeling, wie beispielsweise »Surgery«. Selbst die Outfits von Dre und DJ Yella (Antoine Carraby) hätten von Bam stammen können: viel Leder, riesige Mäntel, Schminke. Eazy E zeigte während der legendären Fehde mit Dre gerne Bilder seines ehemaligen Kumpels in Glitzerklamotten, um ihn damit lächerlich zu machen.

Die Szene in L.A. hatte gegenüber der in New York einen klaren Vorteil: KDAY, ein UKW-Sender, der nach einer Identität im überfüllten Radiomarkt suchte, legte sich unter dem Programmdirektor Greg Mack ein HipHop-Format zu. Zwar dominierte auch hier das Beste aus New York, aber es liefen auch Platten aus Miami, Philly, Seattle, Oakland und immer häufiger auch aus L.A. Viele Jocks mixten in den Clubs auch live, so wie Dre und DJ Yella. Das intensive Hören der unterschiedlichen Produktionsstile des gesamten Landes machte sich später bei Dre bemerkbar, der sich vom Elektropop der Wreckin' Cru, die mit »Turn Out the Lights« 1984 einen landesweiten Erfolg hatten, hin zu einem dunkleren, komplexeren und auf Funk basierenden Stil entwickelte.

Es war die Zeit, als Dre und Yella mit dem klugen, winzigen »Dope Man« Eazy-E (Eric Wright) rumhingen, der in der Garage seiner Mutter in Compton ein Mini-Studio eingerichtet und sein eigenes Label Ruthless gestartet hatte. In E's Nachbarschaft wohnte ein Junge mit einem gewissen Talent zum Reimen namens Lorenzo Patterson, der sich MC Ren nannte und dessen großer Bruder ein Kumpel von E war. Eazy versprach ihm, eine Platte mit ihm aufzunehmen. Ein anderer Jugendlicher, der in der ganzen Gegend für seine obszönen Sprüche berüchtigt war, hatte ebenfalls die Bekanntschaft von Dre gemacht und begann nach einem kurzen Gastspiel in einer Band namens CIA Reime zu Dres Beats beizusteuern. Sein richtiger Name war O'Shea Jackson, als Rapper nannte er sich Ice Cube. Auch D.O.C. (Tracy Curry), ein talentierter Texaner mit einem kernigen Bariton, war manchmal mit von der Partie. Ebenso MC Train, Rens DJ, der für einen Stundenlohn an der Produktion von J.J.Fads *Supersonic* mitarbeitete und später die Scratches zu Ice Cubes *Wicked* lieferte; Sir Jinx, später DJ und Produktionspartner von Cube; und Arabian Prince, ein Rapper und Produzent, der sich später abseilte und Soloalben machte. Sie alle pilgerten zu Eazys Garage.

Eazy war ein überraschend sympathischer Mensch mit schrägem Humor, der bereit war, seine Drogengelder in ein neues Geschäftsfeld zu investieren. Mit dem Hintergedanken, New Yorker Rap zu vermarkten, importierte er die East Coast Band HBO, um sie in Compton aufzunehmen. Aber die New Yorker hatten einen Horror vor Tracks und Rhythmen mit West Coast-Flair, und so war es, der Legende nach, Dres Idee, dass sich Eazy selbst aufnehmen sollte.

1988 erschien die erste Single auf Ruthless, mit dem passenden Titel »Boyz N the Hood« von Eazy E, auf die noch zwei weitere von Eazy aufgenommene und von Cube geschriebene Stücke folgten: »Dopeman« und »8 Ball«. Noch im selben Jahr tat sich Eazy mit Jerry Heller zusammen, einem Vertreter des Plattengeschäfts der Old School und des Permanent Business, der in den 70ern mit ein paar Biggies zu tun hatte wie Pink Floyd, Elton John und Journey. 1988 schien es ihm nicht sonderlich gut zu gehen, sonst hätte er wohl kaum das Angebot angenommen, eine Rap-Formation aus L.A. zu managen. Aber Heller hatte auf das richtige Pferd gesetzt.

Die Beatles als Gangsta

When we did N.W.A. … the main thing it was: New York had all'a the bomb groups, New York was on the map and all we was thinking, man – I ain't gonna lie, no matter what nobody in the group say – I think we all was thinking about making a name for Compton and L.A. … KRS-One had »South Bronx«, P.E. was talkin' about Long Island, Run-D.M.C. talkin' about Queens and Ice-T was talking about L.A. We was like »Damn! Fuck it, we comin' from Compton!«
MC Ren, in *Source*, 1994

Jorge Hinojosa, ununterbrochen quasselnder Promoter und Ice-T's erster Manager, führte mich 1988 ganz begeistert durch die Büroräume von Sire Records. Ich sollte mir etwas anhören. Ich war gekommen, um Ice-T für einen *Billboard*-Beitrag zu interviewen, aber Hinojosa war so aus dem Häuschen wegen dem, was er mir vorspielen wollte, dass ich dachte, es müsse sich um eine neue Gruppe handeln. Er legte »Straight Outta Compton« auf den Plattenteller und drehte voll auf. Ich glaube, er ließ es zweimal laufen, das erste Mal, damit ich mich orientieren, das zweite Mal, damit ich es mir richtig anhören konnte.
Aber ich brauchte noch viele Male, bis ich N.W.A. verstand. Zunächst einmal dachte ich, dass diese Spinner überhaupt nicht rappen können, vielleicht mit Ausnahme von Cube. Oder vielleicht auch noch Ren. Aber der Junge mit der hellen Stimme war der Inbegriff von Schwachsinn. Kein Flow, keine Kadenz. Einfach nur ärgerlich. Der Track selbst war nicht schlecht, irgendwie dramatisch, so ein bisschen wie verwässerter Public Enemy. Und außerdem Jorge, wo zum Teufel ist Compton?
Meine Old Schooler-P.E.-ist-Gott-Ohren waren nicht geschaffen für N.W.A. Noch nicht. Zu obszön. Zu radikal. Wenn das Compton war, dann war das zu Compton, egal, wo das lag. Aber bald schon sollte ich zusammen mit dem Rest der USA und der ganzen Welt lernen, dass diese Jungs Respekt

verdienten. Eazys *Straight Outta Compton* war der Startschuss zu einer Revolution.

Frei von jeder »positiven« East Coast Rhetorik, angeregt durch Ice-T's Abstecher in das Erzählen von Gangstergeschichten und nicht zuletzt durch die negative Energie, die Crack in den schwarzen Vierteln von L.A. ausgelöst hatte, versetzte N.W.A. die New Yorker Rap-Szene in einen Schockzustand, der ein halbes Jahrzehnt anhalten sollte. Heute, nach so vielen Jahren der öffentlichen Ächtung, des Studio-Gangstertums und der billigen Imitationen kann man sich kaum noch vorstellen, wie frisch N.W.A. damals geklungen haben. Sie waren hart, ihre Reime lebendig und sie stammten von zwei der besten Texter überhaupt, nämlich von Ice Cube und D.O.C. – und Dres Ruhm wuchs von Platte zu Platte.

Die Fangemeinde wuchs und erstreckte sich bald über das ganze Land, quer durch alle Hautfarben. Die Kids in den Städten wussten, dass durch Crack die Gewalt in den Hoods stieg, und für die Kids in den Vorstädten war Rap die Musik der Rebellion wie früher Rock. Sie alle nahmen die Musik mit Begeisterung auf, und der Erfolg war eine Befreiung für junge schwarze Künstler. Zum ersten Mal konnten sie im Slang und einer brutalen Wortwahl Dinge auf Platten aufnehmen, an die kein Afroamerikaner vor ihnen auch nur im Traum gedacht hatte.

Zwischen ihrem Debütalbum *Straight Outta Compton* im Herbst 1988 und Ende 1990 machten eine ganze Reihe von West Coast »Reality« Rappern Plattendeals mit großen Labels wie Above the Law, Boo Yaa Tribe, Too Short, Mob Style, Compton's Most Wanted, King Tee, während die Acts aus dem Südwesten und Mittleren Westen, die auf Indies verlegt wurden, ihre Wut kultivierten. Der Hass auf New York nahm immer mehr zu – und ebenso der Hass aus New York –, weil diese Acts das Gefühl hatten, von New Yorker Musikern, Radios und dem Livepublikum verachtet zu werden. Symptomatischer Ausdruck für die Verunsicherung in New York war Tim Dogs *Fuck Compton* 1991. Tim Dog, Mitglied der Ultramagnetic MCs, einer Undergroundformation aus der Bronx, wollte eigentlich die ultimative Diss-Platte raushauen, aber sein Rap zeigte, wie viel Angst und Neid bei der Bewertung der Newcomer mitspielte.

N.W.A., Luther Campbell aus Miami, die Geto Boys in Houston, Too Short in Oakland definierten den Rap neu. Die Unfehlbarkeit der New Yorker war dahin. Die harte, nasale Intonation des Big Apple wurde zu einem Akzent unter anderen, die aus den Jeeps und Ghettoblastern der ganzen Nation dröhnten. Es gab den lang gezogenen Sound aus Texas und Louisiana, den Long Beach Singsang, die Synkopen aus Cleveland und Seattle. Aus jedem schwarzen Stadtteil hatte irgendjemand was zu erzählen, über seine Hood oder nur seine Straße. Zu den Hochzeiten des Soul hatten lokale Stars und regionale Einflüsse die Musik immer aufs Neue inspiriert. Und nun erlebte HipHop mit der Ausdehnung über das ganze Land etwas Ähnliches.

DJ Quik, ein weiterer Star aus Compton, oder Too Short, der Sexologe aus Oakland, waren jetzt nicht mehr auf den New Yorker Markt angewiesen, um Platin zu holen, während Acts aus New York, wie die Poor Righteous Teachers oder Brand Nubian, die von ihren Homies als Gralshüter der eigentlichen Musik angesehen wurden, es kaum noch bis über die Mason-Dixon-Linie schafften. Nach und nach kapselte sich der New Yorker Rap immer mehr ab.

War New Yorker Rap von einem Moment zum anderen Scheiße geworden? Überhaupt nicht! De La Soul und andere farbenfrohe Vertreter der B-Boy-Bohème des Native Tongues Collective (A Tribe Called Quest, the Jungle Brothers, Monie Love, Queen Latifah) brachten einen reflektierten Ghetto-meets-Greenwich Village-Aspekt in den Rap, der zu Tracy Chapman im Pop und Living Colour im Rock passte und die Vielfalt im Denken schwarzer College-Studenten widerspiegelte. Es gab eine Respektlosigkeit an De La Soul und etwas jazzig Cooles an Tribe, das in einer Zeit des Killer-Talks erfrischend wirkte.

1989 begannen sich N.W.A. aufzulösen. Erst sprang Cube ab, 1992 folgte Dre – die Spannungen unter den Mitgliedern zeigten sich auch in den verbitterten Texten. N.W.A. disst Ice Cube auf der EP *100 Miles and Run-*

nin'. Ice Cube schlägt zurück mit »No Vaseline« auf dem Album *Death Certificate*. Eazy E disst Dre schon im Titel von *It's On (Dr. Dre) 187 umKilla*. Dre disst Eazy immer wieder auf *The Chronic* – alles wichtige Stationen der längsten und interessantesten Seifenoper in der Geschichte des Rap.

Aber die wirklich wichtige Veränderung im Rap war nicht, dass einer der größten Acts auseinander gebrochen war, sondern sich der Einfluss von N.W.A. durch die Aufsplitterung in viele Einzeltalente noch verstärkt hatte: N.W.A. war erst der Anfang, nicht der Höhepunkt von Compton. Von Ice Cubes Meisterwerk *AmeriKKKa's Most Wanted* 1990 bis zu Dr. Dres *The Aftermath* 1996 erlebten die ehemaligen N.W.A.-Mitglieder einen Plattenabsatz, wie er in der Geschichte des HipHop noch nie da gewesen war. Dre verkaufte drei Millionen Exemplare von *The Chronic*, Eazy E fünf Millionen von *5150 Home 4 Tha Sick*, *It's On (Dr. Dre) 187 umKilla* und *Eazy-Duz-It*. Ice Cube verkaufte sechs Millionen Stück von *AmeriKKKa's Most Wanted*, *Kill At Will*, *Death Certificate*, *The Predators*, *Bootlegs & B-Sides* und *Lethal Injection*. Ren verkaufte eine Million Mal sein Album *Kizz My Black Azz*. Hält man sich einmal vor Augen, wie viele Nicht-N.W.A.-Mitglieder entweder mit der Gruppe zusammenarbeiteten (D.O.C.'s *No One Can Do It Better* schaffte 1989 Gold), bei ehemaligen N.W.A.'s unter Vertrag waren oder von ihnen beraten wurden (Ice Cubes Protégé Da Lench Mob holte Gold mit *Guerillas in the Mist*, Dres Kumpel Snoop Doggy Dogg verkaufte *Doggystyle* vier Millionen mal; Eazy-Es Entdeckung Bone Thugs-n-Harmony verkaufte drei Millionen Exemplare von *Creepin' on ah Come Up*), erkennt man erst den Schneeballeffekt dieser Formation.

Während Teddy Riley den New Jack Swing erschuf, herrschte Dr. Dre über den Gangstarap. Seine Handschrift fand sich selbst auf Neuerscheinungen, die er nicht selbst produziert hatte, in der Art des Sampelns, der Verwendung von Funk Grooves oder Keyboardriffs. Obwohl Dre nicht nur Gangsta-Alben gemacht hat (z. B. Michel'le), steht er vor allem für N.W.A.s *Straight Outta Compton*, *The Chronic* und Snoops *Doggystyle*. Die letzten beiden sind klangliche Meisterwerke mit frischen, klaren Tracks, Live-Bass,

Live-Keyboard und Studiomusikern. Sie beweisen Dres einmaliges Gespür, die Geschichten des großen afroamerikanischen »Sui-Geno-zids« zu arrangieren.

Dres Stücke – die Schönheit der Musik und die verführerische Hässlichkeit, von der sie lebt – sind echte HipHop-Statements voller Genialität, Schmerzen und widersprüchlicher Werte. Auch als Videoproduzent bewies Dre großes Geschick. Seine Videos tauchen die gewalttätigen Texte in ein Bad mit Bikini-Schönheiten und Homies, die mit restaurierten Cadillacs unterwegs sind – good Vibrations, die mehr mit den Beach Boys zu tun haben als mit dem Alltag in der Hood.

Ebenso widersprüchlich und ziemlich charismatisch obendrein verlief die Karriere von Ice Cube. Sein bestes Album *AmeriKKKa's Most Wanted* nahm er in New York auf. Ein paar Jahre später disste er New York in seinem legendären *Source*-Interview. Er rasierte sich die Haare ab, vertrat die Ansichten der Nation of Islam und hetzte gegen den Verkauf von Billig-Whiskey in den Ghettos. Er ist ein Erfolg versprechender Hollywoodstar, der noch immer auf Hardcore-Glaubwürdigkeit aus ist. »Beständigkeit« ist nicht Cubes Spitzname.

Wegen seines analytischen Verstands, seiner schriftstellerischen Sorgfalt im Umgang mit Texten und eines messerscharfen Reimflows gehört Cube zu den faszinierendsten Gestalten, die je ein Mikro gerockt haben. Seine kreativen Gaben heißen Vielfalt und Rastlosigkeit. Er ist ein Macher. In Filmen will er nicht auftreten. Er schreibt, produziert und führt Regie. Seine Drehbücher, von denen 1995 erstmals eines verfilmt wurde (*Friday*) haben einen Witz, der die Intelligenz nicht beleidigt, und zeugen von der Disziplin, mit der er zu Werke geht. Anschließend führte er Regie bei *Players Club*, einer Geschichte, die in einem Striplokal spielt. Als Talentsucher war er weniger erfolgreich als Dre oder Eazy (obwohl es schon ziemlich cool war, die Rapperin Yo-Yo zu unterstützen), aber seiner Zusammenarbeit mit dem wenig bekannten Videoregisseur F. Gary Gray bei *Friday* verdankt die Welt einen neuen überzeugenden schwarzen Regisseur.

Von den drei großen, die aus N.W.A. hervorgingen, blieb Eazy E als einziger seinem Gewerbe treu. Eazy behauptet, er sei in den HipHop eingestiegen, um etwas für sein Ego zu tun, Geld zu machen und alle Frauen zu bekommen. Und er tat genau das. Seine Gier brachte ihn schließlich auch um. Hätte er es sich nicht mit Dre und Cube verdorben, indem er sich gegen sie auf die Seite seines Manager-Partners Jerry Heller stellte, könnte sein Unternehmen Ruthless heute noch mitmischen. Aber was soll's! Wie viele Visionen kann ein Einzelner haben? Mit Dre, Ice Cube und D.O.C., Ren und Bone Thugs-n-Harmony erwies sich Eazy als einer der großen Talentesucher und -finder der Branche. Vielleicht weil er selber ein Gangsta war, hielt er es nicht für nötig zu teilen. Es würde ihn ja sowieso irgendwann kosten.

Eazys Reich wurde von einem Original-Gangsta zerstört, der noch etwas realer war als er. Der Legende nach (und Gerichtsverfahren, die ihn selbst kaum überlebten) soll Marion »Suge« Knight, die Macht im Zentrum von Death Row Records, zusammen mit ein paar anderen Männern mit Baseballschlägern Eazy ein Angebot gemacht haben, das er nicht ausschlagen konnte: Nach dieser Unterredung hatte Eazy keinen Vertrag mehr mit Dre. Selbst als diese Geschichte publik wurde, fiel es einem noch schwer, Mitleid mit Eazy oder Heller zu empfinden. Immerhin hieß sein Label »Ruthless« – »Rücksichtslos«, und zumindest auf Vinyl hatte Eazy so viele Leute abgeknallt, dass er ruhig allein klarkommen sollte. Als er am 26. März 1995 an AIDS starb, verfiel die HipHop-Welt nicht in Panik oder Trauer wie nach dem Tod von Tupac oder Biggie. Eazys Leben war abschreckend gewesen, nicht heldenhaft.

Bow Down

1992 machten Suge Knight und sein Anwalt, der langjährige Drogendealer »Mouthpiece« David Kenner einen Deal mit dem Millionär Ted Fields und dessen Unternehmen Interscope Records. Dieser Deal hatte einen ähnlich starken Einfluss auf die HipHop-Landschaft wie 1986 die Verbindung von Def Jam und CBS. Der Def Jam-Deal hatte einem aggressiven Promoter (Russell Simmons) und einem Top-Produzenten (Rick Rubin) Geschäftsbeziehungen zu einem riesigen Unternehmenskonglomerat eröffnet. Ähnliches war hier geplant: Der Death Row Records–Interscope-Deal sollte einen rücksichtslosen Promoter (Suge Knight) und einen brillanten Musikproduzenten (Dr. Dre) mit einem solide finanzierten Unternehmen zusammenbringen. Zusammen wollten Death Row und Interscope die nihilistische Verehrung der L.A.-Gangmentalität im Stil von Eazy E und N.W.A. populär machen und in reinsten Pop verwandeln.

Suge und Fields verpulverten Millionen für Videos und raffinierte Marketingkampagnen. Es war nicht wichtig, ob Interscope eine Vertriebsvereinbarung mit Time-Warner oder später mit MCA-Universal hatte, die Strategie blieb sich gleich: Glorifizierung der Gangs, charismatische Stars und ein Wir-gegen-die-Welt-Auftreten, alles in bester HipHop-Tradition. Der Unterschied war, dass Eazy E das Geld lachend einsteckte, und Knight in seiner Hybris sein Reich mit körperlicher Gewalt aufbaute.

Eine der schönsten Seiten des amerikanischen Kapitalismus ist sein kurzes Gedächtnis. Eine Familie kann in nur einer Generation aus der Kriminalität bis ins Weiße Haus aufsteigen (vom Schwarzbrenner Joe Kennedy zum Präsidenten John F.). Schön ist auch, dass Unternehmen sich durch die Gründung von Tochtergesellschaften oder Joint Ventures von bestimmten weniger gern gesehenen Geschäftsfeldern distanzieren können. Diese geradezu präsidiale Art der Verleugnung ermöglichte es, dass Interscope Death Row alles durchgehen ließ und sie selbst von den ärgsten Attacken gegen das Label verschont blieben. Fields war eine große Stütze der Demokratischen Partei und gleichzeitig an der Gründung von Death Row beteiligt. Als Bill Clinton Sister Souljah 1992 des Rassismus bezichtigte, machte einer seiner wichtigsten Förderer Geschäfte mit einem Unternehmen, dessen Produkte von einer Ruchlosigkeit waren, denen gegenüber Souljah wirklich harmlos war.

East Coast – West Coast

Mit Death Row, Suge Knight und Tupac Shakur mit den roten Hosen in der Westecke und Bad Boy, Puffy Combs und Notorious B.I.G. mit den Versace-Hosen in der Ostecke konnte unter der Berichterstattung von *Source* und *Vibe* der spektakulärste HipHop-Kampf der 90er beginnen, der so grotesk endete wie der zweite Kampf zwischen Holyfield und Tyson. Ich nehme an, dass Sean Combs den Gürtel verdient, weil er nicht nur überlebt, sondern auch sehr viel Geld dabei verdient hat. Aber es ist eine blutige Trophäe. Heute wissen wir, dass es sich gar nicht um eine Fehde gehandelt hat, sondern um die Wahnvorstellungen einiger paranoider Hirne in der Death Row-Ecke. Aber für eine gewisse Zeit richtete diese Auseinandersetzung im HipHop ähnlich schweren Schaden an wie Crack in den schwarzen Stadtvierteln.

Die gesamte Presse der USA, nicht nur die HipHop-Blätter, berichteten ausführlich über die Schüsse, die am 30. November 1994 in der Lobby des Quad-Studios am Times Square auf Tupac abgegeben wurden. Es war das Schlüsselereignis des so genannten Krieges. Tupac musste sich vor Gericht wegen Vergewaltigung eines weiblichen Fans verantworten – es war eine von zahllosen schweren Anklagen, die er sich seit 1991, seiner Trennung von Digital Underground und seinem Wechsel zu Interscope Records, eingehandelt hatte. Er war gerade auf dem Weg, um ein paar Gesangsaufnahmen für einen Uptown-Remix von Little Shawn zu machen – eine Gelegenheit, mal eben 7.000 Dollar zu verdienen. In den drei Quad-Studios hielten sich zur selben Zeit auch Andre Harrell, Notorious B.I.G. und Puffy Combs auf. Unten, bei den Aufzügen, feuerten zwei Killer fünf Kugeln in Tupacs Körper, stahlen Schmuck im Wert von 40.000 Dollar und ließen ihn liegen – wohl in dem Glauben, er sei tot.

Aber Tupac war noch äußerst lebendig. Schon am nächsten Tag ließ er sich in einen Gerichtssaal in Manhattan rollen, wo er für schuldig befunden und zu anderthalb bis viereinhalb Jahren Haft verurteilt wurde. Die Kombination aus dem, wie viele fanden, fadenscheinigen Vergewaltigungsurteil und dem Überleben der Schüsse aus nächster Nähe machte Tupac zu einer Ikone.

Irgendwann zwischen seiner Verurteilung und seiner Haft im Norden des Staates New York war Tupac zu der Überzeugung gelangt, dass Puffy, B.I.G. und andere Vertreter der New Yorker Rap-Szene (Harrell, Little Shawn, Little Caesar von Junior M.A.F.I.A.) ihn in eine Falle gelockt hatten. Die grundlosen Anschuldigungen wären nichts weiter als ein paar unbedeutende Meldungen in den Klatschspalten wert gewesen, hätten Suge und David Kenner Tupac nicht im Knast besucht, 1,4 Millionen Dollar Kaution gestellt und ihn bis zum Ergebnis der Revision rausgeholt. Tupac wechselte von Interscope zur Interscope-Tochter Death Row. Wie schon im Falle Dre feierte sich Suge als der große Retter.

Wie Clint Eastwood als mysteriöser Fremder in *Zwei glorreiche Halunken* sah sich Suge als Wächter, der die Stadt gegen ihre Angreifer verteidigt. Das Problem war nur, genau wie im Film, dass man erst nach der ersten Rettungsaktion verstand, worauf der mysteriöse Fremde eigentlich aus war. Die Verbindung von Tupacs (verbalem) Rachedurst, Suges kriegerischer Einstellung und ihrem West Coast-Chauvinismus erwies sich als äußerst explosiv.

Tupac war bereits ein Star, bevor er zu Death Row wechselte. Sein Album *Me against the World* war zwei Millionen Mal verkauft worden, angeschoben durch die frauenfreundlichen Singles »Daer Mama« und »Keep Your Head Up«. Die Identifikation mit Death Row führte zu einem härteren Image und einer entsprechenden textlichen Ausrichtung. Schlagartig wirkte er weniger komplex und ließ sich besser in die Kategorie Gangsta oder »Thug«, wie er sich nannte, einordneten. Sein erstes Album nach dem Knastaufenthalt, *All Eyez on Me*, das erste Doppelalbum in der Geschichte des HipHop, verkaufte sich vier Millionen mal.

Tupac wurde zum Sprachrohr von Death Row, feierte das Label bei jeder Gelegenheit, redete schlecht über Combs Bad Boy-Label und lebte weiterhin so wie in seinen Texten: »Im Krieg gibt es keine Gnade«, sagte er in einem Interview mit *Vibe*, das nach seinem Tod erschien. »Ich hab schon immer gesagt, dass ich diese Nigger alle fertig mache, und das wird auch noch passieren. Schon heute kann keiner mehr Biggie ansehen, ohne sich kaputt zu lachen. Ich habe ihm all seine Macht geraubt. Ich werde jeden zerstören, der ihnen helfen will.« Als Dre bereits begann, sich aus dem inneren Zirkel von Suge zurückzuziehen und sein eigenes, ebenfalls mit Interscope verbundenes Label Aftermath gründete, und Snoop wegen Mordes angeklagt war (er wurde von einer schwarzen Jury freigesprochen), genoss Tupac in aller Öffentlichkeit sein Leben als »Thug«.

Erst nach den Schüssen am 7. September 1996 in Las Vegas im Anschluss an einen Mike Tyson-Kampf, denen Tupac sechs Tage später erlag, fand man heraus, dass er insgeheim daran gearbeitet hatte, bei Death Row auszusteigen und sein eigenes Label zu gründen.

Danach kam die ganze Wahrheit über Death Row Records ans Tageslicht: Der Drogenbaron und gelegentliche Entertainment-Investor Michael Harris (der unter anderem die Broadway-Produktion *Checkmates* mit Denzel Washington finanzierte) behauptete, Suge das Startkapital für Death Row über ihren gemeinsamen Bekannten, den Rechtsanwalt David Kenner, geliehen zu haben. Suges Bewährung – er hatte in einem Hotel in Las Vegas nur wenige Stunden vor den Schüssen auf Tupac einen jungen Schwarzen zusammengeschlagen – wurde zurückgezogen. Afeni Shakur, Tupacs Mutter, fand heraus, dass ihr Sohn nur ein paar Hundert Dollar auf der Bank hatte. Nachdem sie Death Row verklagte, erhielt sie die Rechte an über 150 unveröffentlichten Aufnahmen ihres Sohnes und fing 1997 an, diese auf ihrem eigenen, von Jive vertriebenen Label, zu veröffentlichen.

Ende 1997 schien sich die lukrative und gewalttätige Geschichte des L.A.-Rap, die in Eazys Garage ihren Anfang genommen hatte, ihrem Ende zu nähern. Gangsta-Texte, zumindest die von der West Coast, klangen schlapp (Snoop Doggy Doggs *Tha Doggfather*), viele seiner Vertreter waren tot, im Knast oder hatten sich zurückgezogen. Ohne Suge dümpelte

Death Row vor sich hin und war weder Furcht einflößend noch übermächtig. Und Dres Wende zu einem pop-orientierteren Rap hatte sich bereits angekündigt, als er Dawn Robinson, ehemaliges Mitglied von En Vogue, unter Vertrag nahm.

Der Stil, der mit Ice-T begann, von N.W.A. populär gemacht und von Dr. Dre und Suge Knight kunstvoll für den Massenkonsum bearbeitet wurde, ist Geschichte. Er hatte für Verfolgungsangst gesorgt, Millionen von Platten verkauft, darunter einige der besten HipHop-Platten aller Zeiten, und zur Schaffung eines Klimas beigetragen, das zum Tod von zwei außergewöhnlich begabten jungen Musikern führte.

Die Musik wird zu einem essenziellen Bestandteil der Geschichte Südkaliforniens in den 80ern und 90ern gehören. So wie die Beach Boys die idealistischen Visionen der 60er verkörperten und die Eagles in den 70ern eine zynische und reifere Version davon, so erzählen die Aufnahmen entlang der Achse Compton-Long Beach die Geschichte von Armut, Waffen und Verzweiflung, einer Verzweiflung, die nach den Aufständen 1992 keinem mehr verborgen bleiben konnte, auf CDs aber schon lange ein Thema war.

Elf – Dunking – der Sound von Philadelphia

»All the jealous punks can't stop the dunk
Comin' from the school of hard knocks.«

Chuck D, Public Enemy, »Don't Believe the Hype«

Musik und afroamerikanischer Sport gehören zusammen, seit Louis Armstrong ein Baseball-Team sponserte, Armstrongs Secret Nine von New Orleans im Jahr 1931. Durchgestylt wie immer erschien er zu den Spielen in weißem Hut, Krawatte, Nadelstreifenanzug und zweifarbigen Schuhen, mit einem leuchtenden Brillanten am linken Ringfinger. In jenen Tagen war schwarzer Baseball angesagt und das Baseballstadion ein Ort, an dem die Spieler ein riskantes Spiel darboten, in dem sie sich die Bases (und selbst die Homebase) stahlen, und die Fans im Stadion mitgingen, als wäre Samstagnacht.

Nach dem Untergang der schwarzen Ligen rückte das Boxen ins Zentrum des Interesses der Afroamerikaner. Auch hier erschien man immer prachtvoll gekleidet, um Joe Louis oder »Sugar« Ray Robinson zuzujubeln – nicht anders als wir das heute tun, wenn wir die Gelegenheit haben, Mike Tyson und die Boxer seiner Generation zu sehen. Heute, bei einem Spiel der New York Knicks, sind die Reihen immer mit Superstars wie Tyra Banks, Spike Lee und Puff Daddy gefüllt, Ikonen der schwarzen Popkultur, die die Intensität der NBA zu schätzen wissen, auch wenn heute keiner mehr so vornehm gekleidet zu NBA-Spielen kommt wie der selige »Pops« Armstrong. Man kann leicht verstehen, dass sich schwarze Athleten und schwarze Musiker verbunden fühlen, stecken sie doch in derselben Rolle: als Vorzeigeobjekte für die Weißen und als Vorbilder für die Schwarzen. Beide genießen Prominentenstatus über die Rassengrenzen hinweg, verkörpern Fachkompetenz in zugleich bewunderten und auf Konkurrenz ausgelegten Gebieten und verdienen weit mehr Geld als der gewöhnliche Afroamerikaner. Wenn man im New York der 60er Jahre in ein Restaurant in der 116. Straße in Harlem ging, war es gut möglich, Sam Cooke, Cassius Clay und Malcolm X beim Verspeisen eines Bohnengerichts zu erwischen, genau wie man Mitte der 90er Jahre Mike Tyson, Tupac Shakur und Reverend Jesse Jackson nach einem Boxkampf in Vegas zusammen antreffen konnte. Die Synergie schwarzer Prominenter ist stark – was sie verbindet, ist die heftige Kritik der Weißen, die Bewunderung der Schwarzen und der plötzliche Geldsegen mit all seinen Konsequenzen.

Die rauschende Poesie der Bühnen und Dancefloors hat ihre Parallele in der phantastischen Beinarbeit der afroamerikanischen Sportler. Das ist eine Eigenschaft der schwarzen Kultur, die HipHop vorausgeht und ihn wahrscheinlich auch überdauert, obwohl man gerade in den letzten drei Jahrzehnten eine enge Verbindung zwischen HipHop und Basketball feststellen kann.

Stil-Kriege

Anfang der 70er, als Funkbands, Discopromoter und gut verstärkte Rock-Schlagzeuger an den Bausteinen des HipHop arbeiteten, fand auf den Hartholzbrettern des Profi-Basketball eine andere Schlacht statt. Auf der einen Seite stand die National Basketball Association, eine 1947 gegründete Liga, in der die guten alten Tugenden wie Fangen und Werfen, Passen und Laufen oder der braun-orangene Ball hochgehalten wurden, eine Liga, in der Extravaganz durch den Trainer der Boston Celtics, Red Auerbach, definiert wurde, der sich nach jedem Sieg eine Zigarre ansteckte. Die NBA beherrschte das Spiel des Establishments aus dem Effeff – mit Ausnahme ganz weniger Männer wie Elgin Baylor, der erste Spieler der Liga, der über Luft gehen konnte, oder Earl »the Pearl« Monroe, der dribbeln und so scharf werfen konnte, als habe er Thelonious Monks Piano gestimmt. Auf der anderen Seite stand die American Basketball Association, das verzogene Kind einiger überheblicher Millionäre und zwielichtiger Gestalten, die den rotweißblauen Ball erfanden, den Dreipunkte-Wurf und Millionengehälter für 19-Jährige. Was diese Verbrecher am Tag des Jüngsten Gerichts retten wird, ist die Tatsache, dass sie den große Schweißbänder und Ringelsocken tragenden schwarzen Brüdern den Weg in diesen Sport eröffneten. Das »Streetfeeling« der schwarzen Stadtteile, das die NBA (und die NCAA I) so lange unterdrückt hatte, wurde von der ABA auf Parkett geholt und änderte damit nicht nur das Erscheinungsbild, sondern den ganzen Charakter des Spiels.

Die Afroamerikaner brachten nicht nur eine bis dahin nicht gekannte Sprungfähigkeit ins Spiel, sondern auch ein neues Ziel: Spiele nicht nur zu gewinnen, sondern sie mit Stil zu gewinnen. Nur mit Effizienz die größere Anzahl Punkte zu holen, brachte einfach nicht genügend Spaß, und Basketball nicht als Ausdruck der eigenen Persönlichkeit zu sehen war sowieso undenkbar. Einer der Hauptgründe, wieso gerade Basketball zu einer der wichtigsten Plattformen für afroamerikanischen Stil wurde, ist die Tatsache, dass Basketball ein Spiel ist, das innerhalb des Mannschaftskonzepts genügend Freiraum für individuelle Ausdrucksmöglichkeiten bietet.

Die bunten Trikots, weiten Hosen und Basketballstiefel der schwarzen Spieler passten einfach nicht zu einem rein von strategischen Überlegungen bestimmten Spiel. Direkt aus der Basketball-Wildnis kam Connie »the Hawk« Hawkins, in dessen riesigen Händen der Ball wie eine Grapefruit aussah. Von der Highschool kam der kompromisslose Moses Malone. Spencer Haywood wurde dank seiner vielseitigen Fähigkeiten vom College-Star zum Millionär, allerdings nicht ohne einen Skandal auszulösen, mit dem sich der Oberste Gerichtshof befassten musste. Die ABA war voller solcher Geschichten, jedes Team und fast jeder Spieler war ein Kapitel für sich.

Julius »Dr. J« Erving war unter den von Wind zerzausten Afros und fliegenden Ziegenbärten derjenige, der den Pros Straßenbasketball und Kreativität beibrachte. Dr. J, so wie ich als Kind, in der ABA zu sehen, das war der Angriff auf die Schwerkraft mit einem funkigen Beat. Erving, der aus der schwarzen Mittelschicht in Hempstead, Long Island, stammte, fiel zum ersten Mal auf, als er sich bei den Schulhofmeisterschaften des Rucker Tournament mit den berüchtigten Straßenspielern von Harlem messen musste. Basketballfans der Old School erzählen, dass Dr. J als Jugendlicher bei weitem nicht der Beste seiner Altersgruppe war, genauso wie die Old School-Rapper manchmal die Erfolge der New School klein reden. Wie dem auch sei, die Qualität von Erving als erwachsener Spieler steht außer Frage.

1997 rief ein Werbespot von Converse das prachtvolle Spiel von Erving in Erinnerung. Zu Stevie Wonders »Higher Ground« zeigte der Spot einige seiner nach den Gesetzen von Erdanziehung und Aerodynamik unmöglichen Dunks. Es waren sechzig Sekunden voller Soul, die klarmachten, warum Dr. J eine Legende ist: eine Hommage an seinen nie ganz anerkannten Einfluss auf die amerikanische Turnschuhmode. Ervings Identifikation mit Converse war so total, dass sich die Marke nie ganz von seinem Rückzug aus dem Sport Anfang der 80er erholte. Seither ist Converse von den amerikanischen Straßen praktisch verschwunden. Eine Marke mit Hilfe eines ehemaligen Stars wiederbeleben zu wollen, ist zugleich ein Beweis für seine Größe wie für die traurige Lage des Unternehmens.

Als die beiden Ligen im Jahr der Zweihundertjahrfeier verschmolzen, war Ervings Afro nicht mehr ganz so üppig, das Ziegenbärtchen war ganz verschwunden, und seine Sturzflüge Richtung Korb fanden nicht mehr ganz so häufig statt. Trotzdem konnte er noch über Luft gehen, und die Philly 76er, für die er nun spielte, waren bei Leibe kein konservativer Old School-Haufen. Die Philly-Truppe spielte in der Tat so ABA-mäßig wie das in den alten Tagen der alten NBA möglich war. Center war Darryl Dawkins, ein über zwei Meter großer 120-Kilo-Brocken, den sie zärtlich »Chocolate Thunder« nannten und der schon mit 19 Profi geworden war. Berühmt wurde Dawkins dafür, dass er die Korbrückwände kaputt machte (zweimal passierte das), daraufhin anfing, seinen Dunks Namen zu geben wie »Earthquake Shaker«, »Turbo Delight«, »Sexophonic« oder »In Yo' Face Disgrace«, und behauptete vom Planeten Lovetron zu stammen.

Bei den 76ern spielte ein Verteidiger aus meiner alten Gegend in Brooklyn, der seine Karriere als Lloyd Free begann und dann den Spitznamen »All World« bekam, was in den 70ern die Superlative schlechthin war. Später ließ er seinen Namen offiziell zu World B. Free ändern, um so seine Liebe für die Menschheit und Neun-Meter-Sprungwürfe zu zelebrieren. George McGinnis, eine Schullegende aus Indiana, ein Star in Perdue und eines der großen Lichter der ABA vor seinem Wechsel zu Philly, war nicht gerade begeistert davon, neben Dr. J die zweite Geige zu spielen, und so schmollte er ausdauernd, wenn er nicht gerade unter Bedrängnis an der Linie mit Sprung vom falschen Fuß einhändig einlochte.

Selbst die weißen Jungs, die für die 76er spielten, waren, im HipHop-Sinne, »voll krank«. Doug Collins war ein pfeilschneller Verteidiger, der auf verdeckte Bogenwürfe spezialisiert war. Mit Gene Shue, der Earl Monroe bei den Baltimore Bullets zu Höchstleistungen getrieben hatte, verfügten die 76er über einen Trainer, der Eigeninitiative, schnelle Konter und volles Risiko förderte, was ganz nach dem Geschmack des Körbe zerschmetternden, im Zu-Boden-Stürzen punktenden und durch die Luft fliegenden Dr. J und seiner Kohorten war.

Die 76er brauchten zwar bis 1983, um einen Titel zu holen, aber sie waren immer spektakulär anzusehen. Im Lauf der Zeit wurden konstantere Spieler eingekauft (Moses Malone, Bobby Jones, Maurice Cheeks), und durch die neuen Anforderungen entwickelte Dr. J auch Fertigkeiten auf dem Feld, die nichts mit Dunken zu tun hatten. Am Ende seiner Karriere war er ein besserer Allround-Spieler als je zuvor.

Dr. J trat in der Cola-Werbung auf und erhielt später Anteile an einer Vertriebsorganisation in Philadelphia, wurde zu einem Super-Sex-Symbol und machte die Converse-Konversion von Leinen zu Leder mit. Aus dem bunten ABA-Vogel war ein Vorbild für ganz Amerika geworden, eine Verwandlung, die es ihm erleichterte, auf Sendung zu gehen. Mitte der 80er schob er eine ruhige Kugel als R&B-Moderator, sein Image als charismatischer Luftchef der 76er (»the round mound of rebound«) wurde nun abgelöst von außerordentlicher Körperbetonung.

War Julius Erving groß und elegant wie ein afrikanischer Krieger, so hatte Charles Barkley einen so dicken Arsch, dass er damit jeden Elefanten aus dem Ring schubsen konnte. Während Erving sich in Diplomatie übte, kultivierte Barkley eine gedankenlose, impulsive Sprechweise. Während Dr. Js Spiel aus einem funkigen Umfeld stammte, erreichte Barkley den Höhepunkt seiner Explosivität zu einem Zeitpunkt, als sich HipHop als Kunstform durchzusetzen begann. 1987, in dem Jahr, als Chuck D auf »Bring the Noise« »throw down like Barkley« skandierte, tat er das nicht etwa, weil der in Alabama geborene Spieler ein Vertreter des HipHop war, sondern weil Barkley auf dem Spielfeld und außerhalb davon mit einer Stinkwut agierte, die das körperliche Manifest zu den hämmernden Tracks von Bomb Squad zu sein schien. Weil Barkley mit 1,90 relativ klein war und außerdem muskulös und kompakt, war es immer ein Fest, ihm dabei zuzusehen, wie er größere und athletischere Spieler übersprang.

Barkley überraschte nicht nur seine Feinde auf dem Platz, er verärgerte auch gegnerische Fans. In New York, Boston und überall, wo die 76er regelmäßig spielten, brüstete er sich damit, der am meisten gehasste Spieler zu sein. Er schrie gegnerische Fans an, zeigte Zwischenrufern den Finger und wollte einmal sogar einen Fan anspucken, traf dabei aber ein kleines Mädchen. Als Spieler im ersten Dream Team 1988 ließ Barkley seine grobe Art auch bei der Olympiade raus. Er rempelte mit den Ellbogen seine unterlegenen Gegner um und verhielt sich völlig respektlos gegenüber den armen Gegenspielern, die ihn bewachen sollten. »Ich träume davon«, sagte Barkley vor Reportern, denen vor Staunen die Kinnlade runterfiel, »dass mir nachts mal ein gegnerischer Fan über den Weg läuft und mich anfasst. Dann haue ich ihn ungespitzt in den Beton.« Sein Traum erfüllte sich beinahe, als ihn irgendein Großmaul 1997 in Orlando mit Eis bewarf. Zum Dank warf ihn Barkley durch eine Fensterscheibe.

Zu seinen Philly-Zeiten pflegte Barkley einen ähnlich rauen Umgang mit Mitspielern, Trainern und Medien. Während die einst so stolze Mannschaft auseinander bröckelte, hatte Barkley kein Problem damit, andere 76er als »Weicheier« und »Waschlappen« zu beschimpfen. »Ich bin kein Diplomat«, sagte er einmal über sich. »Ich bin Charles. Ich bin real. Ich bin das, worum es im Leben geht. Ich spiele keine Spielchen und brauche keine Fassade. Ich erzähle den Leuten nicht, was sie hören wollen. Ich sage ihnen die Wahrheit.« Er klang wie ein Experte in einem *Source*-Interview. Lange vor Dennis Rodman, zur selben Zeit wie Madonna, Spike Lee und Public Enemy, sorgte Barkleys kontroverses Bad Boy-Image dafür, dass sich die Medien für ihn interessierten und er viel Geld verdiente. In zahlreichen Werbespots steht seine kompromisslose Persönlichkeit im Vordergrund. Dabei ist es egal, ob er Polo spielt und im Englisch der Könige spricht oder Godzilla beim Slam-Dunk verkörpert. Wie andere Ikonen der 80er, so bereitete auch Barkley die Rebellion für den Massenkonsum vor.

Die Antwort

1992 quälte Barkley die 76er so sehr, dass sie ihn nach Phoenix gehen ließen, wodurch die 76er schlagartig vom respektablen Mittelmaß ans ruinöse Tabellenende stürzten. Ohne Erving oder Barkley fehlte ihnen zum ersten Mal seit zwanzig Jahren jede dynamische und charismatische Präsenz. Aber in Niederlagen steckt immer auch eine Chance. Erst als die 76er abgrundtief schlecht wurden, kamen sie überhaupt in die Position, sich für einen der New Jack-Vertreter zu interessieren, der gelegentlich glanzvolle Auftritte im College-Basketball gezeigt hatte.

Anfang der 90er stieg ein ganzer Schwung neuer Spieler unter zweiundzwanzig in die NBA ein und übte sofort großen Einfluss aus. Heute bekommen Teenager, die erst ein paar Jahre mit der Schule fertig sind, Verträge über mehrere Millionen Dollar und dazu Werbeverträge mit Sportschuhherstellern, die es mit Michael Jordans Nike-Deal aufnehmen können – und das schon oft, bevor sie ihr erstes Spiel in der NBA absolviert haben. Die einst so atemberaubende, von Dr. J eingeführte Extravaganz, die in der Generation von Barkley zum Standard wurde, ist heute Grundvoraussetzung für den Erfolg. Und die Verbindung aus Geld und Können verleiht den Spielern heute von Anfang an einen Prominentenstatus, für den ihre Vorgänger noch hart arbeiten mussten. Die Jungstars von heute nehmen die Aufmerksamkeit, die ihnen entgegen gebracht wird, als Selbstverständlichkeit hin und setzen sie mit der Kraft der Rap-Musik gleich, die aus ihren Umkleiden dröhnt.

Während Charles Barkley einfach ein cooler Rap-Held war, investierten die Spieler der 90er in Produktionsgesellschaften und rappten teilweise sogar selbst. 1995 konnte man im Plattenladen Musik von drei Spielern der Orlanda Magic kaufen: Dennis Scott, Brian Shaw und Shaquille O'Neal. Und auch bei den 76ern gab es Musikinteressierte. Der Drei-Punkte-Werfer Dana Barrows war einer der besten MCs der NBA. Aber so richtig kamen die 76er erst in der HipHop-Gegenwart an, als sie 1995 Jerry Stackhouse aus North Carolina engagierten.

Im College galt Stackhouse mit seinen fliegenden Dunks als echter Baby-Jordan, und schon in seiner ersten Saison kriegte er alle Vergünstigungen, einen Sportschuhdeal und regelmäßige Auftritte im Fernsehen. Das Problem von Stackhouse allerdings war, dass er ein HipHop-Spiel aufs Parkett legen konnte, seine Persönlichkeit außerhalb des Basketballarena aber nicht dazu passte. In einer Zeit, in der das Anti-Heldentum oder die Illusion, selbst ein Anti-Held zu sein, das HipHop-Publikum fesselte, machte die ruhige, fast freundliche Art von Stackhouse keinen Eindruck in der Szene. Aber mitten in der Saison holten sich die Manager der Sixers den richtigen Mann fürs richtige Image: Derrick »D.C.« Coleman, der in Basketball-Kreisen genauso umstritten war wie die Gangsta Rapper in Musikkreisen, außerordentlich talentiert, unglaublich anmaßend und berühmt für eine Einstellung, die genau so fies war wie seine Drehungen auf dem Parkett. Bei den New Jersey Nets hatte der Homie aus Detroit für ein vielseitiges, aber undiszipliniertes Spiel gesorgt, das ihn auf das Cover von *Sports Illustrated* katapultierte und ihn zum Inbegriff des New Jack Stars machte, der hinter seinen Möglichkeiten zurückblieb – einer der Gründe, weshalb das Team-Management irgendwann genug von ihm hatte. Bei seiner Ankunft in Philly 1995 verkündete D.C., er habe seine Einstellung geändert, aber durch Verletzungen und Trainingsrückstände änderte sich kaum etwas an seiner Spielweise, sondern nur an den Erwartungen an ihn.

1996 begann mit dem neuen, jungen, Motorrad fahrenden Eigentümer Pat Croce und einer funkelnagelneuen Arena eine neue Ära für Philly. Die Sixers rekrutierten mit Allen Iverson nicht nur einen der besten Spieler der Liga, sondern auch den besten B-Boy, der auf dem Markt war. Er war gerade mal zwanzig, als er in der Liga anfing, aber Spielpraxis hatte er schon seit Jahren. Seine Highschool hatte er gleich zweimal zur Meisterschaft des Staates Virginia geführt, sowohl als Werfer des Basketballteams als auch als Quarterback des Football-Teams. »Bubbachuck«, wie ihn die Zeitung in seiner Heimatstadt Newport nannte, war der dominierende Athlet in seiner Heimat, obwohl er nur knapp über einsachtzig war und siebzig Kilo wog. Trotz seiner körperlichen Voraussetzungen segelte er durch die Luft wie Erving und liefert Dunks ab wie Barkley. Außerdem ist er ein besserer Dribbler als beide zusammen, und er perfektionierte den Crossover Dribble, das Markenzeichen des HipHop B-Ball.

Iversons Biografie bietet starke Identifikationsmöglichkeiten für junge Afroamerikaner, denn beinahe wäre er von den Mühlen der Justiz zermahlen worden. Nach Rassenkrawallen in einer Bowlingbahn in Virginia wurde Iverson angeklagt, andere Teenager mit Stühlen angegriffen zu haben. Er wurde schuldig gesprochen wegen »schwerer Körperverletzung in Tateinheit mit ›Zusammenrottung‹« und zu fünf Jahren Haft verknackt. Es sah aus, als hätte Iversons Sportlerkarriere mit siebzehn ein jähes Ende gefunden. Zum großen Glück für Iverson hatte der damalige Gouverneur von Virginia Douglas Wilder, der einzige schwarze Gouverneur im 20. Jahrhundert, ein Nachsehen und ließ den Prozess noch einmal aufrollen, weil er auf Grundlage eines »antiquierten« Gesetzes verurteilt worden sei, das nur »ein einzige Mal in der Geschichte des Staates Anwendung gefunden habe«. Ein neu einberufenes Gericht sprach Iverson in allen Anklagepunkten frei, aber das Stigma des Kriminellen wurde er nicht mehr los. Seine Mutter Anna Iverson, nur fünfzehn Jahre älter als Allen, suchte Hilfe beim Trainer von Georgetown, John Thompson, einer Autorität in Sachen College-Sport, nicht nur wegen seiner imposanten Erscheinung (selbst spielte er früher als Center), sondern auch wegen seiner dezidierten Meinung, was den Umgang der NCAA mit schwarzen Studenten anging.

Seit den 80ern, als er selbst zu einer Berühmtheit aufstieg, hatte er immer einen harten, defensiven Stil vertreten, der gut zu den groß gewachsenen Spielern passte, die es bis in die NBA schaffen konnten wie Patrick Ewing, Alonzo Mourning, Dikembe Mutombo, Othella Harrington. (Nebenbei sei angemerkt, dass in den 80ern – den Jahren der großen Schulmeisterschaften – das blausilberne Trikot von Hoya mit einem Pit Bull vorne drauf zu den Kernelementen des HipHop-Stils gehörte.) Aber Thompson war nicht nur ein engagierter Trainer, er wehrte sich auch energisch gegen rassistische Bestimmungen im College-Basketball, die schwarze Spieler benachteiligten.

Für Iverson tat Thompson etwas Unvorstellbares: Er änderte seinen Trainingsstil. Die Hoyas galten zwar weiterhin als superkörperbetonte »D«s, aber das Sturmzentrum wurde völlig umgekrempelt. Als Werfer kontrollierte Iverson den Ball und bei zwei spektakulären Auftritten in Georgetown gab er ihn nicht mehr her, bis er ihn im Korb versenkt hatte. Schon im College war es so, dass Iverson nicht nur gut spielte, sondern die starke Konkurrenz der East Conference dominierte und sich einen Namen als einer der großen Spieler der Epoche machte.

1996 erhielt Iverson von Thompson die Erlaubnis, als erster Spieler in der Geschichte, das College vorzeitig zu verlassen und in der NBA zu spielen. Als Nummer eins bei Philly erhielt Iverson einen Spitzenvertrag von Reebok, den Michael Jordans Manager David Falk für ihn aushandelte, und stieg in die Liga ein als ein bereits vom Leben gezeichneter Mann. Iverson verschaffte sich schnell Respekt, ließ seine Bewacher wackeln, wenn er sie mit seinem Crossover täuschte oder die hoch gewachsene Konkurrenz im Luftkampf überraschte. Iverson verfügt über eine Kombination aus Geschwindigkeit und Kraft, die einmalig ist. Hinzu kommt eine kämpferische HipHop-Einstellung gegenüber den altgedienten Spielern in der Liga. Als Iverson nach einem Spiel mit den Bulls sagte, auf dem Court habe er vor niemandem Respekt, werteten das viele als ein Dissen von Jordan, Pippin und Rodman. Es war etwas anderes, Rodman einen »Freak« zu nennen, das konnte man nachvollziehen, aber das Dissen von Jordan war eine Schlagzeile wert, auch wenn Iverson später sagte, das Zitat wäre aus dem Zusammenhang gerissen.

Iverson wollte einfach Folgendes sagen: Wenn er auf den Platz ging, war es ihm egal, gegen wen er spielen musste, ob Superstars oder Namenlose. Das Problem war nur, dass Neulinge nicht so zu reden hatten, obwohl Iverson nicht einmal besonders großspurig auftrat. Er verhielt sich einfach so, wie man es von einem echten HipHopper erwarten durfte: Tradition, Hierarchie und Institutionen, all das sind Dinge, die sich erst einmal beweisen müssen, und vor denen, die man für die besten hält, kniet man nicht automatisch nieder, sondern man attackiert sie frontal. (Amüsant war, dass sich Barkley in die Auseinandersetzung einmischte und gegen Iverson wetterte. Als junger Sixer hatte Barkley eine Teambesprechung einberufen, ohne den Kapitän Erving zuvor zu fragen – was als klares Zeichen der Respektlosigkeit zu werten ist.)

Trotz, oder vielleicht auch gerade wegen der größtenteils negativen Berichterstattung in der Presse wurde Iverson schnell zu einer Ikone der HipHop-Gewalt und kontrollierter Rebellion. Mit seiner Herkunft aus Newport, einer Gemeinde mit einer engen Verbindung zu New York City (viele Familien haben Vorfahren dort, meine übrigens auch) strahlt Iversons Persönlichkeit sehr stark Elemente des Big Apple aus, in Kleidung, Redefluss und Verhalten.

Verständlicherweise regten sich die Leute darüber auf, als Iverson publik machte, dass er eine Waffe trage, was übrigens viele wohlhabende Schwarze tun, um sich vor Überfällen im Auto oder zu Hause zu schützen, weil gerade sie häufig zum Ziel von Angriffen werden. Als eine Posse seiner Jungs und Freunde von Stackhouse nach einem Training der Sixers angegriffen wurde, schlug Iverson die Angreifer in die Flucht – ein Zeichen der Solidarität mit seinen Homies, das zum Kern der HipHop-Kultur gehört. Bereits nach einem Jahr wurde Stackhouse an Detroit verkauft, denn seit Iverson für die Sixers spielte, war das ganze Spiel auf ihn ausgerichtet.

In bester HipHop-Tradition hat Iverson seine eigene Produktionsfirma gegründet: Crew Thick. Die ersten beiden Musiker, die er unter Vertrag nahm, waren zwei Kumpel von ihm, die als Madd Rugid von sich reden machten. Und Iversons Auftritt, mit verkehrt herum aufgesetzter Kappe auf dem Cover der *Rap Pages* war der beste Beweis für seines Status innerhalb der HipHop-Szene.

Heute sind neben Iverson Stephon Marbury, Kevin Garnett, Shareef Abdur-Rahim, Kobe Bryant und andere Spieler, die mit HipHop-Attitüden aufgewachsen sind, die Zukunft des Basketball. Das Faszinierende an ihnen ist, dass sie trotz der hohen Gehälter noch kriegerische Schwingungen in sich haben. Sie mögen Julius Erving ungehobelt und Barkley respektlos erscheinen, aber sie sind keine arroganten faulen Säcke, und Iverson und Kollegen werden mit ihrem HipHop-Spirit und ihrem Willen dafür sorgen, dass Basketball in Zukunft noch interessanter wird als heute.

Zwölf – Kapitalistische Werkzeuge

»My Adidas standing on 2-5 street
Funky Fresh and, yes, cold on my feet.«

Run-D.M.C., »My Adidas«

HipHop ist keine politische Bewegung im herkömmlichen Sinn. Seine Befürworter wählen keine parlamentarischen Vertreter. HipHop bietet keine systematische, ja nicht einmal eine originelle Kritik an der weißen Weltherrschaft, hat nie ein Manifest für gemeinsame politische Agitation veröffentlicht und keinen Malcolm X oder Dr. King hervorgebracht. Im HipHop gibt es auch keine von einer breiten Basis getragene Organisation wie die Southern Christian Leadership Conference, die Black Panther, die NAACP oder auch nur etwas wie die Gesellschaft für Countrymusik.
HipHop hatte auf einen längeren Zeitraum gesehen erstaunlich wenig Einfluss auf die afroamerikanische Politik. HipHop hat seine Anhänger aufmerksam gemacht auf die politischen Ikonen (Malcolm X), die radikalen Organisationen der Vergangenheit (Black Panther) und die sich selbst genügenden der Gegenwart (Nation of Islam). HipHop sprach sich gegen das Regime der Apartheid aus und artikulierte und prophezeite die explosive Wut, die sich 1992 in L.A. entladen sollte. HipHop hat zwei Generationen von Jugendlichen den Weg in die Unterhaltungsindustrie geebnet und ihnen ein unzensiertes Ausdrucksmittel an die Hand gegeben. Chuck D sagte mal, er hoffe, Public Enemy würde Tausende von schwarzen Führern hervorbringen. Aber in dem Maße, wie P.E. ihren Hörern die Augen für Politik öffnete, haben sie wahrscheinlich noch mehr erreicht.

Das größte Problem des HipHop als politische Bewegung ist der Sachverhalt, dass sich MCs weder von ihrer Neigung noch von ihrem Können als politische Aktivisten eignen. Sie sind Entertainer, deren Sichtbarkeit und Erfolg von den Launen des Marktes abhängt. Trotz des großen Einflusses von Public Enemy – und die Band gehörte mindestens vier Jahre lang zum Besten, was diese Kultur zu bieten hatte – lag auch ihre Stärke letztlich im Produzieren und Verkaufen vom Platten.

Das soll nun nicht heißen, dass von HipHop keine politischen Impulse ausgegangen wären – weit gefehlt. Von Chuck D als B-Boy gestylt in einem Logo mit Knarre bis zum Muhammad Ali-Drew »Bundini« Brown-Duett von Chuck und Flavor Flav, von den Sicherheitsleuten beim weltweit ersten Zurschaustellen von Uzi-Nachbauten und Militärklamotten auf einer Bühne bis zu Bomb Squads bombastischer Attacke auf die Ohren schaffte es Public Enemy immer, Politik cool wirken zu lassen.

So nach und nach machten sie Politik dabei aber auch zur Ware. Natürlich war dies ein Marketingwerkzeug, das über die reinen Absatzinteressen hinausging, aber bei genauerer Betrachtung war es nichts anderes als das, was L.L. Cool J mit Liebesthemen oder N.W.A. mit den Gangstas machte. In der großen Welle der Popkultur, die pausenlos an unser Ufer brandet, wurde auch der schwarznationalistische Rap angespült und wieder mitgenommen, zusammen mit P.E., Paris, X Clan und anderen.

Während die Werte des HipHop mehr oder weniger unverrückbar feststehen – rebellische Einstellung, Identifikation mit der Straße, Materialismus und Aggression –, ist HipHop zugleich ein unglaublich flexibles Medium, das sich an sehr unterschiedliche Botschaften anpassen kann. Das ist einer der Gründe, warum es HipHop heute noch gibt und warum nicht ein einziger Stil länger als drei oder vier Jahre dominant war. Und das ist auch der Grund, warum es so leicht ist, all diese verschiedenen Ausdrucksformen in Produkte zu verwandeln, sei es Tommy Hilfiger mit seiner Freizeitkleidung, Akademiker mit ihren Abschlussarbeiten, Hersteller von Frühstücksflocken oder Präsidentschaftskandidaten auf der Suche nach einem Thema.

Der Weg des HipHop zur Ware war nicht einfach wie beim Malen nach Zahlen. HipHop morphte, so wie Außerirdische in Sciencefiction-Filmen, um seinen verschiedenen Herren zu dienen. Aber im Unterschied zu vielen anderen Ausdrucksformen des Underground ist HipHop lebendig geblieben, aufsässig und ungepasst, und das über zwei Jahrzehnte lang. Die Verbindungen der Kultur zur afroamerikanischen Arbeiterklasse und Unterschicht, zu Menschen, die in den Medien normalerweise keine Stimme haben, macht HipHop zum Sprachrohr von Träumen und Gefühlen, bei denen sich Außenstehende unbehaglich fühlen. Wenn die Sony Playstation einen kleinen freundlichen Rapper beherbergt, berührt das nicht die Wurzeln der Kultur und mindert auch nicht die Härte solcher Hardcore-MCs wie Mobb Deep oder Wu-Tang. HipHop überlebt immer irgendwie, selbst die krasseste Kommerzialisierung – zumindest bis heute.

Es gibt unzählige Geschichten über die Wandlungsfähigkeit der HipHop-Kultur, literarische, cinematographische, modische und politische (die nichts mit schwarzem Nationalismus zu tun haben), weil HipHop das ultimative Werkzeug des Kapitalismus ist.

Modenschau

In der Ausgabe von *Source* vom Juni 1997 gab es ein aufklappbares Poster mit dem Logo des Wu-Tang Clan, eine starke Montage der Augen der Clan-Mitglieder, und auf der Rückseite eine Großaufnahme der Jungs aus Staten Island. Es war eine effektive Maßnahme, das Heft zu verkaufen und zugleich auf die Band aufmerksam zu machen, deren neues Album *Wu-Tang Forever* bereits mit Spannung erwartet wurde. Das Magazin machte seiner Rolle als Promotionmarktplatz des HipHop alle Ehre.

Ein Blick ins Innere von *Source* genügte, um festzustellen, dass hier weit mehr als nur das neue Album des Wu-Tang Clans verkauft werden sollte. Von 67 vollseitigen Anzeigen des Magazins waren 29 aus der Bekleidungsbranche. In der August-Ausgabe von *Vibe* war das Verhältnis von Klamottenwerbung (26) zur Gesamtzahl der ganzseitigen Werbung (93) nicht ganz so heftig. Aber dieses Verhältnis war nicht der einzige Unterschied. Das insgesamt höhere Anzeigenaufkommen bei *Vibe*, aufgrund der stärkeren Ausrichtung am Mainstream, war darauf zurückzuführen, dass hier vor allem größere internationale Labels vertreten waren wie Clavin Klein's CK Jeans, Union Bay, Ralph Lauren's Polo. Unter der Kundschaft von *Source* fanden sich zwar auch ein paar größeren Namen, aber der Großteil des Geschäfts lief über kleine, regionale Label wie 555 Soul, Pure Playaz, PNB, von denen viele teilweise oder sogar ganz in den Händen von Minderheiten sind.

Der Gegensatz von *Vibe* und *Source*, von großen weißen Merchandisern und Alternativdesignern aus der Minderheitenecke, spricht für die Vielzahl von Zugängen und die pausenlose Evolution des wahrscheinlich vielschichtigsten (in dem Sinne) Aspekts im HipHop, seinen Stil. Mehr noch als Tanz, Plattenproduktion und Reimen ist in den letzten mehr als zwanzig Jahren die HipHop-Mode mutiert. Ein nach Epochen, Stadtvierteln, Designern, Gruppen und persönlichen Idiosynkrasien gegliederter Fotoband der HipHop-Mode würde nicht nur dem Stil Ehre erweisen, sondern auch zeigen, wie Kleidung das Tempo der Zeit widerspiegelt. Um der Verständlichkeit willen werde ich diese Geschichte also vereinfachen, obwohl sie vermutlich so viele Seitenarme hat wie der Nil.

1985 schrieb die Journalistin Sally Flinker in dem Buch *Fresh, Hip Hop Don't Stop* einen Beitrag über Mode in der Großstadt. »Der echte HipHop-Spirit braucht – oder will – kein Designerlabel an der Jeans. Der eigene Name oder ein Tag ist die einzige Ware, für die man Werbung macht. Man sieht diese riesigen Namensschilder auf Jeansjacken, an Halsketten und Gürtelschnallen.« Flinker behauptete, dass ein gestiegenes Identitätsbewusstsein, ein gestiegenes Bedürfnis, das eigene Image rüberzubringen« ein elementarer Bestandteil dieser Post-Soul-Ästhetik sei. Was die erste Phase des HipHop anging, hatte Flinker sicherlich Recht. Ganglook – eine nach außen gestülpte Steppjacke und SAVAGE NOMADS oder JOLLY STOMPERS riesengroß draufgeschrieben – das war die erste, die Original-HipHop-Mode. Ebenso Kapuzenjacken und Kapuzensweatshirts, die vor allem von Sprayern benutzt wurden, um ihr Gesicht zu verbergen und sich vor den Stromzäunen der U-Bahn-Schuppen zu schützen. Genügend Gold-ketten, um sich ein Apartment zu kaufen, oft mit dem Tag des Besitzers auf einem Namensschild, Baseballkappen, seitlich getragen und bemalt, Trainingsanzüge, normalerweise Muschelkappen-Adidas, entweder mit ganz dicken Schnürsenkeln oder gar keine – das waren die Dinge, mit denen HipHop begann. Die Markenprodukte, ob Cordhosen von Lee oder Hemden von Ban-Lon oder die äußerst beliebten Skimützen, die von Tommy Boy Records als Werbegeschenke verteilt wurden, waren alle güns-tig, nützlich und unempfindlich. Die Kleidung zu individualisieren, den Na-men draufzumalen, schrille Farbkombinationen zu tragen oder Klamotten, die nicht in die Saison passten, war ganz essenziell. In einem überfüllten Club in einer Skijacke aus Leder mit Pelzbesatz rumzuhüpfen stammt aus den Kindertagen des HipHop und ist noch immer nicht ganz passé.

Bei den Old Schoolern hatte Style viel mit Improvisation zu tun, und damit meine ich die Zeit zwischen Ende der 70er bis etwa 1983. Das war näm-lich der Moment, als die großen Modedesigner anfingen, den Street Style aufzunehmen, und die Neonfarben den U-Bahnen schwer zu schaffen machten. Der erste, der hier voll einstieg, war der Designer Will Smith, der gleich mehrere Sprayer (Dondi White, Futura 2000, Zephyr) anheuerte, um eine Reihe von T-Shirts zu entwerfen. 1984 nahm der damals voll angesagte Designer Stephen Sprouse Neonfarben und Graffiti-artige Drucke in seine Kollektion auf.

Die Mode-Branche glaubte noch nicht daran. Als eine Videoproduktion aus L.A. ein paar Designern Breakdance und Rap als Hintergrund für ihre Präsentationen vorschlug, lehnten das die meisten ab. Nur Norma Kamali traute sich. In einem Video aus dem Jahr 1984, »Street Beat«, sind ihre Entwürfe zusammen mit den Break-Stars Boogaloo Shrimp und Shabbadoo zu sehen. Später wurde das Video umgeschnitten und als Musikvideo für Chaka Khan-Hits »I Feel for You« eingesetzt.

Fette Schnürsenkel

1985, das Jahr, in dem die Sportbekleidungsindustrie aufwachte und erkannte, welches enorme Potenzial in einer Verbindung mit HipHop steckte. Es wird kaum überraschen, das es Russell Simmons war, der die Verbindung herstellte.
Run-D.M.C.'s »My Adidas« war ein Loblied auf den ersten Schuh des Hip-Hop, auf der Höhe seiner Anziehungskraft. Russell Simmons und sein Rush Management waren fest entschlossen, die Botschaft dieses Songs in Geld zu verwandeln. Bei Sportlern war es ganz normal, dass sie Verträge mit Unternehmen aus dem Bereich Sportbekleidung abschlossen, und Michael Jordan hatte mit seinem Nike-Vertrag neue Maßstäbe gesetzt. Russell wollte ein Stück von dem Kuchen für Run-D.M.C.
Der Mega-Auftritt von Run-D.M.C. im Madison Square Garden 1986 war genau die Art von Argument, die Russell noch gefehlt hatte. Mehrere Topmanager des deutschen Schuhherstellers beobachteten aus sicherer Distanz, wie Run-D.M.C. 20.000 New Yorker B-Boys und B-Girls in der legendären Arena zum Ausflippen brachte. Bevor »My Adidas« an der Reihe war, forderte Run die Menge auf, ihre Adidas in die Höhe zu halten. Eine Meer aus den Sportschuhen tauchte über den Köpfen der Besucher auf. Als Run an diesem Abend von der Bühne kam, schlugen ihm die Adidas-Vertreter vor, er solle bei Adidas seine eigene Modelinie entwerfen. »Es war das größte Erlebnis in meinem Leben«, sagte er in *Source* 1993 (Das war, bevor er zum zweiten Mal geboren wurde.). Im folgenden Jahr handelten Adidas und Rush Management einen 1,5 Millionen Dollar-Vertrag aus, um Run-D.M.C.-Sportschuhe und einiges an Zubehör zu vermarkten – darunter auch ein Run-D.M.C.-Trikot, an dem mir heute noch viel liegt.

Mit diesem Deal war eine Grenze überschritten worden. Anstatt vorge-
fundene Stile anzupassen und aus »gefundenen« Materialien etwas zu
machen, bekam die HipHop-Gemeinde jetzt Dinge angeboten, die von
großen Herstellern extra für sie entworfen wurden. Weitere Deals folgten.
Whodini bekam einen kleinen Vertrag mit Lacoste Sportif, und L.L. Cool J
einen großen mit Troop. Zum Glück jedoch wurde dabei nicht die kreative
Energie mitverkauft. Beweis: der nächste Trend aus dem Underground.

Superfly

1990 fuhr ich hoch nach Harlem, um mich nach den neuesten Modetrends
umzusehen. Und das ist, was ich sah:
Samstagnacht bei Dapper Dan's. Fast Mitternacht, und die HipHop-Bou-
tique auf der 125. ist voll aufgedreht. Dap, ein hagerer, ernst wirkender
Mann in Khaki-Hemd, Stoffhose und roten Halbschuhen hat einen Tisch
aufgebaut voller Hosen und Pullover mit Bally-Logo. Drei Homies in vollem
»Gear« – moonbootgroße Turnschuhe, goldüberkronte Zähne, Gelenk-
ringe – wühlen die Ware durch. Einer zieht ein hellgrünes Top aus dem
Haufen, ein anderer probiert knallorangene Shorts an, bei denen BALLY
auf dem Hosenlatz steht. Dap und zwei seiner schwarzen Kollegen sehen
ihnen zu. Schließlich sagt er: »Was ihr auch wollt, wir können das in 'ner
halben Stunde aufsäumen. Sagt mir einfach, was ihr wollt.« Die Homies
schauen sich noch eine Weile die Auslage an. Just-Ice, berühmt als Rap-
Gangsta, ansonsten aber ein sehr umgänglicher Zeitgenosse, schaut nach
seiner Show im Apollo auch noch kurz rein. Er sucht nach einem neuen
Outfit für die Mitternachtsvorstellung, hat keine Zeit mehr, hoch in die
Bronx zu fahren und will wissen, ob er anschreiben lassen kann.
Dapper Dans Laden war einer der ersten Läden, in denen sich das Verhältnis der HipHop-Kultur zur Mainstream-Mode veränderte. Es war unmittel-
bar vor diesem Laden, dass Mike Tyson 1988, als er gerade eine extra für

ihn maßgefertigte Lederjacke mit dem Schriftzug »Don't Believe the Hype« abholen wollte, Mitch »Blood« Green k.o. schlug. Es war in diesem Laden, dass die falschen Gucci-Outfits von Eric B. & Rakim auf dem Cover von *Follow the Leader* hergestellt wurden. Es war in Dans Laden und später auch in vielen anderen, dass große Mengen von Materialmustern mit Designer-Emblemen versehen wurden (Gucci, Louis Vuitton, Fendi MCM) und zurechtgeschnitten wurden, um auf Radkappen, Jeeps und Möbel zu passen – wo die französischen und italienischen Designernamen mit dem HipHop vermählt wurden.

Die Aneignung der gehobenen Mode begann Ende der 70er mit Cazals, einer bestimmten Sorte von Designer-Brillengestellen, die von Home Boys oft ohne Gläser getragen wurden. Pure Style. Die Gucci und Fendi-Phase, in der Ghetto-Designer die Logos der großen Marken benutzten wie die Rap-Produzenten Samples, läutete die nächste Phase ein. Als sich der Geschmack erst einmal auf Designerklamotten eingestellt hatte, war Run-D-M-C.'s »Don't want nobody's name on my behind« vergessen.

Old School-Symbole der Selbstidentifikation wie Namensplaketten bereiteten das Terrain für den totalen Aufbruch der gesamten HipHop-Kultur vor, für ihre Besessenheit mit teuren Statussymbolen. Junge Erwachsene und selbst Jugendliche besuchten plötzlich regelmäßig die teuren Geschäfte in der 5th Avenue, verschreckten die Kunden und zogen das Interesse des Sicherheitspersonals auf sich. Diese Veränderung sollte sich als nachhaltiger erweisen als die Sportbekleidung von Lacoste oder das Louis Vuitton-Logo auf Autositzen, und alle Hersteller hatten ein Auge darauf.

Selbst gemachte Gang-Abzeichen, die auf Jacken und Hosen gemalt oder gesprüht wurden, gehörten zur New Yorker Szene wie Bambaataa, Herc und Flash, die ihre Platten in den Parks der Bronx kreisen ließen. Zehn Jahre später herrschte ein neuer Stil, der von den Gangs aus dem Westen herüberkam. Als die Oakland Raiders in 80ern nach Los Angeles gingen, wurde ihr Logo – ein mürrisch dreinblickender Pirat vor gekreuzten Schwertern und dem Schriftzug »Raider« – von den rot gekleideten Bloods und den blau gekleideten Crips sowie von Kids übernommen, die weder zur einen noch zur anderen Gang gehörten. Silber und Schwarz, die Farben des Teams, signalisierten Stärke. Das Eishockeyteam von L.A., die Kings, nicht gerade berühmt für ihre Härte, änderte die Vereinsfarben vom Blau und Gold der Lakers zum Silber und Schwarz der Raiders. Das neu aufgeputzte Logo wurde schnell zum Standard der HipHop-Outfits an der West Coast und passte zur großmäuligen Gewalt des aufkommenden Gangsta Rap. Der ursprüngliche Look von N.W.A. – Abzeichen der Kings und Raiders, »Locs«-Sonnenbrillen und steife Jeans und Jacken von Dickies – tauchten die Sportkleidung in ein neues, finsteres Licht. Überall in den USA suchten sich Gangs und Drogendealer bestimmte Sporthersteller aus. In New York bedeutet das Tragen einer blauen Yankee-Kappe mit weißen »NY«, dass bestimmte Drogen verfügbar waren. In Boston bevorzugte eine Gang die gelbgrünen Jacken und Mützen der Green Bay Packers.

Weil Gang-Mitglieder und insbesondere erfolgreiche Crack-Dealer so präsent waren in der Hood, machten die Verkäufer von Sportkleidung ihnen den Hof. Wenn die neuen Air Jordans oder die neuen Chicago Bulls Jacken erwartet wurden, informierten sie die Dealer in ihrem Viertel. Viele dieser Dealer waren jung und litten an einem romantisierten Selbstbild. Und in der Tat, sie waren nicht nur Verbrecher, sondern auch Outlaw-Trendsetter, die ihren Kunden wie ihren Nachbarn die neuen Trends schmackhaft machten. Übergroße Jacken und Wollmützen haben HipHop von Anfang an begleitet, während schwere Winterschuhe als Ganzjahrestracht erst aus der Verwendung durch Crack-Dealer kamen, die an den Straßenecken rumlungerten. In einem für die Kultur typischen Aneignungsverfahren wurden Timberland Boots, qualitativ hochwertige Schuhe, die vor allem in Neuengland und dem Mittleren Westen sehr beliebt sind, zum offiziellen Kleidungsstil der Städte. »Tims«, wie sie genannt wurden, sah man gleichermaßen in Videos, auf der Bühne und auf der Straße.

Obwohl die Hersteller Millionen verdienten, waren sie nicht gerade glücklich über die neue Identifizierung ihres Produkts mit den Werten der Großstadtjugend. Als die mangelnde Begeisterung von Timberland die Runde machte, wozu auch Konkurrenten wie Lugz nach Kräften beitrugen, verschwand die Marke genauso schnell aus der Szene, wie sie aufgetaucht war. 1996 zeugte von der ganzen Begeisterung nur noch der Name eines Produzenten aus Virginia: Timbaland.

Es gab noch andere Fälle, in denen Markennamen auf Ablehnung der Hip-Hop-Gemeinde stießen. Anfang der 90er erhielt Q-Tip von A Tribe Called Quest zahlreiche Anfragen für das Promoten der Streetwear von Polo, die aber in letzter Instanz von den Marketingverantwortlichen bei der Muttergesellschaft Ralph Lauren wieder gekippt wurden, weil sie um das Image des Konzerns besorgt waren. Ein paar Jahre später war alles anders und man bediente sich des karibisch-amerikanischen Looks vom Model Tyson Beckford, um alles von der Unterwäsche bis zur Sonnenbrille unters Volk zu bringen. Ein Grund, weshalb man bei Ralph Lauren die Richtung wechselte, war sicherlich die enge Verbindung zwischen HipHop und Tommy Hilfiger. Der elfenhafte amerikanische Designer war seit der Gründung seiner Marke 1985 dafür bekannt, bunte und weit geschnittene Freizeitkleidung zu entwerfen. Ohne den gehobenen Anstrich von Gucci oder Chanel oder die superamerikanische Aura von Ralph Lauren war Hilfigers Marke in einer Weise näher an dem dran, wovon die frühen HipHopper angezogen wurden.

Grand Puba, ehemals Masters of Ceremony, gelegentlich Brand Nubian und glücklicher Besitzer eines schrägen Flows war von Anfang an einer der Lieblinge der Hipster gewesen. Dieser eingeschworene New Yorker sagte einmal in einem Gespräch mit *Source*: »Wenn sich meine Platten nur in New York verkaufen würden, wäre ich auch damit zufrieden.« Als Puba damit anfing, Hilfiger-Klamotten in seinen Raps zu erwähnen, unter anderem auch bei einem Gastauftritt bei Mary J. Bliges *What's the 411?*, war das wie ein Gütestempel, dass auch andere Rapper, Leute aus der Musikbranche und Konsumenten sich Hilfiger in ihren Schrank hängen konnten.

1992 trafen Puba und seine Leute im vollen Hilfiger-Outfit am JFK Airport auf Tommy und seinen Bruder Andy, die gerade aus Hong Kong zurück-kamen. Tommy wusste nicht, wer Puba war, aber Andy kannte sich aus und wusste, wie begeistert Puba von ihren Produkten war. Aufgrund dieser zufälligen Begegnung wurden Puba und seine Leute in den Show-room eingeladen und durften mitnehmen, was sie wollten.

Pubas Befürwortung und Hilfigers freundliche Reaktion machten die Runde. Immer mehr MCs trugen Stücke aus Hilfigers Jeans-Kollektion, immer mehr MCs bedachten ihn mit Reimen (Q-Tip, Raekwon), und immer mehr Konsumenten, weiße und schwarze, taten es ihnen gleich. Gleich-zeitig begann Hilfiger auf Anraten seines Bruders die Kleidung direkt auf den neuen Jugendmarkt zuzuschneiden. Hilfiger wusste, dass die Kids die Logos größer, fetter und bunter haben wollten. Er passte seine Kollektion an, und der sich daraus entwickelnde Stil hatte in der Modebranche bald den Spitznamen »Urban Prep«, eine Art, sich zu kleiden, bei der man von gehobenen College-Klamotten ausging und sie in die Breite und Länge zog, bis sie zum Baggy-Feeling der 90er passten. Zu diesem Zweck wurden von Hilfiger viele junge schwarze Modedesigner eingestellt. Eine von Quin-cy Jones' Töchtern, Kadada, eine Trendsetterin für HipHop-Kleidung, die erst mit L.L. Cool J und später mit Tupac liiert war, wurde zu einer der wichtigsten Inspirationsquellen für die neue Hilfiger-Linie. Sie steckte Michael Jackson in das neue Outfit, um ihn für ein *Vibe*-Cover ablichten zu lassen und war selbst in Werbeanzeigen zu sehen.

Einen Rückschlag erlebte Hilfiger, nachdem er sich angeblich in der *Oprah Winfrey Show* vom schwarzen Markt distanzierte. Es war eine moderne städtische Sage, an die alle hartnäckig glaubten, obwohl niemand in der Lage war, ein Video aufzutreiben und den Vorwurf zu erhärten. In Wahr-heit traf (wie so oft) eher das Gegenteil zu. Hilfiger, der zunächst kaum etwas über HipHop wusste, wurde ein Freund von Russell Simmons und Quincy Jones, und als Werbekunde und Mitveranstalter von Events war er eine der wichtigsten Stützen von *Vibe*. 1996 war Hilfiger die meistgefragte

Aktie an der New Yorker Börse, und das hatte die Marke vor allem ihrer Akzeptanz im HipHop zu verdanken und der großen Zahl von Vorstadtjugendlichen, die von »Urban Prep« begeistert waren.

Das erstaunlichste am Aufstieg von Designern wie Hilfiger oder Ralph Lauren ist, dass sie schlaue afroamerikanische Unternehmen nicht verdrängten. Im Gegenteil, indem sich die großen Marken einschalteten, vergrößerte sich der Markt und stärkte teilweise die Position der besseren Designer. Die größeren Marken vermittelten nicht nur den weißen Kids ein stärkeres Bewusstsein für Style, sondern sie förderten auch bei den experimentierfreudigeren unter den Stilbewussten eine »keep-it-real«-Einstellung, die den schwarzen Modedesignern zugute kam. Der afrozentrische Impuls starb nicht, sondern entwickelte sich – wie so vieles in dieser Kultur – weiter zu etwas anderem.

Viele schwarze und hippe weiße Kids liefen nicht mehr mit Malcolm X T-Shirts rum oder mit etwas, das man für das Äquivalent einer Hammer-Platte halten konnte. In einer Manifestation kulturellen Nationalismus kauften diese Konsumenten jetzt »schwarz«, und wurden dafür belohnt, weil die schwarzen Outfit-Entwürfe meistens progressiver sind, was die Verwendung von Stoffen, Logos oder Farben angeht.

Die größte afroamerikanische Erfolgsgeschichte des HipHop in Sachen Mode ist die des aus Brooklyn stammenden Karl Kani (Carl Williams), der sich in Los Angeles niederließ. Karl Kani Infinty machte 1997 einen geschätzten Umsatz von 50 Millionen Dollar, womit das Unternehmen des damals 29-Jährigen das größte Bekleidungsunternehmen der USA in schwarzer Hand war. Der Weg, der ihn dorthin geführt hatte, war alles andere als einfach gewesen. Als die städtische Jugend mit Baggy-Jeans ohne Gürtel, die ihnen fast über die Hüfte rutschten, den Knaststil imitierte, waren es meist Stoffe von Kani, die ihnen um die Knöchel flatterten. Schon 1991 kam er mit Super-Baggys und Sweatshirt mit dicken Aufschriften raus.

Kanis Produkte wurden zusammen mit Threads 4 Life-Cross Colours vertrieben, die ebenfalls in Los Angeles ansässig und wegen ihrer Overall-

Baggys mit grellem rotgelbgrünen Logo bekannt waren. Eine solch enge Zusammenarbeit zwischen East und West Coast-Design war neu. Cross Colours warb mit Aussagen wie: »Wir wollen mal klarstellen, dass nur Cross Colours von echten Homies hergestellt werden.« Als Teil von Threads 4 Life machte Kanis Unternehmen 1993 34 Millionen Dollar Umsatz, aber noch im selben Jahr kam es zum Krach. Durch Missmanagement und unbezahlte Rechnungen kam die Zusammenarbeit zu einem plötzlichen Ende, und das aufgegebene Terrain wurde Unternehmen wie Hilfiger überlassen. Während die Jungs von Cross Colours heute noch unter den Nachwirkungen leiden, war Kani sofort wieder obenauf. Er kaufte seinen Markennamen zurück und startete schon im November 1993 erneut, mit 500.000 Dollar auf dem Konto.

Bei den Kids in den Hoods genoss Kani immer noch großes Ansehen. Hinzu kam sein Gespür für neue Trends und sein gutes Verhältnis zum Handel. Seine Sachen galten nicht mehr als das neuste und das coolste, aber dafür gelang ihm etwas anderes: Er schaffte es, Stabilität in sein Unternehmen zu bringen, was dazu führte, dass er zusammen mit schwarzen Managern großer Unternehmen für das Cover der *Fortune*-Ausgabe »New Black Power« vom August 1997 abgelichtet wurde. Seit 1996 hat er auch Anzüge und Jacketts im Programm, und eine Menge afroamerikanischer Designer sind in seine Fußstapfen getreten, Leute wie Maurice Malone, Tony Shellman (früher Mecca, dessen Label Enyce von der italienischen Fila unterstützt wird wie Def Jam von PolyGram), Sir Benni Miles, der mit eng anliegenden Nylonmützen auf sich aufmerksam machte, und FUBU, ein New Yorker Unternehmen, das die Straßen schon 1998 überschwemmte.

Mode im Schnelldurchgang

Nach mehr als zwei Jahrzehnten HipHop gibt es in der Mode zwei rivalisierende Trends – sicher kein Zufall, sondern eher eine Entsprechung einer kampfeslustigen Ästhetik. Auf der einen Seite haben wir den Zirkel der schicken, Eindruck schindenden Typen und ihre Vorliebe für die großen Namen der Modebranche. Hierher gehört das Umfeld von Puff Daddys Bad Boy-Label, die grellen Sachen des ermordeten Gianni Versace und Foxy Browns Verherrlichung von Dolce & Gabbana. Zu Beginn hatten sie, die Dapper Dans dieser Welt, die Originale dem Uptown-Stil angepasst und eine illegale und subversive Mode in Umlauf gebracht. Heute zeugen ihre Sachen nur noch von materialistischem Konsumverhalten ohne Subtext.

Interessanter sind diejenigen, die weiterhin an der Do-it-yourself-Idee festhalten, aus der HipHop entstanden ist. Chuck D hatte seine eigene Konfektion, ebenso Rapp, während Naughty By Nature und Wu-Tang ihre eigenen Läden besitzen inklusive kostenloser Kunden-Hotlines. Russell Simmons hat sein Phat Farm-Label langsam in den Räumlichkeiten in SoHo und der exklusiven Fred Siegel Boutique in L.A. aufgebaut. In der ganzen Branche haben sich Rap-Unternehmer und Designer zusammengetan in der Hoffnung, nicht nur ein zweites Def Jam, sondern ein zweites Kani-Imperium zu errichten.

Bisher gibt es keine Anzeichen dafür, dass Neugier und Ehrgeiz, die in den letzten drei Jahrzehnten ständig für ein neues Erscheinungsbild gesorgt haben, nachlassen werden. Während weitsichtige Unternehmer weiterhin die Dollars abschöpfen, kann man aufgrund der Beweglichkeit der Hip-Hop-Kultur davon ausgehen, dass es immer einen Platz für afroamerikanische Unternehmer geben wird, um innovativ und hoffentlich auch erfolgreich zu sein.

Pulp Fiction

Die ersten Zeilen von Barry Michael Cooper las ich in der mittlerweile eingestellten *SoHo Weekly News*. Es war eine Besprechung von Chic's Album *Risqué*, so klug und unterhaltsam geschrieben, dass ich richtig neidisch war. Etwas später lernte ich Barry bei einer Presseveranstaltung kennen. Er ist ein großer, relativ hellhäutiger Schwarzer mit einer ernsten Ausstrahlung und einer schweren, lebensüberdrüssige Stimme, die ganz im Gegensatz zu seinem herzlichen Lachen steht. Obwohl er mitten in Harlem aufwuchs, ist Barry von einer erstaunlichen Unbefangenheit und einem unausrottbaren Idealismus, was stärker im Stil seiner Texte zum Ausdruck kommt als in den Themen, über die er schreibt.

Es stellte sich heraus, dass Barry die Besprechung von Paul Schraders *American Gigolo* in der *Amsterdam News* gelesen und dass sie ihm gefallen hatte. Beide lieben wir diesen Film von 1980 vor allen wegen der schrägen Hauptfigur, seiner Beschreibung eines schicken und amoralischen Los Angeles und natürlich wegen der Armani-Anzüge von Richard Gere. Wir redeten über Schraders Verwendung von Smokey Robinsons »The Love I Saw in You Was Just a Mirage« in einer Szene, in der Richard Gere zärtlich seine Hemden streichelt, eine aussagekräftige Verbindung aus Sentimentalität und Materialismus. Wir stimmten darin überein, dass diese Szene ein Vorläufer der HipHop-Ära war, indem sie nahe legte, dass materielle Liebe tiefer empfunden wird als körperliche.

Barry verfolgte von Anfang das Ziel, die Epoche mitzugestalten und sie nicht nur als Chronist zu begleiten. Er produzierte ein paar 12 Inches für unabhängige Labels und setzte sich auch schon mal selbst ans Keyboard. In seinen Kritiken ist er immer besonders kritisch beim Einsatz computerisierter Keyboardpassagen. Barry war einer der ersten, die über den Zusammenhang von Drogen, Waffen, gesampelten Beats schrieben. Er besuchte Larry Davis (den legendären Drogenkurier für korrupte Bullen aus der Bronx) im Knast, berichtete über den Prozess wegen einer Vergewaltigung im Central Park und schuf die Bezeichnung »New Jack Swing« für Teddy Rileys Sound. Barry war immer ganz dicht dran.

Sein journalistisches Meisterwerk »Kids Killing Kids: New Jack City Eats Its Young« war ein Bericht für *Village Voice* über die äußerst brutale Drogenszene in Detroit im Jahr 1988.

In New Jack City weiß man, dass der Gangsterstil eine Form und eine Funktion hat. Um Gangsterstil zu haben, muss man »bezahlt werden« und so viel gusto (Geld) machen, bis es bekloppt ist ... Dann kann man sich einen fremden Stil borgen mittels Erpressung, die Möglichkeit, Elan und Elite zu kaufen. Aber das geht mir auch auf die Nerven, wie die Emigranten in New Jack City mit ihrer Green Card winken. Ob es sich um ein Kid handelt, das bei Gucci 3.000 liegen lässt für Klamotten, die direkt aus der L.L. Cool J-Show stammen, den Crackhäusern oder Sozialwohnungen, oder ein Kid, das sich nachts in seiner 200.000 Dollar-Sackgasse ausschläft, nachdem es einen rivalisierenden Crackdealer und zwei seiner Kumpane ermordet hat – während sich Mom und Dad am PC mit der Steuererklärung plagen. Es ist alarmierend, dass die Notwendigkeit von »Show and Prove« so extrem ist.

Barrys Bericht war so solide recherchiert, dass ihm die Gangster nahe legten, sich aus Detroit fernzuhalten, und der Artikel war so lebendig geschrieben, dass er die Aufmerksamkeit von zwei schwarzen Filmproduzenten auf sich zog, George Jackson und Doug McHenry. Die beiden arbeiteten im Auftrag von Warner Bros. an einem Film über den Heroinkönig von Harlem, Nicky Barnes. Die ursprüngliche Story spielte in den 70ern, aber Jackson und McHenry, die bereits *Krush Groove* und *Disorderlies* produziert hatten, wussten ganz genau, wie sich das Leben in den schwarzen Vierteln durch Crack und HipHop verändert hatte. Und so kam es, dass sie Barry beauftragten, sich einen »New Jack«-Drogendealer für das Harlem der 80er auszudenken.

Es kommt nicht oft vor, dass schwarze Musikkritiker, die für alternative Wochenzeitungen schreiben, die Chance kriegen, ein Hollywood-Drehbuch zu schreiben. Natürlich spricht es für Barrys ungeschminkte und kraftvolle Arbeit, aber auch an Hollywood sind die Auswirkungen des Post-Soul nicht spurlos vorübergegangen. Wie sonst wäre es denkbar, dass schwarze Produzenten eines der größten Studios in Hollywood für ihren schwarzen Film einen schwarzen Autor ohne Drehbucherfahrung engagieren können? Nur weil er sich in der Hood auskennt? Zu Zeiten von Blaxploitation wäre keine dieser Positionen mit einem Schwarzen besetzt worden. Erst HipHop erzeugte dieses Klima der Authentizität, von dem Barry profitierte.

Der Titel des Films, *New Jack City*, stammt direkt aus Barrys Arbeit als Journalist. Er schuf ein paar unvergessliche Charaktere: Nino Brown, Gee Money, Pookie und packte den Siegeszug von Crack in eine bündige Erzählstruktur, die von seinem Gespür für den Slang lebt, der ja bereits seine Reportagen ausgezeichnet hatte. Außerdem gelang Barry etwas ganz Seltenes: Er drückte dem Stoff seine Handschrift auf. *New Jack City* spielte nicht nur in seiner Hood, sondern es geht in dem Film auch um zwei Männer, die im Drogenhandel die Grenzen der Loyalität kennen lernen. Das Verhältnis von Wesley Snipes' Nino Brown und Allen Paynes Gee Money ist zentral für die Handlung und verleiht dem schnell geschnittenen Film eine emotionale Dimension.

Zwei weitere Drehbücher von Barry, die produziert wurden, waren *Sugar Hill* und *Above the Rim*, beide 1994 erschienen und beide in Harlem angesiedelte Kriminalgeschichten. Obwohl natürlich noch eine Menge anderer Leute ihre Hände im Spiel hatten, leben allen drei Filme von Barrys Leidenschaft für den wunderbaren Schmutz und die kaputten Familien in Uptown Manhattan.

Pulp Fiction (die echte Ware, nicht das kunstvoll recycelte Oeuvre von Tarantino) wird von den meisten »anständigen« Menschen oder zumindest von denen mit Schulbildung verabscheut. Bei Afroamerikanern, für die Berichte über kriminelle Lebensstile immer ein strittiges Thema sind, wurden Barrys Filme als neue Form der Blaxploitation verlacht. Aber in Wirklichkeit sind seine bisherigen und seine kommenden Filme aus journalistischen Recherchen hervorgegangen, so wie Nick Pileggis Material für seine Gangsterfilme (*GoodFellas*, *Casino*) aus den Tagen stammt, als er über die Mafia berichtete. Außerdem haben Barrys Arbeiten Snipes, Tupac

Shakur, Chris Rock, Ice-T und Michael Wright unvergessene Rollen beschert. Er steht in der authentischen Pulp Fiction-Tradition von Iceberg Slim und Donald Goines, nicht anders als die Gangsta-Reime von KRS-One und Ice Cube.

Crossover hat zum Phänomen des »Crossback« geführt. So wie HipHop Barry Michael Cooper den Eintritt in die Welt Hollywoods erleichterte, schuf HipHop insgesamt ein Klima, in dem abseitiger schwarzer Pulp einen Verleger finden konnte. 1996 startete Norton, nicht gerade bekannt für seine Risikofreudigkeit, eine Reihe mit so genannten »Old School Books«, eine Bezeichnung, die eindeutig an die frühen Tage des HipHop angelehnt war. Unter der Herausgeberschaft der Pulp-Fanatiker Marc Gerald und Samuel Blumfeld wurden in der Reihe Romane und Erzählungen neu aufgelegt, die an die düstere Seite der Soul-Ära appellieren. Parallel zum Rap, wenn auch nicht im selben Maße von der Öffentlichkeit zur Kenntnis genommen, sahen die Old School-Autoren die Welt mit kalten, verzweifelten Augen.

Nur wenige dieser Old School-Autoren wurden berühmt. Chester Himes und John Williams zum Beispiel, von denen zwei ihrer düstersten Bücher neu aufgelegt wurden: Williams' *The Angry Ones* und Himes' *The End of the Primitive*. Aber im Wesentlich geht es der Reihe darum, vergessene Autoren auszugraben wie Clarence Cooper Jr. (*The Scene, Black!*), Herbert Simmons (*Corner Boy*) und Charles Perry (*Portrait of a Young Man Drowning*). Nicht bei all diesen Büchern handelt es sich um Kriminalgeschichten – Williams Buch handelt beispielsweise von der Frustration eines Möchtegern-Buppies in den segregierten 60ern. In einem der ersten Bücher der Reihe formulierten die Herausgeber das Gemeinsame der Reihentitel folgendermaßen: »Es ist eine Welt der Verzweifelten und Verstörten, der Verfluchten und Verdammten, eine Welt, in der nie die Sonne scheint.«

Im selben Jahr erschienen bei der britischen Payback Press die lange vergriffenen Bücher von Gil Scott-Heron *The Vulture* und *The Nigger Facto-*

ry, Melvin Van Peebles *Panther* (die Vorlage für den Film seines Sohnes Mario) und Iceberg Slims *The Long White Con*. Mit Einleitungen zu verschiedenen Titeln von Ice-T verbinden sowohl Old School Books wie auch Payback Press Reality Rap, ob man ihn nun »Gangsta« nennt oder nicht, mit vergessenen Hardboiled-Geschichten und unterstreichen damit, dass Erkundungen eines nihilistischen Rassismus und die brutalsten Albträume der Afroamerikaner Teil eines zum Teil finsteren Erbes sind, das nicht in Vergessenheit geraten sollte. Das große Glück für die Post-Soul-Erzähler wie Ice Cube und KRS-One war, dass sie ihre Verbindung zur Musik vor dem Dunkel und der Frustration ihrer Vorgänger bewahrte.

Limo und Suff in braunen Tüten

So weit meine Erinnerung zurückreicht, haben Spirituosenhersteller mit allen Mitteln versucht, Schnaps in den schwarzen Stadtteilen zu verkaufen. Colt 45 hießen die Flaschen, die ich auf den Tischen Karten spielender Erwachsener und bei würfelnden Jungs in den Schulhöfen sah. Das Zeug hatte kein so schlechtes Image wie billiger Wein, war aber sozial nicht ganz so akzeptiert wie das Trinken von Miller oder Budweiser und schon gar nicht »upper class« wie etwa Cognac. Colt 45 in den schmalen weißen Dosen war das Getränk für den echten Macho-Brother.
In den 70ern erlebte ich den Aufstieg von Olde English 800. Colt 45 war der Fusel deines Onkels, Olde E war jünger und dümmer. Die braungoldenen Dosen versprachen einen schnellen kräftigen Rausch, der einen, wenn man ihn sich freitags gleich nach der Schule kaufte, schon vor Sonnenuntergang schwindlig gemacht hatte. Aber wehe, der Samstag kam! Ein Old E-Kater ist was Fieses. Colt 45 war ein R&B-Gesöff, aber Old E war volle Old School-Härte und gehörte zu Run-D.M.C. wie schwarze Hüte und Schuhe von Adidas. Von D.M.C. stammten sogar ein paar Verse auf den Fusel: »Crack the quart, put it to your lip / You tilt it slightly and take

a sip / Now by now you should know the deal / 'Cause that one sip you already feel.«

Auf den Werbeplakate, die in den Schnapsläden hingen, sah man entweder spärlich bekleidete schwarze Frauen oder einen doppeldeutigen dummen Spruch. Mit dem Marketingauftritt von Cognac hatten diese Billigwhiskeys nichts zu tun. Auch nicht mit der Picknick- und Baseball-Atmosphäre, um die sich Budweiser bemühte. Das Zeug war für »Roughnecks«, lange bevor diese von MC Lyte erfunden wurden.

Schnapswerbung hatte immer auf Symbole des schwarzen Machismo und Musik-Spots im Radio gesetzt, und so war es keine große Überraschung, dass eine neue Marke zwecks Überzeugung des HipHop-Publikums auf MCs setzte. Die Überraschung bestand darin, wie clever sie ihr Ziel umsetzten. St. Ides bemühte sich erst gar nicht um Rap-Stars wie L.L. oder Heavy D., sondern sprach gleich die harten Jungs an. Die ersten Spots liefen an der Westküste mit einem frostigen Gerappe von King Tee, einem Zögling von Ice-T, der sich auf dem Cover seines ersten Albums mit einer Schrotflinte ablichten ließ. Sein 60-Sekunden-Spot für St. Ides war besser als sein ganzes Album. Und natürlich lief der Spot häufiger im Radio als alles, was dieser L.A.-Rapper hinterher noch veröffentlichte.

Auf dem Weg Richtung Osten änderte sich die Besetzung. Ein TV-Spot von *Video Music Box*-Moderator Ralph McDaniels präsentierte Wu-Tang-Mitglieder – zu einem Zeitpunkt, als der Clan noch ein Undergroundphänomen war. Die Message kam an: St. Ides ist für Roughnecks wie dich. Dann trat St. Ides aufs Gas. Als sie 1991 einen Ice Cube als wichtigsten Werbeträger verpflichteten, war sein Respekt in den Hoods gewaltig. Noch waren sein Film *Boz N the Hood* und seine EP *Kill at Will* allen im Gedächtnis. Für eine Weile verschmolzen das gebogene »I«-Logo von St. Ides und Cube zu einer Einheit. Sein verdrießliches Konterfei grüßte von den Wänden der Bodegas, Supermärkte und 7-Elevens, und seine auf James Bond gestylten Werbespots machten seinen eigenen Musikvideos Konkurrenz.

Das Marketinggespür von St. Ides und Ice Cubes Wirkung führten zu einer so unangenehm intimen Verbindung aus HipHop, schwarzer Jugend und Feuerwasser, dass Chuck D, der schon zuvor als HipHop-Polizei aufgetreten war, sich in »I Million Bottlebags« negativ dazu äußerte: »They drink it thinkin' it good / But they don't sell it in the white neighborhood / How many times you see a black fight a black / After drinkin' a bottle / Or malt liquor six pack?«

Wenn man bedenkt, wie sehr sich Chuck D gegen den Billigwhiskey aussprach, wirkt es besonders seltsam, dass Cube in einem St. Ides Radiospot zusammen mit einem gesampelten Public Enemy-Stück zu hören ist. Chuck D war stinksauer wegen dieser missbräuchlichen Verwendung seiner Stimme und verklagte die St. Ides-Distribution, die McKenzie River Corporation, auf 5 Millionen Dollar. Das Verfahren endete angeblich in einem außergerichtlichen Vergleich, mit dem Chuck D sein Haus in Atlanta anzahlen konnte.

Als Snoop Doggy Dogg zum neuen Hardcore-Helden aufstieg, entschied sich auch St. Ides für den Death Row-Star und trennte sich von Cube. Die Schnapsbrenner ließen für ihre Kampagne eine hundeartige Karikatur des Rappers anfertigen, die helfen sollte, »Crooked«, ein neues, fruchtiges Getränk im Markt zu platzieren und so die Basis der Marke zu erweitern. Das Verhältnis zwischen St. Ides und Snoop wurde so innig, dass derselbe Zeichner, der die Werbekarikatur angefertigt hatte, auch die skatologische Covergestaltung von Snoops *Doggystyle* übernahm – die C. Dolores Tucker sogar im Kongress herumzeigte.

Während die Leute von St. Ides das Auge für den richtigen Hardcore-Rapper bewiesen, war auch die unbescholtene Sprite-Limonade auf den HipHop-Zug aufgesprungen. Sprite, das als armer Verwandter von 7Up in einen undefinierten Markt gestartet war, wurde ab Mitte der 90er gezielt im HipHop-Markt verankert. Härte war hier nicht gefragt, sondern eher Vertreter, die nicht voll auf Konfrontationskurs waren. Der erste Fernsehspot zeigte Bilder von A Tribe Called Quest. Die bunten Spots waren in hellen Farben gehalten und setzen modische Bildeffekte ein, die auf Jugendliche und junge Frauen abzielten. Der Slogan dieser Spots lautete: »Obey Your Thirst«. Als nächstes strahlte Sprite eine Reihe von Schwarz-weiß-Spots aus, mit Ex-Brand Nubian Grand Puba und dem Ex-Main Source Large Professor, die in einem Aufnahmestudio die Post abgehen ließen. Diese Spots brachten keine harte Werbeaussage, sie waren eher Dokumentation als Werbespots. Sie zielten auf Kenner der Rap-Szene, auf Fans, die diese New Yorker Underground MCs kannten und sich einer harten Werbeaussage sicher verweigert hätten.

Sprite setzte auf den HipHop-Snob, auf das Herz der HipHop-Kultur, eine Strategie, die 1997 noch verfeinert wurde, als Spots mit Ausschnitten aus Charlie Ahearns Kultfilm *Wild Style* von 1983 zu sehen waren. Sequenzen aus dem Original wurden mit aktuellen Stars neu gedreht (Nas und A.Z. freestylen in den Häuseraufgängen in Brooklyn). Mit dem Einsatz von Bildern aus einem Film, der nie einen großen Verbreitungskreis hatte und selbst als Video schwer zu finden ist, wies sich Sprite selbst als Kenner der Geschichte des Old School-Rap aus sowie der Bedeutung dieser Geschichte für ein aktives, intelligentes Segment seiner Käuferschicht. Auch die Slogans gingen in diese Richtung: »Sprite has many styles 'cause you're stayin' true to what you do.« Ich bin mir nicht so sicher, ob Sprite dadurch zu einem Standardgetränk auf HipHop-Partys wurde, aber eins ist sicher: Das Produkt wurde mit sehr coolen Aspekten der Kultur in Verbindung gebracht, und das half mit Sicherheit, Sprite neu zu positionieren. Wer hätte gedacht, dass ich soviel Zeit damit verbringe, über Sprite-Werbung zu schreiben, und das in einem HipHop-Buch?

Souljahs Geschichte

Ich kennen Lisa Williamson noch als Rednerin auf Seminaren oder Demonstrationen in den späten 80er Jahren. Sie machte immer großen Eindruck auf mich, und es war klar, dass sie eine der nächsten großen schwarzen Führerinnen sein würde. Sie ist eine bissige, belesene Intellektuelle mit einer feurigen und zugleich warmherzigen Stimme. Ich hielt sie für die große Ausnahme der Post-Soul-Ära.

Schon während ihres Studiums der amerikanischen Geschichte und Afrikanistik an der Rutgers University engagierte sich Lisa sehr stark in der Anti-Apartheid-Bewegung, dem einzigen politischen Bindeglied afroamerikanischer Studenten in den apathischen Spätachtzigern. Lisa erinnerte mich an die hoch gebildeten, fest entschlossenen Repräsentanten der Bürgerrechtsbewegung.

Ihre Philosophie war allerdings nicht auf Integration ausgerichtet, sie vertrat eher einen moderaten schwarzen Nationalismus. »Ich glaubte«, schrieb sie später, »dass wir uns selbst um unsere Viertel kümmern sollten, dass wir unser ganze Aufmerksamkeit, unsere Mittel und unser Können für die schwarze Jugend in den Vierteln brauchen, in denen wir leben. Für mich ist es eine Selbstverständlichkeit, das man zuerst und vor allem seinen eigenen Leuten hilft.«

Aber Lisa war viel stärker das Produkt ihrer Zeit, als ich vermutet hatte. Sie war von ihrer allein erziehenden Mutter zunächst in der Bronx und später in verschiedenen Gegenden von Jersey großgezogen worden. Mit den alten Aktivisten der Kirchegenmeinde hatte sich nichts am Hut, und sie stand auf Rap. »Bei Rap kann ich ganz offen meine Sexualität spüren und mich dem Drumbeat hingeben«, sagt sie. »Aber ebenso kann Rap auf die Bedingungen der Schwarzen in unserem Land aufmerksam machen.«

Nach dem College erhielt Lisa ein Jobangebot von Reverend Ben Chavis von der United Church of Christ's Commission for Racial Justice. Sie hatte ihre Bedenken, für einen Kirchenmann zu arbeiten, aber die Aussicht, ein Netzwerk jugendlicher Aktivisten in den ganzen USA aufzubauen, überzeugte sie.

Chavis war kein gewöhnlicher Prediger. Er war in der Bürgerrechtsbewegung aktiv gewesen und hatte als einer der Wilmington Eight vireinhalb

Jahre im Gefängnis gesessen – für Anschuldigungen in Zusammenhang mit Rassenunruhen in North Carolina, die die meisten für aufgebauscht hielten. Dass Chavis bei studentischen Versammlungen auf Lisa aufmerksam wurde, sprach für seine Führungsqualitäten. Später wurde er Präsident der NAACP, die unter seiner Führung den Kontakt zu jugendlichen Gangs herstellen wollte. 1997 wurde er wegen finanziellen Missmanagements gefeuert, kehrte dem Christentum den Rücken und wurde Mitglied der Nation of Islam.

Bei der Commission for Racial Justice verbrachte Lisa die meiste Zeit mit anderen jugendlichen Aktivisten, mobilisierte Kräfte für zahlreiche Diskussionsrunden und andere Veranstaltungen in den schwarzen Vierteln. So kam sie auch in Kontakt mit den Kindern, die in den zahlreichen schmuddeligen städtischen Waisenhäusern lebten. Lisa beschloss, ihr Leben zu ändern.

Der Church of Christ gehörte ein verlassenes College Campus in North Carolina mit Schwimmbad, Wohnheimen und Seminarräumen. Und so kam Lisa auf die Idee, »mit etwa 100 Kindern den Sommer dort zu verbringen. Ich war sicher, dass es ihnen weiterhelfen würde, wenn man sie eine Weile vom Einfluss der Großstadt entlastete.« Unterrichtet werden sollte alles, von traditionellen Lehrplänen über schwarze Geschichte bis zu Körperhygiene.

Ihren ersten Kontakt zur Musikbranche hatte Lisa über Bill Stephney, damals Vizepräsident von Def Jam. Lisa wollte ein Rap-Konzert veranstalten, um Gelder für ihr Sommercamp aufzutreiben und Rap gezielt dazu einsetzen, der gefährdeten schwarzen Jugend zu helfen. An der Veranstaltung im Apollo 1990 nahm alles Teil, was Rang und Namen in der New Yorker Rap-Szene hatte: Public Enemy, L.L. Cool J, Heavy D., Big Daddy Kane, Stetsasonic, MC Lyte. 60.000 Dollar flossen in Lisas »African Youth Survival Camp«. Es war ein riesiger Erfolg für die junge Organisatorin, der ihr viel Sympathie in der Rap-Szene einbrachte. Ihre feurige Ansprache und ihr Engagement brachte sie den Mitgliedern von Public

Enemy näher. Sie schloss Freundschaft mit dem Produzenten von P.E., Hank Shocklee, und Chuck D – und zwar so sehr, dass sie nach der Entlassung von Professor Griff wegen angeblich antisemitischer Äußerung 1989 zur neuen »Informationsministerin« der Formation berufen wurde. Cuck D gab ihr den Namen Sister Souljah und baute sie als weiblichen Kontrast zu Public Enemy auf.

Im Gegensatz zur wenig glamourösen Arbeit hinter den Kulissen, die Lisa bisher geleistet hatte, war Sister Souljah von Anfang an eine Popikone mit starkem Selbstbewusstsein und enormer Präsenz in der Öffentlichkeit. Mit der Unterstützung von P.E. wurde aus der potenziellen Führerin ein marktreifes Produkt. 1992 unterschrieb sie einen Vertrag bei Epic Records, und ihr Debütalbum *360 Degrees of Power* mit der provokanten Single-Auskopplung »Slavery's Still in Effect« kam mitten im Präsidentschaftswahlkampf in die Läden. Trotz aller guten Vorsätze wirkte das Album musikalisch leider wie eine Imitation von Public Enemy, und Sister Souljahs Reimqualitäten waren erbärmlich. Das Album hätte man wahrscheinlich längst als einen der vielen gescheiterten Versuche, Public Enemy neu zu erfinden, ad acta gelegt, hätte nicht irgendwer den ehemaligen Gouverneur von Arkansas auf ein Interview mit Lisa am 13. Mai in der *Washington Post* aufmerksam gemacht.

In einer Ansprache zur Rassenfrage bezichtigte Bill Clinton Sister Souljah, Schwarze dazu aufgerufen zu haben, »Weiße zu töten«. Er verlangte von Reverend Jesse Jackson und seiner Rainbow Coalition«, sich von ihr zu distanzieren. Irgendjemand in Clintons Lager musste Sister Souljah irrtümlich für einen großen Rapstar gehalten haben – obwohl sie natürlich nicht das eigentliche Ziel dieser Rede war. Der zukünftige Präsident reichte einem weißen Amerika die Hand, das befürchtete, die demokratische Partei würde sich unter der Führung des populären Jesse Jackson nur noch um die Rechte von Minderheiten kümmern. Clintons Worte waren dazu angetan, Jackson in die Defensive zu zwingen und außerdem eine moralisch korrekte Position gegen einen schwarzen »Rassismus« zu beziehen. Das Ganze wäre ein legitimes Anliegen gewesen, hätten die Clinton-Berater das Zitat nicht aus dem Kontext gerissen.

Befragt zu den Ausschreitungen in Los Angeles hatte Sister Souljah gegenüber der *Post* gesagt:»Diese Regierung und der Bürgermeister wissen alle ganz genau, dass in Los Angeles jeden Tag durch die Gewalt der Gangs Schwarze ums Leben kommen. Wenn man als Gangmitglied also sowie ständig Leute umbringt, warum dann nicht Weiße? Glauben die vielleicht, dass Weiße bessere Menschen sind oder über dem Töten stehen? Bringen die deshalb ihre eigenen Leute um?«

Die GOP hat die Popkultur schon oft angegriffen, wenn es politisch opportun schien, und die »neuen« Demokraten der Mitte unter Clinton hielten sich bei ihrer Suche nach einem Sündenbock auch an ein uraltes Muster. Das Parents Music Resource Center (das ist die Organisation, die die Plattenindustrie dazu zwang, ihre Produkte mit Stickern wegen obszönen Inhalts auszuliefern) wurde 1984 von Tipper, Al Gores Frau, ins Leben gerufen. Der so brillant in Dingen der öffentlichen Moral agierende und im Privatleben so undurchsichtige Clinton setzte Sister Souljah clever für seine Zwecke ein. Bei den weißen Wählern erschien er als der furchtlose Verkünder der Wahrheit, der auch nicht vor der Konfrontation mit der Wählergruppe zurückschreckte, der sich die demokratische Partei normalerweise anbiederten. Ärgerlich daran war natürlich, dass Clinton Sister Souljah weder einzuschätzen wusste, noch Kenntnis über die Zusammenhänge ihrer Äußerungen besaß. Er spielte einfach nur die Karte eines allgemeinen amerikanischen Unbehangens gegenüber der wachsenden Bedeutung der HipHop-Kultur aus. Die Folge: Sister Souljah kriegte mehr als nur ihre 15 Minuten Ruhm. *Newsweek* setzte sie aufs Cover, sie wurde von *Playboy* interviewt usw. Aber trotz des ganzen Rummels verkaufte sich ihr Album keine 500.000-mal.

Für eine weniger interessante Persönlichkeit hätte dies das Karriere-Aus bedeutet. Aber mit der Hilfe von Times Books konnte sich Sister Souljah noch einmal neu erfinden, diesmal als Autorin. Zur selben Zeit, als der

»Black Nationalism« als coole Modezutat durch den HipHop geisterte, avancierten Sachbücher und Erzählungen von afroamerikanischen Autorinnen zum Lieblingsprojekt der Buchverleger. 1996 kam Sister Souljahs *No Disrespect* in die Läden, ein expliziter Bericht über ihre Affären, in dem ihr politisches Engagement nur die Kulisse für ihre eigenen Beobachtungen des Liebeslebens der Generation X abgab. Das Buch war ein finanzieller Erfolg und ließ ihre kleine Auseinandersetzung mit dem Präsidenten gänzlich unerwähnt, ebenso die sich daraus ergebende Kontroverse oder die Auswirkung ihrer so zustande gekommenen Berühmtheit auf ihre Geistesverfassung oder gar auf ihr Liebesleben. Ironischerweise erinnern Souljahs Anekdoten über ihre Affären mit Drogendealern, sexuelle Erfahrungen und romantische Abenteuer alle an die HipHop-R&B-Hits von SWV, TLC und Changing Faces.

Zwischenzeitlich hat Lisa Williams geheiratet, ein Kind zur Welt gebracht und arbeitet für Puffy Combs. Sie kümmert sich um seine Daddy's House Stiftung, zu der auch ein Sommercamp gehört, fast so wie dasjenige, über das sie erstmals Kontakt mit der Musikindustrie herstellte. Ihr Werdegang von der Antiapartheid-Aktivistin zur nationalistischen Rapperin und wieder zurück zu einer Expertin in Sachen Weltverbesserung zeigt die Pendelbewegungen in dieser hyperaktiven Kultur, in der das wichtigste, was verkauft wird, kein verbissener Idealismus, Aufopferung für eine Sache oder auch nur eine Idee ist. Das beständigste Element des HipHop ist sein einnehmendes und dabei ständig mutierendes Konzept des Selbst.

Dreizehn – Too live

»Cover your mouth because you almost choke
You see the mailman's dick way up your wife's throat.«

Slick Rick, »Treat her like a prostitute«

1989 hielt ich eine Rede am Spelman College in Alabama. In welchem Zusammenhang man mich eingeladen hatte, weiß ich nicht mehr genau, aber es muss irgendwas mit HipHop zu gehabt haben, weil damals meine Redebeiträge auf allen Konferenzen mit HipHop zu tun hatten. Wieso gab es so was? Was hatte es zu bedeuten? War es bald wieder vorbei? Solche Fragen stellten die Leute stellten, als HipHop bereits zehn Jahre Teil der Plattenindustrie war. Da es sich um ein Frauen-College handelte und über die obszönen Texte von 2 Live Crew bereits überall diskutiert wurde, stieg ich ein mit einer Attacke gegen Luther »Luke« Campbell und redete vor allem über das, was ich als textliche Gewalt gegen Frauen betrachtete (die ich übrigens für einen ekelhaften Kompensationsversuch ihrer mangelhaften Reimfähigkeiten hielt. Das Spelman College war sicher der ideale Ort für dieses Thema).
Aber das war er nicht. Während im vorderen Teil des Hörsaals Studentinnen und Vertreter des Lehrkörpers von Spelman saßen, wurde der hintere Teil des Saals von Studenten des benachbarten, rein männlichen Morehouse College dominiert. Als ich etwas gegen 2 Line sagte, kamen Pfiffe aus den hinteren Reihen. Die Brüder aus Miami riefen: »Luke kennt diese Mädchen!« und »Er rappt doch nur über die Freaks in Liberty City!« Noch erstaunlicher war allerdings, dass auch einige Studentinnen 2 Line in Schutz

nahmen. Sie behaupteten, dass die persönliche Erfahrung von Luke mit »Skeezers«, so genannten Cracknutten, jedes Wort bestätige, das er sage. Luthers Bemerkungen über Frauen konnten noch so abwertend sein, es gab immer Studentinnen, die kein Problem mit »Give Me Some Pussy« oder »Throw the Dick« hatten, solange er nur von Nutten sang, die er selbst kannte. Für sie war Luther Campbell kein Pornograf, sondern eher eine Art Held der keep-it-real-Ästhetik. Für einen großen Teil des Publikums hatte ich nicht das Recht, so über einen Mann zu reden, der sich Mühe gab, die Realität der Hoods auf seinen Platten rüberzubringen.

Beim Essen nach dem Gastvortrag erklärte mir eine anwesende Professorin die Zusammenhänge. Sexuelle Übergriffe auf die Studentinnen in Spelman durch Studenten benachbarter schwarzer Colleges in Atlanta wie zum Beispiel Morehouse nahmen zu. Spelman hatte gerade erst eine Beratungsstelle für betroffene Frauen eingerichtet. Die von Männern dominierten Colleges in der Nachbarschaft hatten nichts Vergleichbares unternommen.

Mir erschienen die Ansichten sowohl der männlichen wie der weiblichen Studierenden entsetzlich altbacken. Würde ein Mädchen von anderen als Nutte bezeichnet, wäre wohl niemand bereit, sie zu verteidigen. Und wenn ein Student zu weit ging, würde dann nicht die ihr nachgesagte Promiskuität alles rechtfertigen? Diese viktorianische Doppelmoral störte mich insbesondere, weil die Leute, um die es ging, nicht in irgendeinem heruntergekommenen, von Armut geprägten Sozialbau lebten, sondern auf dem Campus von zwei der renommiertesten schwarzen Colleges in den USA.

An jenem Abend saß ich in meinem Hotel und dachte noch einmal über die Frauenfeindlichkeit von 2 Live Crew nach. Auf einer sehr grundlegenden Ebene war mir etwas entgangen. Zum Teil die Musik. Es war weder New Yorker Musik, noch Funk-Sampels aus Compton, sondern der hämmernde Bass von Miami, ein tanzbarer Sound, der seine rhythmische Basis aus einem Elektrofunk im Stile von Soul Sonic Forces »Planet Rock« bezog.

Das war die Musik der House Partys im verrückten Liberty City, die Musik weißer College Boys in Broward County und nicht zu vergessen der Soundtrack in den Strip Clubs weltweit. Für alle College Kids, ob für die schwarzen Freaks in Atlanta oder die weißen in Daytona Beach, war 2 Live Crew elementarer Bestandteil der großen landesweiten Frühjahrsparty während des Spring Break mit seinen nassen T-Shirt-Wettbewerben und anderen erhebenden Aktivitäten. Da ich Campbells Musik verunglimpft hatte, musste ich von einem Ort der kulturellen Ignoranz stammen.

Der Anspruch, »real« zu sein, wie die Studenten behauptet hatten, nagte an mir. Es betrübt mich immer, wenn Leute, die mit HipHop groß geworden sind, sich mit einer äußerst einfachen Sicht der Dinge begnügen, in der Wahrheit von einem »Street«-Dogma bestimmt wird oder zumindest ihrer Vorstellung und weniger ihrer persönlichen Erfahrung mit diesem Dogma. Meine Ausführen über die sozialen Auswirkungen der Musik von 2 Live Crew – dass Schwarze ziemlich schlimme Dinge über Frauen von sich geben – schienen nicht mal am Bild der Band zu kratzen.

Kulturkämpfe

Ein indirekter, aber nichtsdestotrotz heftiger Krieg zwischen den afroamerikanischen Geschlechtern durchzieht die ganze Post-Soul-Epoche. Es ist eine Krieg, in dem mit Worten, Büchern, Magazinen und Schriftstellern auf der einen Seite geschossen wird und mit MCs und Filmen auf der anderen. Den ersten Schuss feuerte, so weit ich mich erinnere, Ntozake Shange im Jahr der 200-Jahrfeier ab. Ihre Waffe, ein Theaterstück: *for colored girls who have considered suicide / when the rainbow is enuf*. Ein gesprochener Dialog, geschrieben mit dem Ohr der Schriftstellerin und im Geist einer weiblichen Gemeinschaft. Ihre sieben Worte erzählen eindringliche Geschichten vom Leben, von der Liebe und den schlimmen Dingen, die ihnen von den Männern angetan wurden, die sie liebten. Die erschreckendste Geschichte *for colored girls* ist die Erzählung »a nite with beau willie brown«, in den Worten der Lady in Red. Willie Brown, ein charismatischer, wahnsinniger und drogensüchtiger Vietnamveteran missbraucht seine Freundin und wirft in einem Anfall mörderischer Wut die gemeinsamen Kinder aus dem Fenster. Es ist ein Stück Theatergeschichte, eines, das Jahre schwarzer weiblicher Frustration, Orientierungslosigkeit und Schmerz in einem unlöschbaren Bild einfängt.

Das zweite Geschütz war Michelle Wallaces *Black Macho and the Myth of the Super-Woman*, das 1978 mit großem Tamtam veröffentlicht wurde. Die Feministinnen befanden sich in einer Phase, in der schwarzen Männer oft pauschal als Vergewaltiger, Räuber und ganz allgemein als Übeltäter dargestellt wurden, gerade so, als lebten wir alle in D. W. Griffith' *Birth of a Nation*. In einer Mischung aus Überzeugung und Kulturgeschichte beschreibt Wallace, wie schwarze Frauen von ihren Männern in der Zeit der Bürgerrechtsbewegung und der Ära des schwarzen Nationalismus ausgebeutet wurden. Das Werk zeigt die Bedeutung von sexuellen Ansprüchen, die zusammen mit visionärer Rhetorik und politischer Führungsposition einhergingen – ein schmutziges Geheimnis, das die Feministinnen wütend machte und schwarze Wortführer zu blindwütigen Dementis veranlasste. Wenn auch kein perfektes Buch, so brachte es doch die unangenehme Wahrheit ans Tageslicht, dass der Machismo unter afroamerikanischen Führern weit verbreitet ist, und veränderte die Bewertung ihres Kampfes für Gleichberichtigung in einer Weise, die einige mit Verrat gleichsetzten.

Shange und Wallace waren natürlich nicht allein verantwortlich für das neue streitsüchtige Klima in der schwarzen Literatur. Seit 1970 hatte eine Reihe schwarzer Autorinnen unter dem Einfluss des Feminismus und der eigenen Lebensumstände eine Vielzahl von zum Teil bahnbrechenden Werken verfasst. Gayle Jones' *Corregidora*, Alice Walkers *The Third Life of Grange Copeland* und die frühen Werke von Tony Morrison (*The Bluest Eye*, *Sula*) entsprangen alle demselben Wunsch: der so lange unterdrückten Erfahrung afroamerikanischer Frauen eine Stimme zu leihen, die natürlich eine Kritik des weißen Rassismus enthielt und von dem Unrecht handelte, das ihnen von ihren Männern zugefügt wurde.

Den Anstrengungen von Alice Walker und der Wissenschaftlerin Mary Helen Washington ist es zu verdanken, dass Zora Neale Hurston – die zuvor in schwarzen Anthologien eine Rolle als zweitrangige Vertreterin der Harlem Renaissance gefristet hatte – heute eine Gallionsfigur schwarzer Weiblichkeit ist. Hurstons gesunder Menschenverstand, ihre Verwendung von Bräuchen aus dem Süden und ihr Auge für Menschen hatten großen Einfluss auf die Werke von Walkers *Die Farbe Lila* und Terry McMillans *Disappearing Acts*. Im Kanon der afroamerikanischen Literatur, der traditionell als von Männern dominiert dargestellt wurde, steht sie heute auf einer Ebene mit Ralph Ellison und Richard Wright – auch als Sinnbild dafür, dass schwarze Frauen ihre Geschichte aufarbeiten und ihren Platz in der Literatur beanspruchen.

Mit Nostalgie hatte diese Entwicklung nichts zu tun. Die wachsende Zahl von schwarzen Frauen, die der Mittelschicht angehören, verfolgte ganz bewusst das Ziel, ein Vorbild für die Gegenwart zu finden. Wie die B-Boys aus dem Post-Soul entstanden, so entstand an den Colleges eine US-weite Gemeinschaft aus Frauen mit sozialer Aufstiegsmentalität, aber auch mit sozialem und politischem Bewusstsein. Sie wurden Professorinnen, Sozialarbeiterinnen, Redakteurinnen, Moderatorinnen, Boutiquebesitzerinnen, gingen in die Verwaltung oder zum Film oder waren sonst irgendwie berufstätig. *Essence*, die 1971 gegründete Monatszeitschrift für schwarze Frauen, wurde zum zentralem Forum für starke Selbstbilder, praktische Tipps und Loblieder auf die »Schwesternschaft«. In den vergangenen drei Jahrzehnten ist kein vergleichbares Magazin für Männer entstanden, weder was die Qualität, noch was die Wirkung angeht.

Männliche Ressentiments gegen diese neue weibliche Bestimmtheit formierten sich zu Beginn der 80er Jahre im Umfeld des Buches von Alice Walker *Die Farbe Lila* und des gleichnamigen Spielberg-Films. Ein Großteil der Kritik wiederholte nur die alten Gehässigkeiten gegen Shange und Wallace (»Warum schmutzige Wäsche in der Öffentlichkeit waschen?«), aber der männliche Ärger verstärkte sich noch dadurch, als diese feministischen Ansichten plötzlich »pop« im Sinne von »populär« wurden. Man unterstellte Walker, schwarze Frauenfeindlichkeit mit weißem Rassismus auf eine Stufe gestellt zu haben, eine Gleichsetzung, an der viele Anstoß nahmen. Als junger Autor besuchte ich mehrere Veranstaltungen, bei denen es um Rassentreue oder fehlende Rassentreue prominenter schwarzer Autorinnen ging, Diskussionen, die meist in Beschimpfungen, Geschrei und Verachtung durch die Männer ausarteten.

Der Willie Horton des HipHop

Mein Vortrag am Spelman College rief Erinnerungen in mir wach an zwei Autorentreffen – insbesondere weil ich davon ausgehen musste, dass die meisten anwesenden Studentinnen mit Wallace, Shange, Morrison usw. vertraut sein mussten. Aber in dieser hinreißend widersprüchlichen Art der Gattung Mensch war es diesen jungen Frauen möglich, die sexistischen Gesänge der 2 Live Crew zu verteidigen und zu ihnen zu tanzen. Schwarze fuhren schon immer zweigleisig, einerseits beten sie zu Gott, andererseits flirten sie mit dem Teufel. Meine Angriffe auf Campbell – das wurde mir im Nachhinein peinlich bewusst – waren nicht viel besser als die Ablehnung der »wahren Negroes« gegen die Blues- und Jazzmusiker Jahrzehnte zuvor. Ein schrecklich ernüchternder Gedanke.

Die Farbe Lila und 2 Live Crew liegen vom Kunstanspruch meilenweit auseinander, aber beide sind Produkte eines zuweilen schmutzigen Geschlechterkampfes im Süden der USA, beide Resultate eines ländlichen Chauvinismus, nur aus radikal anderer Sicht.

Noch einmal versuchte ich zu begreifen, wie jemand Campbells Aggressivität verteidigen konnte. Wenn man Campbell als einen kulturellen Drogenhändler bezeichnete, der sein Geschäft mit schnellen Trips tanzbarer Frauenfeindlichkeit macht, würden einem seine jugendlichen Fürsprecher entgegnen, dass Luther Campbell doch auch nur sein Geld verdienen wolle – womit sich ja bekanntlich alles rechtfertigen lässt. Hatte der Inhalt seiner Musik darüber hinaus keine Bedeutung?

Für viele Leute, vor allem aus dem Süden, war Luther ein Vorbild für finanziellen Erfolg. Ihm gehörte ein Gebäude in Liberty City, dem kaputtesten Viertel von Miami und viele Clubs in der ganzen Stadt, in der er seinen Homies Arbeit gab. »Janet Reno« ist ein Song von ihm, in dem er der Staatsanwältin von Dade County und späten Bundesstaatsanwältin seine Anerkennung dafür ausspricht, dass sie hart gegen Väter durchgriff, die ihren Unterhaltspflichten nicht nachkommen, ein Engagement, für das ihn Janet Renos Mitbewerber Jack Thompson bis heute hasst. Aus der Sicht der Plattenindustrie ist der interessanteste Aspekt, dass Lukes Aufnahmen auch noch auf dem Höhepunkt seines Erfolges von Indies vertrieben wurden. Weder Sony noch Warner oder PolyGram griff ihm in die Tasche.

Im Unterschied zu Uptown oder Def Jam war Luthers Label von keinem multinationalen Konzern abhängig, wodurch es viel eher in der Tradition von Motown steht als irgendein anderes HipHop-Label. Luke war damals nicht nur sozial ein Rebell, sondern auch als Geschäftsmann. Selbst Leute aus der Rap-Szene, die seine Musik nicht mochten, hatten Respekt vor seiner ökonomischen Unabhängigkeit. Aber man sollte Engagement und Genie nicht miteinander verwechseln. Er gründete sein Unternehmen unter dem Namen Luke Skywalker Records, und bei so was versteht George Lucas gar keinen Spaß. Nach ein paar Briefen von Lucas' Anwälten verschwand das »Skywalker« aus dem Namen, und »Luke Records« blieb übrig.

In seinen Bemühungen um die Wählerstimmen, die stets um das Wohl der Familie besorgt sind, fing der Gouverneur Bob Martinez an, auf 2 Live Crew einzuhacken. Zuerst startete er eine Fax-Kampagne, in der er sich an Politiker und Polizei wandte, um sie auf die schlüpfrigen Inhalte der Songs aufmerksam zu machen. Kurz darauf verlangte er, Ermittlungen einzuleiten. So langsam entstand ein juristisch feindseligen Klima, in dem sich Campbell bewegte.

Der ganze Ärger um Campbell sollte seinen Höhepunkt erreichen, als ein Bundesrichter in Florida *Nasty as They Wanna Be* für obszön erklärte, wodurch 2 Live Crew die Ehre zuteil wurde, die erste Band in der Geschichte der USA zu werden, deren Material nicht mehr an Minderjährige verkauft werden durfte. Während der Gerichtsverhandlung traten aus Solidarität mit den Angeklagten so berühmte Leute wie der Harvard-Professor Henry Louis Gates Jr. und Vertreter der American Civil Liberties Union in den Zeugenstand, um auszusagen, dass es sich nicht um feindseligen Rap handelte, sondern um ein Beispiel für afroamerikanischen Humor und Satire. Die Band kam noch einmal mit einem blauen Auge davon, und auch der Verkauf des Albums zog kräftig an, aber noch waren sie nicht aus der Schusslinie.

1990 wurde ein Plattenhändler in Fort Lauderdale verhaftet, weil er *Nasty as They Wanna Be* verkauft hatte. Kurz darauf wurde ein weiterer Verkäufer erwischt, der das Album an einen Minderjährigen verkauft hatte. Und noch etwas später kam die Anti-2 Live Crew auch an Campbell selbst heran. 1990 wurde die gesamte Band wegen obszönen Verhaltens beim Auftritt in einem College-Wohnheim in Broward County festgenommen. Aus der darauf folgenden Medienschlacht ging der Held mit Markenzeichen Zahnlücke als Poster-Wahrzeichen für skrupellosen Rap und als Kämpfer gegen die Zensur hervor.

1991 wurde die 2 Live Crew-Parodie von Roy Orbisons »Pretty Woman« von den Inhabern der Songrechte, einem Verlag namens Acuff-Rose, unter Beschuss genommen, weil man dort glaubte, wertvolles Country-Kulturgut vor der Verunstaltung retten zu müssen. Leider zählt gerade dieses Stück zu den gelungenen und humorvollen Stücken der Band, und so entschied auch der extra hierzu bemühte Supreme Court, dass die

2 Live Crew-Version des Songs als Parodie unter dem Schutz des Urheberrechts stehe.

Trotz dieses massiven Sieges liefen die Dinge nicht so gut für Luther. DJ Mr. Mixx und Brother Marquis verließen die Band wegen Geldstreitigkeiten. 1994 verklagte MC Shy-D, ehemals bei Luke Records unter Vertrag, das Unternehmen auf Nachzahlung von Beteiligungen in Höhe von fast 700.000 Dollar und gewann. Weitere Urteilssprüche zu seinen Ungunsten, die laufenden Kosten des Labels und die ständigen Rechnungen der Rechtsanwälte führten dazu, dass Luke 1996 Bankrott anmelden musste.

Parallel zum Untergang Campbells feierte der von ihm mitbegründete »Miami Pumping Bass« die ersten landesweiten Erfolge mit (relativ) sauberen Tanznummern wie Tag Teams »Whoomp! (There It is)«, 69 Boyz' »Tootsie Roll«, Quad City DJs »Ride the Train«, Ghost Town DJs »My Boo«, B-Rock & the Bizz' »My Baby Daddy«, die alle zwischen Atlanta und Miami entstanden.

1997 machte Campbell einen Plattenvertrag mit Island, und auch heute ist er noch, auch ohne 2 Live Crew, berühmt für seine sexbetonten Inhalte. Bei seinen Auftritten werden weibliche Fans regelmäßig auf die Bühne geholt, um zu tanzen, zu strippen und wenn sie wollen (wie eine Frau bei einem Auftritt in Japan) Oralverkehr mit Campbell zu haben. Konsequenterweise gibt Campbell, der sich mittlerweile »Captain Dick« nennt, ein schwarzes Männermagazin heraus und ist der Host einer Sex-Talkshow im Pay-TV.

Luther Jordans Tage als Willie Horton des HipHop sind gezählt, aber meine Erinnerung an die verbalen Attacken gegen meinen Vortrag in Atlanta sind mir noch sehr gut in Erinnerung. Ich dachte daran, als Afroamerikaner, darunter auch viele Geistliche, sich auf die Seite von Mike Tyson stellten, als die schwarze Teilnehmerin eines Schönheitswettbewerbs in Indiana ihn wegen Vergewaltigung anzeigte. Ich erinnerte mich daran, als sich HipHop Fans ohne zu zögern auf die Seite von Tupac Shakur stellten, als er wegen Vergewaltigung in New York vor Gericht stand. Ich erinnerte mich daran, als eine schwarze Jury O. J. Simpson vom Vorwurf der Gewalt in der Ehe gegen Nicole Simpson in einem besonders schweren Fall freisprach. In der afroamerikanischen Gesellschaft gibt es starke Schutzmechanismen für männliche Privilegien, die irrational und destruktiv sein können. Normalerweise ist eine solche Haltung verbunden mit der Paranoia, dass ein bestimmter schwarzer Mann – Campbell, Tupac, Tyson – von Weißen aufgrund seiner Prominenz ins Fadenkreuz genommen wurde. Und oft haben sie Recht damit. Es gibt viele Weiße, die nichts lieber tun, als schwarze Ikonen von dem Podest zu stoßen, auf das man sie gestellt hat. Aber das kann nicht für alle Brüder gelten. Paranoia macht blind gegenüber den Fakten des Einzelfalles. Man sollte erkennen, dass einige dieser Brüder massiv Scheiße gebaut haben und neben einer Haftstrafe auch noch den Bann von der schwarzen Gemeinschaft verdient haben.

Natürlich kann auch beides zusammenkommen, ein hinterhältiger weißer Fallensteller und ein Schwarzer, der dumm genug ist, darauf reinzufallen. 2 Live Crew war so ein Fall. Sie waren in ihren Texten Frauen gegenüber ebenso respektlos wie Larry Flints Magazin *Hustler*. Campbell hat den Zorn der Göttin provoziert.

Es stimmt auch, dass Jack Thompson, dessen politische Karriere zum Teil auch an Luther scheiterte, alles daran setzte, ihn in den Knast zu stecken. Das war aber keine geheime Verschwörung. Thompson plärrte seinen Hass in jedes Mikrofon, das ihm unter die Nase gehalten wurde.

Vielleicht war Luke Campbell, der Mann, der die schwarzen Girls mit dem dicken Hintern als Verkaufsargument für Musikaufnahmen entdeckte und in den Zeiten von AIDS Promiskuität vorlebte, gar nicht der große Bösewicht, für den ich ihn hielt. Aber er war auch nicht der Held, als den ihn seine Fürsprecher an jenem für mich so denkwürdigen Abend am Spelman College darstellten.

Queens und Chickenheads

HipHop hat keine Bessie Smith, Billie Holiday oder Aretha Franklin hervorgebracht. Natürlich könnte man sagen, dass Queen Latifah als Symbol weiblicher Macht in die Fußspuren von Aretha getreten ist, aber aus musikalischer Sicht muss man den Vergleich mit der Queen des Soul ablehnen. Man könnte auch sagen, dass die vier Platinalben von Salt-N-Pepa und ihre saubere und ordentliche Sexualität etwas vom Pop-Appeal der Supremes haben, aber keine der beiden MCs noch ihre wunderschöne DJ Spinderella wird es jemals mit Diana Ross aufnehmen können.

In den mittlerweile weit über zwanzig Jahren, in denen es HipHop auf Platte und CD zu kaufen gibt, einer Zeit, in der schwarze Stimmen wie Chaka Khan, Whitney Houston, Anita Baker, Tracy Chapman, Mary J. Blige und Erykah Badu auftauchten, gab es nicht eine Frau, die entscheidend in die Entwicklung des Rap eingegriffen hätte. Außer Latifah und Salt-N-Pepa hat auch MC Lyte seit über zehn Jahren Aufnahmen gemacht, und Yo-Yo hat sich einigen Respekt verdient. Nicht zu vergessen die Spinnerin DJ Jazzy Joyce. Ende der 90er haben Foxy Brown und Lil' Kim bewiesen, dass sich Sex und eine deftige Wortwahl prima verkaufen, aber es käme niemand auf die Idee, sie für innovativ zu halten. Old School MCs wie das Frauentrio Sequence von Sugar Hill und Sha-Rock von den Funky Four + 1 hinterließen Spuren. (Missy »Misdemeanor« Elliott, Rapperin, Texterin und Sängerin aus Virginia tauchte Ende der 90 als Multitalent auf und zeigt sich von der kreativen Seite). Dennoch würde ich behaupten, dass selbst wenn es von all diesen Musikerinnen nicht eine Platte gäbe, die Geschichte des HipHop keine Spur anders verlaufen wäre.

Im Unterschied zur Soulmusik, die ihre Ursprünge in der schwarzen Kirche hat, wo weibliche Sensibilität wesentlich zur Atmosphäre des gesamten Umfeldes gehört, entstand Rap in den Straßen der Ghettos, wo seit eh und je Macho-Werte regieren. Die Wettkampfnatur des HipHop hat Frauen bis auf wenige Ausnahmen ausgeschlossen. Das »Rap Battle for World Supremacy« von 1985, bei dem Roxanne Shanté sowohl Fruitkwan von Stetsasonic als auch den Old School-Helden Busy Bee niederrappte und beinahe den Gürtel für den besten Rap des Jahres gewann, ist deswegen so lebhaft in Erinnerung, weil es ein so seltenes Ereignis ist, dass Frauen im HipHop die Chance bekommen, sich mit den Männern auf demselben Terrain zu messen. Viele Ausdrucksformen im HipHop sind ganz klar auf männliche Jugendliche ausgerichtet – und das bedeutet in aller Regel, dass Frauen vom Gespräch ausgeschlossen sind. Die Dynamik *erwachsener* Beziehungen bildet die Grundlage von Blues und Soul, in denen sowohl Männer als auch Frauen Geschichten über Liebe, Hass, Untreue und Begierde erzählen. Im HipHop ist der typische Erzähler ein junger, aggressiver und notgeiler Mann, der meist voller Verachtung und Ablehnung ist oder zumindest nicht interessiert an Verantwortung oder Verpflichtung.

Männliche HipHop-Hörer, weiße und schwarze, haben weibliche Rapper eigentlich nie akzeptiert. Schon zu Beginn ihrer Karriere haben Latifah und Lyte, die wohl bedeutendsten Vertreterinnen der Szene, versucht, mit ihren männlichen Kollegen in puncto Härte zu konkurrieren. Lyte, deren Debütsingle 1988 erschien, holte ihre erste Goldscheibe erst 1993 mit »RuffNeck«. Latifah, die 1989 erstmals in Erscheinung trat, musste vier Jahre auf ihr erstes Goldalbum warten. »RuffNeck« war eine Verherrlichung junger schwarzer Männlichkeit mit einem starken Video. Latifahs Umsatz wurde vor allem durch ihren Auftritt in der Fernsehserie *Living Single* in die Höhe geschraubt.

Dass Lyte ihren Durchbruch mit Sex hatte (und es seither verstanden hat, ihr Image zu verbessern) überrascht nicht, Salt-N-Pepa haben dieses Terrain vorgegeben. Die erfolgreichste weibliche HipHop-Formation (und einer der erfolgreichsten Rap-Acts überhaupt) begann als Zusammenschluss pummeliger B-Girls, die sich mittlerweile zu scharfen Glamour-Girls weiterentwickelt haben, aber am Thema Sex haben sie unter dem wachsamen Auge ihres Produzenten Hurby Luv Bug (Hurby Azor) seit 1986 konsequent festgehalten.

Foxy Brown und Lil' Kim übernahmen das Rezept von Salt-N-Pepa, machten es schärfer und schmissen ein paar Designer-Anspielungen mit rein (Foxy bevorzugt Dolce & Gabbana, Kim trägt Versace). Sie verkauften sich als aggressive Objekte der Begierde. Aber keine dieser MCs hat sich je dazu geäußert, was es bedeutet, eine schwarze Frau in den 90ern zu sein – zumindest nicht mit der Detailliertheit und Kenntnis, die das Thema erfordert.

Allerdings muss man diese Frauen fair bewerten und ihnen zugute halten, dass sie selbst innerhalb der Rollenbegrenzungen junger schwarzer Frauen im städtischen Alltag gefangen sind. Mitte der 80er begann die Vorstellung des Ghettos das Leben der afroamerikanischen Gesellschaft zu dominieren. Der ghettozentrische Blick war hart, unsentimental und frauenfeindlich in einer Weise, dass Milde, Anmut und mütterliche Instinkte entbehrlich erschienen. Damals fing es an, dass Frauen als »Bitch« bezeichnet wurden, was natürlich viel mit Crack zu tun hatte, einer Droge, die Frauen und Männer, Mütter und Väter gleichermaßen zerstörte.

Der HipHop-Stil brachte Frauen dazu, sich wie Männer zu kleiden, wie sie zu reden und nicht nur die B-Boy-Ansichten zu übernehmen, sondern auch ihre harte Mentalität, die nichts auf weibliche Instinkte gab. Große schwingende Ohrringe sind Ausdruck diese HipHop-Kultur und einer aktiven Sexualität, die als erstrebenswert galt. Das belegt alleine schon die hohe Zahl der nichtehelichen Geburten in den schwarzen Stadtteilen.

Aber man darf nicht vergessen, dass diese Androgynität mit der homoerotischen Seite im HipHop der 80er zu tun hat, die weibliche Eigenschaften tendenziell abwertete. Gangs und Gefängnisse stärkten die Ansicht, dass Frauen, abgesehen vom Sex, entbehrlich waren. Seit Mitte der 90er schwingt das Pendel nun in die andere Richtung. Eng anliegende Kleidung, extravagante Frisuren, lange, kunstvoll gestaltete Fingernägel und nackter Bauchnabel haben die Gegenbewegung zur Androgynität der 80er eingeläutet – gerade so, all wolle sich die HipHop Kultur an ihrer eigenen Vergangenheit rächen. Vielleicht ist das auch eine Ermüdungserscheinung gegenüber dem harten Stil als der ultimativen Manifestation urbaner Coolness und der Beginn einer Rückkehr zu einer älteren, sinnlicheren Auffassung von »Style«. Die 70er Jahre Nostalgie in Film, Werbung, Musik und Mode der 90er mag Ausdruck dieser Wiederkehr der Sinnlichkeit sein. Was früher der 150 Dollar Trainingsanzug von Nike war, ist heute die Sonnenbrille von Versace. Glitzernde, von Designern eingekleidete weibliche Gesangsgruppen, etwas, das 1990 mit En Vogue begann, ist der offensichtlichste Ausdruck diese neuen hochgepushten Femininität.

Natürlich haben auch die Klamotten nichts am dysfunktionalen Bild der schwarzen Frau verändert. Rap machte Slang-Ausdrücke für Frauen wie »Skeezer«, »Hootchie«, »Chickenhead« und natürlich »Bitch« oder, wie sie an der West Coast sagen, »Bee-yatch« salonfähig. Die frauenfeindlichen Schimpfworte sind heute so gebräuchlich, dass Frauen andere Frauen oder gar sich selbst so bezeichnen. Es ist eine Sache, sexuell aggressiv zu sein, aber es ist etwas ganz anderes, sich den abwertenden Sprachgebrauch der Männer zu eigen zu machen. Während HipHop schwarze Männer finanziell und spirituell reicher machte, stülpte er jungen Frauen Stereotypen über und schwächte ihr Selbstwertgefühl. Es war dieser Kontext, in dem die 2 Live Crew ihre Erfolge feiern konnte.

Frauenfeindliche Rap-Produktionen waren selbstverständlich keine unmittelbare Reaktion auf die feministische Literatur oder die Bewegung afroamerikanischer Frauen aus der Mittelschicht in den 80ern. Die Mehrzahl der HipHop-Größen wusste überhaupt nichts von diesen intellektuellen Grabenkämpfen, die meisten von ihnen bewegten sich ohnehin an der Grenze zum Analphabetentum. In dem Maße, wie sich der Rap weiterentwickelte, kam auf den Platten immer stärker zum Ausdruck, dass schwarze Männer in die Kritik des weißen Rassismus gerieten – und gleichzeitig in die Kritik von schwarzen Frauen. Das Bild der Frau als Geldverschwenderin wurde im HipHop kultiviert seit Kool Moe Dees »They Want

Money« 1989 und Doug E. Fresh und Slick Ricks »La-Di-Da-Di« von 1984, ein Stück, von dem die Zeitschrift *Source* behauptet, dass es sich um die erste Rap-Platte handelt, auf der Frauen als »Bitches« bezeichnet werden. Public Enemys »Sophisticated Bitch« aus dem Album *Yo, Bum Rush the Show* 1987 setzte neue Maßstäbe, weil es nicht mehr alleine um eine Kritik an der Geldverschwendung ging, sondern um die Klassenunterschied zwischen aufstiegsorientierten Frauen und Männern aus der Arbeiterklasse. In diesem Song attackiert Chuck D eine hochnäsige Schwarze, weil sie ihn auf einer Party abblitzen lässt: »Now she wants a sucker but with an attache / And if you aint got it – she'll turn you away.« Was das stachelige Verhältnis zwischen schwarzen Businessfrauen und schwarzen Männern angeht, enthält dieser Song eine unliebsame Wahrheit. Public Enemy wurde scharf kritisiert, weil »Sophisticated Bitch« (und übrigens auch »She Watch Channel Zero?!« auf *It Takes a Nation of Millions*) angeblich Frauenhass schürte, und falls Rap als schwarzes CNN gelten kann, wie Chuck D einmal meinte, dann machte diese Neuigkeit schnell die Runde. Die Spannungen zwischen den Geschlechtern und Klassen, die P.E. aufgriff, wurden zum zentralen Thema. Viele MCs verdienten ihr Geld damit, Schwestern aus der Mittelschicht als Feindbilder aufzubauen, und viele dieser Frauen, die sich angesprochen fühlten, erwiderten das Kompliment, indem sie die HipHop-Szene als Macht des Bösen innerhalb der afroamerikanischen Gesellschaft verteufelten. Während eine Reihe junger Frauen erfolgreich über HipHop schrieb (Joan Morgan, dream hampton, Sheena Lester, Danyel Smith) konnten andere, insbesondere ältere Intellektuelle, die mit Soul und Gospel aufgewachsen waren, keinen Zugang zu dieser Kultur finden, weder zu den Themen, noch zum Publikum. Diese Frauen fanden im HipHop vieles von dem wieder, wogegen sie gekämpft hatten. »Hat Dr. King sein Leben dafür lassen müssen«, fragten sie, »damit heute junge Männer sich in den Schritt fassen und Frauen ›Bitches‹ nennen können?« Unter diesen Umständen war der Aufstieg von jemandem wie C. Dolores Tucker unaufhaltsam.

Die Lady mit dem Turban

Washington D.C., ist so ziemlich der letzte Ort, an dem man in einen Schneesturm geraten sollte. Die ohnehin wenig effektiven städtischen Betriebe brachen in den 90er aufgrund von Missmanagement und heftiger Budgetstreichungen der GOP im Kongress fast völlig zusammen. Und so kam es, dass ich am 11. Februar 1994 – ich hätte mich besser in den Zug zurück nach New York gesetzt –, in einem Taxi mit einem äthiopischen Taxifahrer saß und an Schneebergen vorbei zu einem Vortrag kutschiert wurde. Eingeladen hatte mich das (holen Sie viel Luft!) »Committee on Energy and Commerce's subcommittee on Commerce, Competitiveness, and Consumer Protection«. Die wollten was über das Thema Gangsta Rap erfahren.

Auf dieser Tagung durfte ich am eigenen Leib erfahren, welchen Einfluss eine über Sechzigjährige auf den landesweiten HipHop-Diskurs hatte. Das erste, was ich sah, war eine Vergrößerung der Innenseite des Covers von Snoop Doggy Doggs *Doggystyle*: der pornographische Cartoon eines geilen Köters mit langer Rute. C. Dolores Tucker saß bereits mit ihrem Markenturban – diesmal lila – im holzvertäfelten Olymp, umringt von ihrem Beraterstab, darunter auch Vertreterinnen der Plattenindustrie, die meisten über dreißig, die ihr in allen Belangen mit ihrem Branchenwissen beistanden und sie dazu missbrauchten, nicht nur ihren Unmut über Rap loszuwerden, sondern auch etwas gegen ihre Machtlosigkeit in der Branche zu unternehmen. Auch die Sängerinnen Dionne Warwick und Melba Moore waren prominente Helferinnen von Tucker, aber sie waren nur die Spitze des Eisbergs. Hinter den Kulissen verbarg sich eine große Gruppe von Frauen, die der Macht, die HipHop jungen schwarzen Män-nern verlieh, etwas entgegensetzen wollten. Es war nicht die Musik allein, die sie störte. Sie fühlten sich auch unfair behandelt, weil der Rap das Vehikel einer neuen Generation von Unternehmern war, die sie einfach übergangen hatten.

Den anwesenden Vertreterinnen der Verschwörungstheorie erschien es, als sei der Gangsta Rap angetreten, die gesamte schwarze Kultur zu übernehmen. *The Chronic* von Dr. Dre war vier Millionen mal verkauft worden, *Doggystyle* von Snoop war auf dem Weg zu fünf Millionen. Die näselnden West Coast Rapper schienen plötzlich überall präsent zu sein, ihre Party-Videos dominierten BET und MTV. Das war zu viel für C. Dolores Tucker. Sie hatte sich den Vertrieb von Death Row vorgeknöpft, also Time Warner – damals noch der einzige rein amerikanische von den weltweit operierenden Konzernen. C. Dolores Tucker schüttelte mir die Hand mit genau demselben grimmigen, glasäugigen Blick, den ich schon so oft auf *Nightline* gesehen hatte. Ich kannte ältere Schwarze, die zwar keinen Rap mochten, aber etwas für junge Menschen übrig hatten, aber Mrs. Tucker war so kalt wie die Bürgersteige von Washington an jenem Tag. Da ich derjenige war, der über Gangsta Rap sprechen sollte, musste ich per Definition die verlängerte Hand der weißen Geschäftswelt sein, die diese Musikrichtung kontrollierte.

Als Veteranin der Bürgerrechtsbewegung – sie marschierte mit Dr. King –, langjährige Aktivistin für die Grundrechte und Beamtin (von 1971 bis 1977 war sie Innenministerin von Pennsylvania) hatte Tucker sich zweifellos ihre Sporen im Kampf um die gerechte Sache verdient. Ihr erklärtes Ziel, die Rap-Szene davon zu überzeugen, ihre Texte zu »säubern«, war im Kontext des jahrelangen Unbehagens erwachsener schwarzer Frauen gegenüber der Rap-Szene durchaus nachvollziehbar. Aber Tucker trat nicht als glaubwürdige Stimme mit einem nachvollziehbaren Anliegen auf, sondern als Großmutter, die jeden Bezug zur Gegenwart verloren hatte, oder, noch schlimmer, als naive Opportunistin. Ihr Hauptargument war, dass Rap, oder zumindest die Art von Rap, den sie und ihre Beraterinnen verabscheuten, seinen eigenen Ansprüchen nicht gerecht würde, weil er von weißen Unternehmen vertrieben wird.

Der Journalistin Erika Blount sagte sie: »Gangsta Rap ist die Sprache der Massenvernichtung, die von denjenigen gefördert und vertrieben wird, die von Drogen, Geldgier und Rassismus geleitet werden. In seiner ursprünglichen Form war Rap eine prosaische und lyrische Kunstform, in der das Leben ähnlich dargestellt wurde wie in den Spirituals. Gangsta Rap ist eine pervertierte Form, die von denen unterstützt wurde, die die Unterhaltungsbranche schon immer dazu missbraucht haben, um negative Stereotypen über Schwarze zu verbreiten, sie als minderwertig darzustellen, was das genaue Gegenteil von dem ist, was wir Afroamerikaner sind.«

Auch ich verabscheue frauenfeindlichen Rap. Aber Tucker war entweder falsch informiert oder hatte einfach keine Ahnung von der Musikindustrie. 2 Live Crew, Niggaz with Attitude, die Geto Boyz – die wesentlich zum frauenfeindlichen Image des Rap beitrugen – waren alle rein schwarze Bands, von Schwarzen unter Vertrag genommen und hatten alle einen unabhängigen Vertrieb. Ihre Musik und ihre Texte entsprangen ganz sicher nicht der Vision weißer Männer in dreiteiligen Anzügen. Selbst im Fall des Labels Death Row, das 1994 noch von der Warner-Tochter Interscope vertrieben wurde, waren die treibenden Kräfte Suge Knight, Dr. Dre, Snoop Doggy Dogg und ihre »Posse«, ihr Freundeskreis. Für ihr Weltbild waren sie allein verantwortlich. Man erkennt, dass die Argumente von Tucker, dass diese schwarzen Musiker kein Ziel im Leben hätten und dass diese Musik ohne die Unterstützung von Konzernen gar nicht überleben könnte, ins Leere lief.

Aus herablassender Rassensolidarität, die für alles Schlechte in den schwarzen Vierteln einen Weißen verantwortlich machte, war Tucker nicht in der Lage, die schwarzen Musiker und Manager direkt anzugreifen. Das war auch der Grund, weshalb sie von Knight und Konsorten aufs Kreuz gelegt wurde. In persönlichen Gesprächen mit Tucker behauptete Knight, von Warner in seiner Entscheidungsfreiheit eingeschränkt zu werden. Er bat sie um Unterstützung (und um ein paar Millionen, um sich aus dem Vertrag zu kaufen). Knight versprach ihr, das Label in eine andere Richtung zu lenken, sobald er sich vom korrupten Einfluss von Time-

Warner befreit hätte. Knight ging sogar so weit, Tucker anzubieten, die Rechte an Melba Moores Version von »Lift Every Voice and Sing« einzukaufen, der Nationalhymne der Schwarzen von James Weldon Johnson. Daraufhin bot Tucker zusammen mit ihren Beraterinnen an, ein Treffen zwischen Michael Fuchs, dem damaligen Leiter des Bereichs Musik bei Time-Warner, und Suge Knight zu arrangieren, in der Hoffnung, Death Row aus den Klauen des Konzernvertriebs zu befreien und das neue unabhängige Label mit den Mitteln von Knight oder sogar Fuchs zu finanzieren. Die Beraterinnen von Tucker hatten grandiose Träume, wie ihnen ihre enge Verbindung zu der Aktivistin beruflich zugute kommen würde. Vertreter beider Seiten sprachen mich darauf an, als Mittler aufzutreten. Ich lehnte ab.

Das Treffen zwischen Fuchs und Knight fand schließlich im Haus von Dionne Warwick statt, hinter dem Rücken von Interscope. Knight tauchte nie auf – aber stattdessen ein Brief von einem Anwalt, der C. Dolores Tucker darüber in Kenntnis setzte, dass Interscope sie wegen »Bestechung« verklagte. Tuckers Leute glaubten, Interscope hätte Wind von der Sache bekommen und Knight unter Druck gesetzt. Ich glaube allerdings, dass das Ganze von vornherein als Falle aufgebaut war und dass Knight und Interscope Tucker als ein weiteres Argument in ihrer Materialschlacht verheizt haben.

Tuckers herablassende Art und ihre Ignoranz in Fragen der Musikindustrie war zwar nicht angenehm, aber nicht wirklich schlimm. Richtig schlimm hingegen war ihre Verbindung mit William Bennett und anderen selbstgerechten und selbstsüchtigen Moralisten des rechten Flügels der GOP. Sie rechtfertigte diese Allianz damit, dass ihre Stimme andernfalls ungehört verhallen würde. Sie vollzog den Schulterschluss mit Menschen, die das schwarze Amerika hassen. Als Bennett Chef des Anti-Drogen-Ausschusses war, überschwemmte Crack die Straßen der Großstädte, und gleichzeitig nahm die Republikanische Partei Einschnitte in die Sozialversorgung vor, wodurch sich die Lage für die Betroffenen noch verschlimmerte – eine Lage, die überhaupt erst zum Entstehen von Rap geführt hatte. Tucker machte sich genau des heuchlerischen Verhaltens schuldig, dessen sie die HipHop-Szene beschuldigte: Sie arrangierte sich mit den weißen Machtstrukturen, um ihre eigenen selbstsüchtigen Ziele zu verfolgen. Was letztlich auch die Beweggründe für eine Zusammenarbeit mit Bennett waren, diese Verbindung beschädigte ihr moralisches Ansehen und ließ ihre Fehler nachträglich in einem anderen Licht erscheinen, weniger als Ergebnisse ihrer Naivität, sondern als verpfuschte Machtspielchen.

An jenem verschneiten Vormittag in D.C. geschah nichts Weltbewegendes. Der Gründer von *Soul Train* Don Cornelius attackierte Rap, aber sehr würdevoll. Tucker zeigt Snoops Albumcover herum. Die Befürworter – Rapper Yo-Yo, Def Jam Präsident David Hareleston und ich – lasen mitgebrachte Erklärungen ab. Überraschend tauchte dann noch die Kongressabgeordnete von South Central L.A., Maxine Waters, auf und ließ eine sehr eloquente Verteidigungsrede zugunsten des Rap hören, insbesondere dessen besonders umstrittener kalifornischer Spielart. Es war ihrem Enthusiasmus sicherlich auch nicht abträglich gewesen, dass Knight, Ice Cube und andere Vertreter des HipHop Geld für ein soziales Förderprogramm in Watts gestiftet hatten. Tucker hatte nichts für Waters übrig und behauptete, Waters habe Geld angenommen, an dem noch Blut klebe – als ob sie mit ihrer Verbindung zur GOP das Recht hätte, darüber zu urteilen. Das einzige Ergebnis dieses Treffens waren ein paar Pressemeldungen.

1997 hatte Tucker einen Auftritt auf einer Aktionärsversammlung von Time-Warner. Sie beschwerte sich, dass der Konzern ein Album wie *Hard Core* von Lil' Kim produzierte. Der ein oder andere vergoss noch ein paar Spritzer Tinte, aber eigentlich interessierte es kaum noch jemand. Death Row wurde mittlerweile über Interscope/Universal vertrieben, und ihr Kumpel Suge Knight saß im Knast, weil er gegen seine Bewährungsauflagen verstoßen hatte. Bei der letzten gerichtlichen Anhörung saß Tucker neben Knights Mutter im Gerichtssaal, als stummer Beweis für seinen vorbildlichen Charakter. Snoop Doggy Dogg wurde nach seiner Anklage wegen Mordes etwas friedlicher und verlor auch etwas an Popularität. Zwei Rapper, die sicher noch für Schlagzeilen gesorgt hätten, Tupac Shakur und Biggie Smallz, waren tot.

Aber Tucker ist eine entschlossene Lady, der auch der Tod so schnell keinen Strich durch die Rechnung macht, wenn es darum geht, die Öffentlichkeit zu warnen. Im August 1997 verklagte sie die Erben Tupacs, weil zwei Anspielungen auf seinem Album *All Eyez on Me* gegen sie gerichtet waren und ihre Ehe so stark beschädigt hätten, dass sie und ihr Mann zwei Jahre lang keinen Sex mehr haben konnten – eine Anklage, die es an Unverschämtheit und Obszönität mit allem aufnehmen kann, was Luther Campbell je von sich gab.

Vierzehn – Skills to pay the bills

»You're a five dollar boy and I'm a million dollar man
You're a sucker MC and you're my fan.«

Run-D.M.C., »Sucker MCs«

Flughafen Kloten, Zürich, November 1995. Method Man, Mitglied von Wu-Tang Clan, Solokünstler mit Platinerfolgen, HipHop-Ikone, steht zusammen mit DJ Lovebug Starski, einem Old School DJ und Rap-Pionier, in der Wartehalle rum. Zusammen mit Russell Simmons und einem bunten Haufen von Musikern und Roadies sind sie aus Anlass des zehnjährigen Def Jam-Bestehens auf Europa-Tournee. Bei jedem Auftritt lässt Method Man etwas von seinem Solo-Album *Tical* hören, während Starski an den Turntables den europäischen Ohren mit New Yorker Old School Flavor einheizt.

Starski, der pausenlos von seinem geplanten Comeback als MC redet, holt eine Boombox raus und lässt einen Track laufen, den er gerade in der Mache hat. Er fängt an zu reimen, während im Hintergrund der Beat hämmert. Es hat nichts Peinliches. Starski hat einen guten Flow und den wird er mit ins Grab nehmen. Es ist eben ein alter Flow, ein Relikt aus den 70ern, als er eine echte Uptown-Legende war.

Dann springt Meth mit auf den Beat und lässt es richtig krachen. Mit der Beherrschung und rhythmischen Eloquenz, die ihn auszeichnen, produziert dieser junge MC aus dem Stand spritzige Reime mit komplexer Synkopierung. Alles an Meths Auftritt macht klar, wie hoffnungslos Starskis Aussichten auf ein erfolgreiches Comeback sind. Als DJ ging er noch durch, solange er noch die neusten Platten kannte und sich dabei auf seine Old School Jams konzentrierte. Aber als MC hatte er keine Chance.

Es ist eher die Kadenz und nicht so sehr der Wortlaut, was den gegenwärtigen HipHop ausmacht, und die Kadenz ändert sich mit rasender Geschwindigkeit. Parallel zu den Themen – Partygesänge, Prahlerei, Politik, Gangstertum und wieder zurück zur Party – haben sich auch Tempo, Synkopierung und die Tonalität des Rap im Lauf der Zeit verwandelt. Fast alle Großen – Melle Mel, Run, Rakim, Chuck D, Snoop Doggy Dogg, Notorious B.I.G. – sind mindestens ebenso berühmt für ihren Flow und ihren Rhythmus wie für ihre Texte. Melle Mel deklamiert, Run und Chuck D schreien, Rakim schmeichelt, Snoop und Biggie brachten lässige Konversationsfetzen rüber, schwer gesättigt mit den Akzenten von Kalifornien und Brooklyn.

L.L. Cool J hat sich von allen MCs am längsten im Geschäft halten können, und das hauptsächlich, weil er sich als erstaunlich vielseitig erwies. In über zehn Jahren schrie er »Rock the Bells« und »Mama Said Knock You Out«, klang verführerisch mit »Jingling Baby« oder »Hey Lover« und praktizierte den Plauderton in »I'm That Type of Guy« und »Goin' Back to Cali«. Manchmal lag er auch absolut daneben, so zum Beispiel mit den meisten Stücken auf seinem Album *14 Shots to the Dome* von 1993. Und 1989 wurde er bei einem Benefizkonzert für den ermordeten Jugendlichen Yusef Hawkins ausgebuht. Aber er kam jedes Mal wieder zurück. Er ist ein HipHop-Chamäleon, das immer zeitgemäß und authentisch klingt, egal was die Mode gerade dominiert. 1997 sagte L.L. so passend, dass später daraus der Titel seine Autobiographie wurde: »I make my own rules.«

Bei solcher Konkurrenz haben die Starskis dieser Welt kaum eine Chance auf ein Comeback. Die jugendlichen HipHop-Hörer mögen zwar eine gewisse Sympathie für Beats und Namen der Old Schooler empfinden, aber mit der Ausnahme von Run-D.M.C.'s Single »Down with the King«

von 1993 kommt es kaum vor, dass ein abgestürzter Rap-Star noch einmal zum Vorschein kommt.

Class is out

Als die ersten Autoren anfingen, über die Geschichte des HipHop zu schreiben, gaben sie fast alle die Binsenweisheit zum besten, dass DJ Hollywood der erste »rappende« DJ war. Ich selbst schrieb das mehrfach ab, als wäre es eine gesicherte Tatsache. Heute weiß man aber, dass die Ursprünge und Weiterentwicklungen des Stils überhaupt nicht geradlinig waren. Der mittlerweile verstorbene Cowboy von den Furious Five und auch Kidd Creole und Melle Mel trugen wesentlich zum heutigen Bestand des Rap-Vokabulars bei. Coke La Rock, der den Massen für Kool Herc einheizte, gilt bei einigen als Miterfinder des Stils. Natürlich gibt es noch andere Vorläufer, wie Pete »DJ« Jones, den viele Old Schooler als Referenz angeben.

Unbestritten ist, dass Hollywood der größte Star der Epoche vor den ersten Plattenaufnahmen des MCing war. Seinen Ruf erwarb er sich bei Auftritten in Discos und After Hour Clubs in Harlem und der Bronx, auf denen er einige der bekanntesten HipHop-Zeilen erfand. 1977, als ich an einem New Yorker College studierte, war er eine Legende. Zehn Jahre später, in den Zeiten von HipHop auf Platte, gehörte er bereits der Vergangenheit an – oder eher der Vergessenheit.

Ich selbst habe sehr gute Erinnerungen an Hollywoods Auftritte, aber schon für die Mitte der 80er Jahre schnell wachsende HipHop-Gemeinde war er nur ein Name ohne Gesicht und ohne Klang. Im Sommer 1986 brachte er auf einem Indie-Label in Uptown New York eine 12 Inch-Platte raus. Zu sagen, dass sie floppte, wäre noch geprahlt. Anstatt sich an das Geschrei von Run oder die Prahlerei von L.L. anzulehnen, kam Hollywood mit einem alten Country-Hopser daher: »Poon tang, poon tang, I don't want it, slept all night with my hands on it, gimme some of that yum yum yum before I go to bed.« Mit den aktuellen Strömungen des HipHop hatte das nichts zu tun. Normalerweise wäre eine solche Veröffentlichung nur eine kurze Bemerkung in einer meiner Kolumnen für *Billboard* wert gewesen, aber da ich zufälligerweise Beiträge für die landesweit ausgestrahlte Fernsehsendung *The Rock & Roll Evening News* recherchierte, schlug ich den Produzenten vor, anlässlich der neuen Platte einen Bericht über DJ Hollywood zu machen. Wir trafen ihm auf einem Spielplatz an der Lennox Avenue. Ich hatte den einstigen Ghettosuperstar seit den 70ern nicht mehr gesehen. Damals war er rundlich und immer gut drauf gewesen, aber der Mann, den wir an diesem Tag trafen, hatte dreißig bis vierzig Pfund weniger auf den Rippen. Er antwortete vorsichtig und hatte einen stumpfen Blick. Irgendwie musste ihm das Schicksal übel mitgespielt haben. Nachdem wir das Frage-und-Antwort-Spiel hinter uns hatten, gingen wir rüber zum Roof Top, einer Rollschuhdisco mit Nachtclub – damals einem der angesagtesten HipHop-Treffpunkte in New York. Ich hatte es so eingerichtet, dass Dr. Jeckyll und Mr. Hyde zusammen mit Hollywood in unserem Beitrag zu sehen waren, zum einen, um das Material ein bisschen aufzupeppen, zum anderen, um meine Freunde, die selbst in der Dunkelheit zu verschwinden drohten, etwas zu promoten.

Nach dieser Platte verschwand Hollywood ganz von der Bildfläche. Es ist cool und außerdem politisch korrekt, es bedauerlich zu finden, wenn ein Künstler, der dazu beigetragen hat, einen bestimmten Stil zu kreieren, sei es Blues, Jazz oder Rap, nicht im selben Maße davon profitiert wie seine Nachfolger. Es laufen immer noch genug Leute rum, die behaupten, dass nachfolgende Rapper zu unrecht das Erbe von Old Schoolern wie Hollywood angetreten haben. Auch Run-D.M.C. musste sich von den Erfinder des Stils aus der Bronx vorwerfen lassen, dass ihr Stil minderwertig sein, weil sie aus dem »butterweichen« Queens stammten. Ähnlich war es auch, als die Rapper aus New York sich über die Rapper von der West Coast und aus dem Süden lustig machten, wegen ihres Akzents und ihrer

Unprofessionalität – als wären die einzige wahren Kriterien für Rap diejenigen, die von den New Yorkern gemacht werden.

In Wahrheit hat in der Kunst niemand ein Besitzrecht an irgendetwas. Natürlich beeinflussen die Älteren die Jüngeren. Aber »Beeinflussen« ist meist das falsche Wort. Ich würde eher sagen, dass jüngere Künstler an dem weiterbauen, was von den älteren begonnen wurde, und auf dem bereits Bestehenden etwas Neues errichten. Run-D.M.C., KRS-One und Snoop Doggy Dogg, sie alle profitierten von Hollywoods Energie, aber es war ihre eigene Persönlichkeit und ihr Ideenreichtum, der sie zu Stars machte.

In der amerikanischen Psyche, im überhitzten Ofen des Rassismus dieser Nation und den damit verbundenen Schuldgefühlen, gibt es den Impuls, obskure – und dabei nicht immer nur geniale – Pioniere der afroamerikanischen Musik zu romantisieren. Aber im HipHop ist das umgekehrt. Neuen Stars wird oft vorgeworfen, andere zu kopieren oder, was noch schlimmer ist, sich zu weit von den Wurzeln des HipHop entfernt zu haben. Starski und Hollywood legten zwar die Grundlagen, aber als sich die Kultur weiterentwickelte und von den Spielplätzen in die Tonstudios umzog, konnten sie einfach nicht mehr mithalten. Das ist keine Tragödie, sondern das Überleben des Stärksten, ein Konzept, das perfekt zur Wettkampfmentalität des HipHop passt.

Zum richtigen Drama kommt es erst, wenn die Old Schooler es nicht schaffen, auf elegante Art in den neuen Lebensabschnitt zu wechseln. Wir reden hier ja nicht von alten Bluesmusikern, die jahrzehntelang Musik gemacht haben, sondern von Leuten Mitte dreißig, die, wenn sie plötzlich out sind, noch ein ganzes Leben vor sich haben, wie zum Beispiel die Cold Crush Brothers, die in den guten alten Tagen des HipHop einer der stärksten Acts in der Bronx waren. Die Jungs strichen über die Bühne, grölten ins Mike und strahlten eine angeberische Intensität aus. Sie waren echte Underground-Helden, und ihre einzige große Platte *Punk Rock Rap* sorgte für einigen Wirbel in New York, kam aber sonst nirgendwo gut an. Grandmaster Caz beschwerte sich jahrelang, dass die Sugar Hill Gang fast den gesamten Text von »Rapper's Delight« von ihm geklaut hätte. Big Bank Hank von der Sugar Hill Gang hatte offensichtlich bei einigen Partys, auf denen Caz aufgetreten war, als Rausschmeißer gearbeitet und einfach die Worte des MCs aus der Bronx geklaut – statt ihn den Robinsons vorzustellen.

Genau wie Starski und Hollywood war auch Caz nicht davon abzubringen, mit aller Gewalt über die Grenzen New Yorks hinaus bekannt zu werden. Immer stärker wurden seine Ressentiments gegenüber Kollegen, denen dieser Schritt bereits gelungen war. 1989, bei einem Konzert der Beastie Boys in der Factory, einem scheunenartigen Raum irgendwo in den Gegend 20. Straße und 6th Avenue, spielte vor einem hauptsächlich männlichen und weißen Publikum als Opener Cypress Hill, damals ganz am Anfang ihrer Karriere. Die Beasties waren auf Tour, um den Verkauf ihres Albums *Paul's Boutique* anzukurbeln, eines abgedrehten und witzigen Albums, das ihren Übergang von pubertierenden nervtötenden Kids zu ausgereiften Geschichtenerzählern markierte. Außerdem war dies der erste Gig der Beasties, seit sie nach Kalifornien gezogen waren. Die Stimmung in der Factory war auf dem Höhepunkt.

Mitten in ihrem spektakulären Auftritt holten die Beasties Grandmaster Caz auf die Bühne. Obwohl die wohl höchstens schon mal seinen Namen gehört hatten, aber wohl kaum seine Musik, wurde er mit tosendem Beifall empfangen. Als Dank dafür griff er zum Mike und ließ es nicht mehr los. Ein Song wäre toll gewesen, aber der Old Schooler konnte einfach nicht genug kriegen und predigte dem Publikum, dass man ihn respektieren müsse und prahlte mit seinen Old School Verdiensten.

Es gibt ein altes HipHop-Sprichwort aus den Tagen, als man sich noch in den Parks zusammenrottete. Hat ein MC mal ein Mike in den Fingern, gibt er es freiwillig erst wieder her, wenn er die Meute zum Rocken gebracht hat. Natürlich war es naiv von den Beasties, das Mike aus der Hand zu geben, vor allem da taktvolles Verhalten und Rücksicht nicht zu den klassischen Eigenschaft des HipHop zählen. HipHop ist das krasse Gegenteil von Etikette. Taktgefühl und die »In-your-face«-Einstellung des HipHop passen etwa so gut zusammen wie Luther Vandross und Flavor Flav. Dennoch gab es ein paar Old School-Stars, die einen würdigen Abgang hatten. Kool Moe Dee (Mohandas Dewese) war einer davon.

1980, auf Mr. Magics nächtlicher Sendung bei Radio WHBI hörte ich den Namen Kool Moe Dee zum ersten Mal. Als Mitglied der Treacherous Three wurde er zusammen mit den Posse-Mitgliedern Special K, L.A. Sunshine und DJ Easy Lee zum neuen bei Enjoy Records erschienen Album *New Rap Language* befragt. 1982 verkaufte der Enjoy-Besitzer Bobby Robinson die Gruppe an Sugar Hill, bei denen sie einige vernünftige Stücke produzierten wie »Feel the Heartbeat« oder »Yes We Can Can«, aber nie in dem Maße Erfolg hatten, wie es aufgrund ihres Talents verdient gewesen wäre. Die Treacherous Three gingen auseinander, aber Kool Moe Dee, Texter und Sänger des Trios, blieb im Geschäft und erfand sich neu. 1986 kam bei Harlem Rooftop Records sein Solo-Debüt »Go See the Doctor« heraus. Es war wohl das letzte Jahr, in dem man über Geschlechtskrankheiten Witze machen konnte. Jive kümmerte sich um die Promotion, und aufgrund der unbeschwerten Melodie und des humoristischen Textes (im Stile von Kurtis Blow »The Breaks«) wurde »Doctor« ein kleiner Pophit. Als Mitglied der Treacherous Three trug Moe Dee farblich abgestimmt Hemd, Hose und Schuhe von Kangol, als Solist bevorzugte er eng anliegende blaue Sonnenbrillen und zweiteilige Lederanzüge (meist von Pelle) mit passenden Stiefeln und Lederkappe, die ihm ein futuristisches Erscheinungsbild verliehen.

Aber Moe Dees Karriere ging erst so richtig los, als er sich an die Hauptenergiequelle des HipHop anschloss: die Lust am Kampf. Von den Tagen der sich duellierenden Breakdance-Gruppen bis zu rivalisierenden Graffiti-Künstlern, die gegenseitig ihre Werke übersprühten, und Rappern, die sich in den Parks gegenseitig herausforderten, gehörte der Wettkampf zum Wesen des HipHop. Als Ziel suchte sich Moe Dee L.L. Cool J aus. Old

School gegen New School. Harlem gegen Queens, s harter, klarer Vortrag gegen L.L.'s Geschrei.

Auf *How Ya Like Me Now* von 1987 bezichtigt er den Def Jam-Star eines abgehackten Rap-Stils und anderer Verbrechen gegen die Menschheit. Für das Album ließ er sich sogar mit einem Jeep ablichten, der L.L.'s damalige Marke, Kangol, platt machte. Mit einem Wort: Er disste L.L., bevor dieses Wort überhaupt existierte, und bereitet die Bühne für L.L.'s Antwort »Jack the Ripper«, die Moe Dee mit »Let's Go« konterte, einem Stück voller abfälliger Variationen des Kürzels L.L. wie »Lousy Lover«. Einmal machte sogar das Gerücht die Runde, die beiden würden einen Live-Boxkampf im Bezahlfernsehen austragen, aber das schöne an ihrem Kampf war, dass er nie körperlich ausgetragen wurde und im Grunde von beiden als Form eines gesunden Wettbewerbs begriffen wurde. Aber Moes Karriere beschränkte sich nicht nur auf seine Auseinandersetzung mit L.L. Cool J. Zusammen mit dem New Jack Star Teddy Riley hatte er ein paar tanzbare Hits wie »They Want Money«, »Wild Wild West« oder »I Go to Work«.

In den späten 80ern, als Rap noch darum kämpfen musste, im schwarzen Radio gespielt zu werden, trugen Moe Dees Produktionen dazu bei, Vorurteile abzubauen. Auf seine Art war Moe Dee zusammen mit Heavy D. und seinem Rivalen L.L. entscheidend daran beteiligt, Rap auch erwachsenen Afroamerikanern nahe zu bringen und die Lücke zwischen der HipHop- und der R&B-Hörerschaft zu schließen. Obwohl er nicht mit sozial bewusstem Rap wie Public Enemy oder KRS-One assoziiert wird, machte Moe Dee Punkte mit seinem Album *Knowledge Is King*. Und im besten Reim seiner ganzen Karriere disste er niemanden, sondern brachte in aller Schärfe das Motto der Veranstaltung (die AllStar Jam »Self-Destruction« der »Stoppt die Gewalt-Bewegung«) auf den Punkt: »I never ran from the Ku Klux Klan / so I shouldn't have to run from a black man.«

Das war 1989. Danach verschwand Moe Dee zusammen mit allen New Yorker Stars im Schatten der West Coast, die angeführt von Ice-T und

N.W.A. die 90er dominierte. Moe Dee brachte noch zwei Alben raus, eins bei Jive, das andere bei einem Indie-Label namens Ichiban aus Atlanta, von denen sich aber keines gut verkaufte. Wie so viele, denen es zur Gewohnheit geworden war, überlebensgroße Rollen zu spielen, versuchte Moe einen Quereinstieg in die Filmbranche, bekam eine Rolle als Waffenschmuggler in Forest Whitakers Regiedebüt *Strapped* auf HBO und hatte einen Auftritt in Tupac Shakurs letztem Film *Gang Related*. Moe Dee zog nach L.A. und wurde Drehbuchautor, verkaufte ein paar seiner Arbeiten und verfiel in den üblichen Hollywoodtrott. 1996 verkaufte er zusammen mit dem Regisseur Matty Rich ein Talkshowkonzept an Disney mit ihm selbst als Talkmaster.

Das Projekt schaffte es zwar nicht mal bis zur Pilotsendung, aber die Idee, einen Rapper als Talkmaster zu holen, war überzeugend wegen der sprachlichen Geschicklichkeit und der straßenerprobten Philosophie, von der beide Genres leben. Geto Boy Willie wurde Gastgeber einer Talkshow mit Anruferbeteiligung in Houston, Ice-T hatte eine eigene Labersendung im britischen Fernsehen und noch eine Radiosendung in den USA. Chuck D spricht politische Kommentare für Fox News in New York.

Moe Dee ist in seiner neuen Berufung nicht gerade zum Star aufgestiegen, aber zehn Jahre nach dem Ende seiner HipHop-Karriere hat er sein Leben in einer Weise umgemodelt, die auf seiner Vergangenheit aufbaut, ihm aber zugleich neue Aussichten für die Zukunft eröffnet. Natürlich verspürte auch Moe Dee wie jeder ehemalige Kämpfer den Drang, wieder mal in den Ring zu steigen. Im Sommer 1996 brachte L.L. *I Shot Ya* heraus, eine etwas altmodische, aber dennoch frisch klingende Platte mit Gastauftritten von unter anderem Fat Joe und Foxy Brown. In seiner letzten Salve tönt L.L.: »I took out Hammer, Moe Dee, and Ice T's curl.« Auf diese Zeile musste Moe Dee reagieren. Mit seinem eigenen Geld ging er ins Studio und nahm eine Antwort auf. Aber als Notorious B.I.G. in Los Angeles ermordet wurde, gab Moe Dee seine Pläne auf, diese Platte auf den Markt zu bringen. Es war nicht der richtige Zeitpunkt für einen Rap-

Kampf, nicht einmal für einen spielerischen auf einer Platte. Moe tat sich mit einer neuen Generation von Vertretern der Musikszene zusammen, um eine neue »Stop the Violence«-CD zu machen, die leider nie realisiert wurde. Auch wenn er selbst längst kein Rap-Star mehr ist, hat er immer noch eine enge Verbindung zur Musik und ihrem Publikum. Ohne zu verbittern oder den Sinn für die Realität zu verlieren, hat Moe Dee HipHop durchlebt und ist auf der anderen Seite wieder herausgekommen.

Fünfzehn – HipHop weltweit

»I found that strange, how blacks who had talent and couldn't get recognition in the United States would go over to Europe and immediately be appreciated and become big celebrities.«

Dizzy Gillespie, 1979

1995, eine große Scheune in Zürich, als Nachtclub umfunktioniert. Der Laden ist vollgestopft mit Jugendlichen in Schlabberhosen, T-Shirts, Turnschuhen und Kappen von Stüssy und Kangol. Fette Marihuana-Schwaden hängen in der Luft. Das Publikum ist überraschenderweise nicht rein weiß, sondern gesprenkelt mit verschieden hellen Brauntönen und Gelb. Die Musik, Old School und East Coast wie »The Theme from SWAT«, überblendet zu den Poor Righteous Teachers »Rock Dis Funky Joint«. Der New Yorker Undergroundjam »The East Is in the House« von Blahzay Blahzay löst Stürme der Begeisterung aus.

Dünne, bleiche Mädchen lassen ihr schmalen Hüften und nackten Bäuche kreisen. Es ist ein mitternächtliches Stammesritual in einer der teuersten Städte der Welt, einem Ort, der besser bekannt ist bei Geldwäschern als bei Tänzern. Aber HipHop hat auch hier seine Spuren hinterlassen, und das im wahrsten Sinne des Wortes: Graffiti im Old School-Stil findet man überall in der Stadt.

Am Tag darauf bin ich in Paris im Bain Douche, einem düsteren, kleinen Club, der sich über zwei Etagen erstreckt. Ich tanze mit einer kleinen jungen Iranerin und einer großen absolut faszinierenden Frau aus Afrika, zu einem HipHop-Sound aus Marseille. Flow und Kadenz sind so kraftvoll wie die Sachen zu Hause, aber mit einer Sinnlichkeit, wie ich sie bisher nicht kannte. Ein junger französischer Plattenmanager erläutert mir, dass der HipHop aus dem Süden Frankreich sehr stark von der afrikanischen und arabischen Kultur beeinflusst ist, während der Text viel mit der spannungsgeladenen ethnischen Zusammensetzung Frankreichs zu tun hat. Er deutet auf eine Ecke des Clubs, in dem der größte französische Rapstar MC Solaar Hof hält. Solar, ein schlanker, hellhäutiger Schwarzer Ende Zwanzig macht im Gespräch einen sehr freundlichen Eindruck. Eine positive Überraschung, weil die meisten französischen B-Boys einen Komplex vor sich hertragen, der noch größer ist als die Carhartt-Abzeichen auf ihren Jacken.

Ein paar Stunden später in einem größeren Club an der Place Pigalle tanze ich recht eng mit einer kraushaarigen schwarzen Französin – zu eng für eine schwarzweiße Posse französischer Roughnecks. Die Homies machen mich in gebrochenem Nasalenglisch an, aber das Homegirl rettet mich aus der Gefahrenzone. Trotz aller Schönheit herrscht eine unterschwellige Feindseligkeit in Paris und auch in anderen Städten Frankreichs – vielleicht der Grund dafür, weshalb man dort den besten HipHop in Europa hören kann.

Weiter geht's nach Amsterdam, wo ich das Entstehen einer Benetton Werbung miterlebe. Eine bunte Mischung völlig ausgechillter Kids inhalieren ganz legal große Mengen Gras, lächeln und räkeln sich in vollständiger buddhistischer Glückseligkeit. Ein schwarzer Junge in einem Trikot der New York Rangers kommt auf mich zu. Er hat mich erkannt, weil er regelmäßig amerikanische Musikzeitschriften liest. Während die riesige Menschenmenge sich East Coast Beats mit starken Livemixen lokaler DJs anhört, vertiefe ich mich in die medizinischen Kräuter und komme so in genau die richtige Stimmung für Q-Tips Plauderton, der zwischen mir und dem grauen Himmel schwebt.

Ein Club in London mit enorm hohen Decken, in dem Mitglieder der britischen Fruit of Islam von ein paar Jungs grob beiseite geschoben werden, weil sie sich unbedingt noch in den Raum zwängen müssen, um einen Blick auf Method Man zu erhaschen. Die Stimmung ist aggressiv und unberechenbar, wie sie immer ist, wenn viele betrunkene Männer zusammenkommen. Tim Westwood, Radiosprecher und Schutzpatron des britischen HipHop, versucht die Leute ein paar Mal zu beschwichtigen, aber es liegt etwas Rebellisches in der Luft, das von Worten nicht mehr zurückgehalten werden kann. Während Method Man auf der Bühne steht, bewegt sich das Publikum in Wellen hin und her, wie bei einem Fußballspiel. Meth macht einen Dive in die Menge, wobei ihm ein tatendurstiger Londoner einen Turnschuh vom Fuß reißt, um ihn ihm später an den Kopf zu schleudern. Es ist der leidenschaftlichste und wildeste Austausch zwischen Rapper und Publikum, den ich seit den 80ern gesehen habe.

Seite Mitte der 80er Jahre wurde HipHop, nicht nur die Musik, sondern die ganze Kultur mit ihren Kommunikationsformen und Einstellungen von der Jugend der ganzen Welt aufgenommen, und jedes Land tat dies auf eigene Weise. In einigen Ländern dominiert das Amerikanische am HipHop. Dort wirkt er übermächtig groß und gefährlich. In anderen Ländern wurde HipHop verwandelt und der Sprache angepasst, um zu den einheimischen Bedürfnissen zu passen. Meist erfüllt er ein Bedürfnis nach Spaß und Exotik – vergleichbar mit dem Umgang der amerikanischen HipHop-Anhänger in den Vorstädten. Weil HipHop so viele verschiedene Facetten besitzt – Musik, Kleidung, Tanz, Einstellungen – ist er das ideale Exportprodukt.

Ländercodes

In Frankreich rappen die MCs in ihrer eigenen Sprache, während MCs aus Dänemark und Schweden Englisch bevorzugen, weil die Satzstruktur ihrer Muttersprachen nicht gut mit dem Rap harmoniert. Da viele europäische Acts aus Kids völlig verschiedener kultureller Herkunft bestehen, bedienen sich viele des Englischen als kleinstem gemeinsamem Nenner. ADL aus Schweden kommen zum Beispiel aus Schweden und Trinidad, die drei MCs von Bootfunk aus Dänemark stammen aus Dänemark, den USA und Nigeria.

HipHopper außerhalb der USA legen in gewisser Weise eine größere Treue gegenüber bestimmten Trends an den Tag. In den großen Städten in Spanien ist Graffiti noch immer weit verbreitet und von hoher Qualität. U-Bahnen und Straßen sind mit Tags überzogen, fast wie in New York in den 70ern. Der spanische Spraydosenhersteller Montana hat so viel Geld mit diesem Boom verdient, dass sich das Unternehmen mittlerweile von lokalen Sprayergrößen beraten lässt, was die Qualität von Farben und Caps angeht. Auch in Rom und Mailand zieren Graffiti Züge und Wände.

DJing, nicht als Teil des Rap, sondern als eigenständige Szene wird in Europa viel höher geschätzt als in den USA. Old Schooler wie Grandmaster Flash, Eddie Cheeba und Lovebug Starski werden noch immer zu lukrativen Gigs in Japan, Frankreich, Deutschland und den Niederlanden eingeladen. Ihre Bedeutung für die Kultur und ihre Fähigkeiten werden in einer Weise respektiert, die an den Umgang der Europäer mit alten Jazzgrößen erinnert. Junge DJs außerhalb der USA haben eine Kultur des Mixens kreiert, deren Ziel es nicht ist, ein Publikum zum Tanzen zu bringen, sondern Musik zum Zuhören zu machen und dabei ihr Können und die Qualität ihrer Plattensammlung unter Beweis zu stellen. Teil dieser Kultur ist eine elitäre Verachtung des kommerziellen HipHop. Auch wenn sich ihre Technik noch so sehr nach dem anhört, was Herc, Bam und Flash damals taten, geht es ihnen eher um einen bewussten künstlerischen Vortrag als darum, eine Party auf Hochtouren zu bringen.

US-amerikanische Rhythmuskadenzen und Sampletechniken kann man in ganz Südamerika hören, was wahrscheinlich teils auf die gemeinsamen schwarzen Kulturanteile der beiden Amerikas zurückzuführen ist, teils aber auch auf den kulturellen Austausch zwischen US-Immigranten und ihren Familien zu Hause. Von Puerto Rico bis Brasilien hat die Latinokultur

Strukturen des amerikanischen HipHop übernommen und in Salsa, Merengue und Samba einfließen lassen – ähnlich wie Reggae, der sich auch mit regionaler Musik verband.

Einige der unverständlichen Texte kommen aus Irland. Der schwere Akzent ist für Amerikaner auch nicht besser zu verstehen als die Kreolsprachen der Karibik.

HipHop im Ausland kann auch richtig schlecht sein, wie beispielsweise in Deutschland. Das Deutsche klingt sehr hart, und die Gutturallaute stören einen eleganten Flow. Die größte HipHop-Band in Deutschland waren in den 80ern die Fantastischen Vier, die sich für eine Popvariante des HipHop in der Tradition von Jazzy Jeff & the Fresh Prince entschieden, um so diesem Problem aus dem Wege zu gehen.

In Japan hat es innovativen Rap gegeben, aber die dortige HipHop-Szene ist eher wegen der Mode von Interesse. In New York trifft man ständig auf japanische HipHop-Kids, immer mit den neuesten Klamotten von Mecca und Phat Farm und dem entlegendsten Insiderwissen über die Entwicklungen in der Musik. Im Großen und Ganzen haben die Japaner wenig Sympathie für die weicheren Pop- oder Crossover-orientierten Formen des HipHop. Sie stehen eher auf Large Professor oder die Alkaholiks, die für sie den Kern des HipHop ausmachen. In Tokyo hat man diesem Phänomen den Namen »New Blackism« gegeben, und das ist nicht immer freundlich gemeint. Einige junge Japaner gehen sogar regelmäßig ins Bräunungsstudio in der Hoffnung, »dunkler« zu werden.

Erstaunlicherweise hat England keinen wirklich großen MC hervorgebracht (Slick Rick ist zwar in Großbritannien geboren, aber in den USA aufgewachsen). An Versuchen hat es nicht gemangelt. MC Derek B hatte in den 80ern in bescheidenem Umfang Erfolg, und weibliche MCs wie die Wee Papa Rappers und Monie Love machten von sich reden. Monie machte sogar Aufnahmen mit Queen Latifah und bekam einen Vertrag von Warner, aber nach ihrer nur mäßig erfolgreichen Hitsingle »Monie in the Middle« von ihrem ersten Album *Down to Earth* wechselte sie die

Branche und wurde Radiosprecherein. Einer der Gründe für das Fehlen eines großen MC ist die ausgeprägte Tanzclubkultur auf der Insel. Wer als Brite mit karibischen Wurzeln über Reimqualitäten verfügt, hat eher die Tendenz, sich der Calypso- oder Soca-Szene anzuschließen. Shabba Ranks oder Super Cat, die auch in den USA gehört werden, sind am stärksten auf ihrem eigenen Terrain und wirken umso schwächer, je weiter sie sich dem HipHop-Geschmack annähern.

Der wichtigste britische Musiker mit starken HipHop-Einflüssen ist vermutlich der aus Bristol stammende Tricky, ein dämonischer, brillanter und grüblerischer Engländer karibischer Herkunft. Mit seiner Mischung aus HipHop-Sampling, Schlagzeugcomputern, eigenwilligen Gitarreklängen, Keyboard und Stimme hat er einen betont depressiven UK-Stil mitdefiniert, der unter der Rubrik Trip-Hop läuft. Zusammen mit Portishead, Morcheeba und anderen hat Tricky einen Sound kreiert, der von seiner Struktur dem HipHop gleicht, sich aber nicht sklavisch an seine Vorgaben hält. Trotz Trickys Respekt für HipHop unterläuft er das Genre: Seine Coverversion von Public Enemys »Black Steel in the Hour of Chaos« rekonstruiert dieses militante Macho-Meisterwerk mit dem Einsatz der Stimme seiner Kollegin Martine als energiegeladene Klanglandschaft, in der die vertrauten Reime geheimnisvoll klingen und ihre extreme Männlichkeit verloren haben – was Chuck D sicherlich nie beabsichtigt hatte.

Das Erbe der sozial engagierten Periode des Rap, als Public Enemy das Genre nutzte, um politisch zu agieren, klingt überall auf der Welt nach. In Italien, wo politische Extreme mit großer Leidenschaft gepaart sind, haben sich viele Musiker dem HipHop zugewandt, um ihrem Ärger Luft zu machen. Articolo 31s *Legge Del Taglione*, was so viel bedeutet wie »Auge um Auge« ist ein repräsentatives Beispiel für diese Funktion des HipHop.

In Frankreich stieg die rechtsgerichtete Front National des Faschisten Jean-Marie Le Pen im Wahljahr 1990 mit xenophobischen ausländerfeindlichen Parolen zur parlamentarischen Macht auf. 1995 wurde ein Mitglied der FN,

Lean-Marie LeChevallier, Bürgermeister von Toulon. NTM, »Nique ta mère« (»Fick deine Mutter«), Hardcore-Rapper, die von P.E. und KRS-One beeinflusst sind, veranstalteten im Juli desselben Jahres ein Konzert, um gegen die Wahl von Le Chevallier zu protestieren. Die MCs der Band, Kool Shen (Bruno Lopez) und Joey Star (Didier Morville), schrieen: »Fuck the police!« »Fuck Le Pen!« und »Fuck all FN members!« NTM wurden sofort festgenommen. Bandmitglieder wurden zu einjährigen Haftstrafen verknackt, und über NTM wurde ein sechsmonatiges Auftrittsverbot verhängt.

Ein weiteres Forum für französische Wut war der in Schwarzweiß gedrehte Film *La Haine* (der Hass) von 1995, für den der Nachwuchsregisseur Mathieu Kassovitz als bester Regisseur in Cannes ausgezeichnet wurde. Der Vorgängerfilm von Kassovitz, *Café au Lait*, war inspiriert von Spike Lees *She's Gotta Have It* und erzählte die Geschichte eines Rad fahrenden, HipHop liebenden weißen französischen B-Boys.

In *La Haine* beschreibt Kassovitz sichtbar unter dem Eindruck von *Do the Right Thing* und *Boyz N the Hood* 24 Stunden im Leben von drei Jungs in den Pariser Vorstädten. Ein Schwarzer, ein Araber und ein Jude erleben Aufstände, Polizeigewalt und Armut – eine brutale amerikanische Sichtweise auf die inneren Probleme Frankreichs. In *La Haine* finden sich alle Aspekte des HipHop – MCing, DJing, Graffiti, Breakdancing – wieder und machen deutlich, welche nachhaltigen Einfluss HipHop auf die französische Jugendkultur hat. Wie seine amerikanischen Vorbilder, so hat auch *La Haine* ein trauriges, gewaltvolles Ende. Der Film wurde ein sensationeller Erfolg, spielte in seinem Erscheinungsjahr mehr Geld ein als irgendein anderer französischer Film und löste eine neue Welle des französischen Films aus.

Von Vancouver und Toronto bis nach Dakar, Holland und Havanna, an jeden Ort, den Musikvideos per Satellit erreichen und an dem Platten verkauft (oder raubkopiert) werden, hat HipHop seine Spuren hinterlassen. Glaubt man ausländischen Fans und Geschäftsleuten, wäre die kulturelle

Durchdringung mit HipHop noch erheblich stärker, wenn die amerikanischen Musiker kooperationsbereiter wären. Konzertpromoter und Musikverlage in Europa, der Karibik, Südamerika beklagen sich, dass HipHop Acts oft ihre Termine absagen oder unprofessionell auftreten, wenn sie doch erscheinen.

Es gibt eine gewisse Abneigung vieler HipHop-Musiker, außerhalb der USA aufzutreten, die vielleicht mit der Ghettozentrierung ihrer Musik zu tun hat. Es klingt kindisch (und das ist es auch), aber viele Rap-Stars verlassen nur ungern ihr Hotelzimmer oder den Tourbus, wenn sie im Ausland unterwegs sind. Sie meckern über das Essen und das Klima, anstatt sich darüber zu freuen, neue Erfahrungen zu machen. Im Unterschied zu den alten Soul- und Jazzmusikern, die überall neue Fans gewannen, haben die HipHop-Stars schon zu oft den Ball vertändelt. HipHop hat zwar eine internationale Fangemeinde, aber seine eigene Engstirnigkeit hat bis heute den internationalen Erfolge behindert.

Sechzehn – »da joint!« und »da nach«

»As for the future of rapping, I think it will become a prerequisite for all black club jocks (and many whites) to be fluent in some form of the language.«

Nelson George, im *Musician Magazine* 1980

Ich erinnere mich noch gut daran, als attraktive Frauen einfach nur »fly« waren und tolle Platten »da joint«. Dann wurde alles, von ungeschnürten Adidas bis zu seitlich aufgesetzten Baseballkappen »fresh«. Anschließend wurde alles eine Weile lang »stoopid« und manches sogar »stoopid fresh«, was so viel hieß, dass es entweder »def« oder »dope« war. Manchmal, wenn man den Wahrheitsgehalt dessen, was man sagte, stark unterstreichen wollte, gab es nur ein Wort: »word«. »Word«, das war aber auch mal der stärkste Ausdruck für »droppin' science«. War man »in effect«, war man auch absolute »large«. Frauen und Schallplatten »got me open«, aber heute wäre das beides »jiggy«.

HipHop ist ein besonders ausdrucksstarkes Idiom des afroamerikanischen Slang, das den Augenblick markiert, früher wie heute. Worte verschwinden zusammen mit den aus der Mode gekommenen Klamotten, Clubs und Stars. Von den Funky Four + I's »That's the Joint« zu Will Smith's »Gettin' Jiggy with It« wird die Geschichte des Rap und seine rasend schnelle Verwandlung vom Kultobjekt zum Produkt der Unterhaltungsindustrie deutlich. Dass so viele dieser Worte und Wendungen antiquiert und teils sogar lächerlich klingen, beweist, dass wir in einer neuen Ära des Rap angekommen sind, die zu gleich krachneu und nostalgisch ist.

Grandmaster Flash und Kool DJ Red Alert moderieren in New York eine Old School Radiosendung, während Kurtis Blow in Los Angeles, ebenfalls beim Radio, eine Geschichte des Rap auf drei CDs herausgegeben hat. Als Produzent von Chris Rocks Comedy Show auf HBO heuerte ich 1997 Flash als Musikchef an und freute mich über die Begeisterung, mit der die anderen Mitarbeiter die Neuigkeit aufnahmen. *Wild Style*, sowohl das Video als auch die CD, wurde von den Archivexperten bei Rhino neu verlegt – ein weiterer Beweis für das wachsende Interesse an der Vergangenheit des HipHop.

Nach über zwanzig Jahren Definition dessen, was »edge« ist, dienen Tänze, Kunst und Musik des HipHop als Kurzverweise, um eine bestimmte Stimmung aus der Vergangenheit zurückzurufen. Eine der komischsten Stellen in dem Film *Eine Hochzeit zum Verlieben* aus dem 1998, der im Jahr 1986 spielt, ist die Szene, in der eine ältere weiße Frau »Rapper's Delight« vorträgt. Adidas-Schuhe gehören heute zum Look der Models, wenn sie nicht gerade über den Laufsteg schweben, und Breakdance taucht wieder in Videos auf, wie beispielsweise bei Mariah Carey oder KRS-One, auch als Zeichen der Solidarität mit den Ursprüngen des HipHop. Natürlich basierte auch der Hit-Marathon von Puff Daddy in den 90ern auf zahlreichen Riffs aus älteren Phasen des HipHop, eine leicht abgesoftete Nostalgie, verpackt in neuer Musik.

Noch widersetzt sich HipHop erfolgreich einer Musealisierung, wie sie dem Soul und dem Jazz widerfahren ist. Er regeneriert sich immer wieder, gräbt mit jeder neuen Verzweigung auch seine Wurzeln tiefer in die Erde und stellt neue Verbindungen her. So hat sich auch die ideologische Auseinandersetzung zwischen Buppies und B-Boys völlig gelegt, dank eines gemeinsamen Ziels: Profit. Sylvia Rhone, Absolventin der Wharton Business School in Pennsylvania, seit vielen Jahren in der Musikindustrie und als Präsidentin von Elektra der höchstrangige afroamerikanische Vertreter der ganzen Branche, feierte 1997 einen ihrer größten Erfolge, als sie selbst den HipHop-R&B von Missy »Misdemeanor« Elliott unter Ver-

trag nahm und aggressiv promotete. Im Unterschied zu ihrer Vorgänger-
generation, die den HipHop-Zug an sich vorbeifahren ließ, hat Rhone
Missy Elliott volle Unterstützung von Elektra gewährt – in der Zuversicht,
dass ihre schrägen, mit etwas britischem Jungle versetzten Platten genauso zum Sound des jungen Amerika werden können wie alternde Rock-
bands oder Countrybarden.

Die Buppie-B-Boy-Connection macht sich auch in anderen Bereichen
bemerkbar. Es war zwar Quincy Jones, der *Vibe* konzipierte, aber Keith
Clinkscale, ein schwarzer Harvard Business School-Absolvent, hält das Unternehmen am Laufen. HipHop-Magazine zu publizieren war sicher nicht
das, was die schwarzen Mütter und Väter von ihren MBA-Absolventen
erwarteten, aber Clinkscale, der ein Buppie-Magazin namens Urban Profile
herausgab, bevor er zu *Vibe* wechselte, ist ein typisches Beispiel für die Synergie zwischen afroamerikanischer Ghettokultur und der aufstiegsorientierten schwarzen Mittelschicht. Wahrscheinlich gibt es in den ganzen USA
nicht ein einziges College, auf dem nicht zumindest einige der afroamerikanischen Studenten in irgendeiner Form an einer der zahlreichen
unternehmerisch-kulturellen Aktivitäten des HipHop beteiligt sind.

Die eigentlichen Innovationen kommen jedoch nach wie vor von der
Straße. Master P (Percy Miller), ehemaliger Straßengangster aus New
Orleans mit abgebrochenem Studium in Houston, wurde zu einem Coun-
try MC und Rap Mogul. Seit er 1990 sein Label NO Limit gründete, verkaufte er Hunderttausende von Platten. Das von ihm selbst finanzierte und
promotete Album *Ice Cream Man* verkaufte sich 300.000-mal – dabei
wurde es außerhalb des Südens der USA gar nicht wahrgenommen. Ähnlich starke, regionale Erfolge feierte er mit Mia X, TRU und Mr. Serv-On, die
er anschließend unter Vertrag nahm. Master P hatte sich schon auf traditionelle HipHop-Art einen Namen gemacht, aber dann tat er einen futu-
ristischen Schritt nach vorne. Er wollte einen Film machen, erntete aber nur
Skepsis bei den Vertretern der Filmindustrie. Zusammen mit dem von ihm
geförderten Regisseur und Autor Moon Jones schuf Master P *I'm Bout It*,

ein hartes Stück Film über Drogendealer in New Orleans, das mit ein paar Musikvideos und Hardcore-Szenen aufgepeppt wurde. Der Film kam nie in die Kinos, aber er war *die* Videoattraktion im Sommer 1997. Während sich Schwarze in Hollywood über mangelnde Vertriebskanäle beklagten, zeigte Master P, wie ein risikobereiter, aggressiver Geschäftsmann sein Publikum auch ohne traditionelle Vertriebskanäle erreichen konnte.

Die Crack Epidemie, die Amerika in Angst und Schrecken versetzte, ist abgeebbt. Aggressive Polizeimethoden und eine veränderte Verkaufsstrategie auf Seiten der Dealer (statt auf der Straße spielt sich heute alles hinter verschlossenen Türen ab) haben die Kriminalitätsrate überall in den USA sinken lassen. Als Reaktion darauf ist auch der Ton im HipHop etwas sanfter geworden. Rap-Platten mit R&B-Sängern, weibliche Stimmen mit HipHop-Beats und tanzbare Platten sind im Kommen. Die Zeiten sind immer noch schwer, aber in der gegenwärtigen Musik spürt man eine gewisse Sehnsucht nach einer menschlicheren und weniger nihilistischen, wenn auch nach wie vor raffgierigen Zukunft.

Auch der Tanz ist wieder ins Zentrum der HipHop-Kultur zurückgekehrt und bringt ob in Videos oder live auf der Bühne Energie und Sexappeal zurück. Die Leute schwitzen heute in ihren Designerklamotten (oder gekonnten Improvisationen), weil der bewusste Trashlook fürs Ausgehen nicht mehr angesagt ist. Wo einst die Trainingsklamotten von Nike den Ton angaben, herrschen heute T-Shirts von Dolce & Gabbana. Nach Afrokugeln und Glatzen ist nun dank Allen Iverson wieder der nach hinten gekämmte 70er Jahre Haarschnitt der letzte Schrei in der NBA. Während die jüngeren darüber nachdenken, ob sie diesem Trend folgen sollen, lächeln die Old Schooler leise vor sich hin: Wo Männer mit geflochtenen Haaren auftauchen, sind Afros nicht weit. Und siehe da, in Kalifornien trägt Kobe Bryant schon einen Afro, der so »fresh« (im alten HipHop-Sinn) ist wie sein Spiel.

Iversons Pendant in der Musik heißt D'Angelo, ein souliger Schnulzensänger, ebenfalls mit geflochtenen Haaren, der mit seiner Fistelstimme und seinem Keyboardsound nahtlos an die alten Soulzeiten anknüpft. Es gibt viele, die in ihm, der wie Iverson aus Virginia stammt, die Zukunft der schwarzen Musik vermuten. (Mit Iverson, D'Angelo, Timbaland, Missy Elliott und jetzt auch Teddy Riley scheint ausgerechnet Virginia zum neuen Hotspot zu werden.) Während D'Angelo seine Versprechen erst noch einlösen muss, steht die Erwartungshaltung, die seine Karriere umgibt, für eine unausgesprochene Frage: Was wird nach HipHop kommen? Seit den 60ern sind musikalische und künstlerische Trends mit rasender Geschwindigkeit aufgetaucht und wieder verschwunden.

Aber HipHop ist geblieben. Trotz der relativ liberalen Rhetorik der Regierung Clinton ist weder die Armut besiegt, noch sind die Schulen besser geworden. Auch die Drogenabhängigkeit hat nicht nachgelassen, sondern sich nur verändert – von Crack zu Marihuana und Heroin, und die ideologischen Gräben in den USA sind so tief wie eh und je.

Für die soziale Struktur einer Nation ist das keine gute Prognose, aber es ist eine tolle Voraussetzung für die Macher und Konsumenten einer Kultur, die »edgy« und aggressiv ist. Die Wahrheit ist, dass HipHop in seinen verschiedenen Erscheinungsformen die Leiden der Gesellschaft so pointiert reflektiert (und internalisiert) hat, dass er als Ausdrucksform einer Minderheit Anerkennung beim Mainstream fand. Die äußere Erscheinung unserer Nation – Kleidung, Sprache, Unterhaltungsindustrie, Sexualität und unsere Vorbilder – hat sich durch HipHop verändert. Das Ding namens HipHop entstand einfach in einer bestimmten Konstellation, und durch die Jahrhundertwende hat sich daran nichts geändert. Auf die Loyalität seiner treuesten Anhänger ist Verlass. Und auch der Mainstream – die Mehrheit der Amerikaner aller Hautfarben, für die Kultur nur ein Konsumprodukt und keine Berufung ist – scheint noch nicht genug HipHop konsumiert zu haben.

Die langfristige Entwicklung Amerikas und die Rolle des HipHop darin wird durch zwei Faktoren entschieden. Erstens: die Befindlichkeit der amerikanischen Seele. Wird es noch einmal zu einem Engagement für soziale Gerechtigkeit und einem gemeinsamen, nicht von politischen Lagern geteilten Bewusstsein für die schwarzen Gemeinden kommen, so wie in früheren Zeiten? Sollte das geschehen, würde das die Kultur mit Sicherheit verändern und vielleicht eine positiv gestimmte Musik hervorbringen, die an die glorreichen Tage des Motown anknüpfen würde. Aber nur keine Angst, das passiert sicher nicht!

Der zweite unwägbare Faktor ist der Geschmack der Jugendlichen zu Beginn des 21. Jahrhunderts. Sie werden überall in ihrem Leben mit Hip-Hop-Produkten konfrontiert, auf Videos, CDs, Websites. Was werden sie davon halten? Irgendwann werden sie eine Reaktion zeigen, die Jugendliche schon immer gegenüber den Leidenschaften ihrer Eltern gezeigt haben: Sie werden sie für langweilig erklären und etwas Neues erfinden. Ihnen werden Humor und Wut des HipHop so antiquiert erscheinen wie uns vielleicht die Big Bands. Die nächste Generation wird HipHop wahrscheinlich für eine neue Modewelle der Kultur eintauschen, und nach der Logik der Popkultur muss sie das sogar tun.

Aber ob es ihnen passt oder nicht, auch sie werden wissen, dass es einmal ein HipHop-Amerika gab.

Word

Foto: »Urban Blight« © Ernie Paniccioli

Quellen

Was Zeitungen und Zeitschriften angeht, hab ich die üblichen Verdächtigen durchgeschaut *(Vibe, The Source, Rap Pages, Rolling Stone, Musician, Billboard)* sowie viele angesehene Mainstream-Veröffentlichungen *(New York Times, Daily News, Los Angeles Times, Time, Newsweek)* und natürlich die Heilige Schrift, *The Village Voice*. Außerdem weniger verbreitete Magazine wie *Premiere, Amsterdam News, Black Enterprise, Essence* und britische Publikationen wie *Melody Maker* und *New Music Express*.

Bücher

Ich habe auf meine eigenen Bücher zurückgegriffen und auf viele andere.
Adler, B: *Tougher Than Leather: The Authorized Biography of Run-D.M.C.* New York: Signet, 1987.
Adler, William M: *Land of Opportunity: One Family's Quest for the American Dream in the Age of Crack.* New York: Atlantic Monthly Press, 1995.
Beadle, Jeremy J.: *Will Pop Eat Itself?* London: Faber and Faber, 1993.
Benjamin, Daniel K. und Miller, Roger Leroy: *Undoing Drugs.* New York: Basic Books, 1991.
Block, Fred, (Hg.): *The Mean Season: The Attack on the Welfare State.* New York: Pantheon, 1987.
Campbell, L. und Miller, J. R.: *As Nasty As They Wanna Be: The Uncensored Story of Luther Campbell of the 2 Live Crew.* New York: Barricade Books, 1992.
Christgau, Robert: *Christgau's Record Guide: The '80s.* New York: Pantheon, 1990.

Cross, Brian: *It's Not About a Salary: Rap, Race + Resistance in Los Angeles.* New York: Verso, 1993.

Gillespie, Dizzy: *To Be or Not ... To Bop.* Hannibal, 1984.

Goff, Stanley u.a.: *Brothers: Black Soldiers in the Nam.* Novato, CA: Presidio Press, 1982.

Goodman, Fred: *The Mansion on the Hill.* New York: Times Books, 1997.

Hager, Steven: *Hip Hop: The Illustrated History of Break Dancing, Rap Music and Graffiti.* New York: St. Martin's, 1984.

Ianni, Francis: *Black Mafia: Ethnic Succession in Organized Crime.* New York: Simon&Schuster, 1974.

Katz, Jack: *Seductions of Crime.* New York: Basic Books, 1988.

Lapham, Lewis H.: *Money and Class in America.* New York: Ballantine, 1989.

Lusane, Clarence: *Pipe Dream Blues: Racism and the War on Drugs.* Boston: South End Press, 1991.

Murray, Albert: *Stomping the Blues.* New York: McGraw-Hill, 1976.

Peck, Abe, (Hg.): *Dancing Madness.* New York: Rolling Stone, 1976.

Perkins, William Eric(Hg.): *Droppin' Science: Critical Essays on Rap Music and Hip Hop Culture.* Philadelphia: Temple University Press, 1996.

Rose, Tricia: *Black Noise: Rap Music and Black Culture in Contemporary America.* Hanover, NH: University Press of New England, 1994.

Sister Souljah: *No Disrespect.* New York: Times Books, 1994, Vintage, 1996.

Tate, Greg: *Flyboy in the Buttermilk: Essays on Contemporary America.* New York: Fireside, 1992.

Toop, David: *Rap Attack: African Jive bis Global Hip Hop.* Hannibal, 1992

Williams, Terry: *Crackhouse: Notes from the End of the Line.* Reading, M.A: Addison-Wesley, 1992.

Erinnerungen

Meine primären Quellen zu *XXX – Drei Jahrzehnte HipHop* waren die Einblicke und Interviews, die ich über Jahre hinweg gesammelt habe, ein wahres Freudenfeuer an Manuskripten in meinem Arbeitszimmer. Ich schaute mir die alten Interviews an, die ich für meine Kolumne »The Rhythm & the Blues« bei *Billboard* geführt hatte. Ich hab mir auch viele Musikvideos der 70er angesehen, um mich an die Klamotten und den Stil der Zeit zurückzuerinnern.

Wenn ich mir Ereignisse oder Personen ins Gedächtnis zurückrufe, schwelge ich in nostalgischen Bildern und erkenne, wie die Vergangenheit meine Zukunft beeinflusst hat. Es war nicht leicht, dieses Buch zu schreiben; wegen meines persönlichen Engagements für Veranstaltungen und Leute war es oft schwer, die nötige Distanz aufzubringen, um ihre Beiträge (oder ihr Unwissen) zu verstehen. Es mag komisch klingen, aber es ist war: Um *XXX – Drei Jahrzehnte HipHop* schreiben zu können, ließ ich meine Tätigkeit als Musikkritiker ruhen.

Es ging viel Zeit dafür drauf. Als ich mit diesem Buch anfing, war der Gangsta-Rap zum Glück gerade am Verebben, und ich war froh darüber, dass HipHop nach 20 Jahren nicht in einer blutigen Selbstvernichtung endete. Momentan ist zwar auch nicht alles Gold, was glänzt, aber jedes neue Zeitalter entdeckt neue Möglichkeiten und ich fühle, dass wir (im Sinn des alten HipHop) kurz vor einem frischen Energieschub stehen.

Dank

Ich möchte den unzähligen Musikredakteuren danken, für die ich gearbeitet habe: Radcliff Joe, Roman Kozack und Adam White bei *Billboard;* Peter Keepnews bei *Record World;* Barbara Nellis bei *Playboy;* Doug Simmons, Joe Levy, Bob »the Dean« Christgau bei *Village Voice.*
Dank auch an meine Lieblingskollegen Lisa Jones, Barry Michael Cooper, Greg Tate, Carol Cooper und die anderen, mit denen ich in der Redaktion Ecke 13th und Broadway rumhing.
Und an die New Jacks Kevin Powell, Toure und Joan Morgan – weiter so.
Besonders erwähnen möchte ich Russell Simmons, Chris Rock, Sean Daniel, Bill Stephney, Lee Davis, Ann Carli, Mtume und Reggie Hudlin für die langjährige Freundschaft, ihr Wissen ihre Ratschläge.
Jeder, den ich jemals in einer Kritik gedisst habe, sollte wissen, dass ich immer versucht habe, fair zu sein.
Stephen Barnes, Brian Siberell, Scott Gilden und Sarah Lazin, bin ich zu Dank verpflichtet, dass ihr meine Geschäfte am Laufen haltet.
Love to my girls – Arizona, Ebonee, Amber, Jade und Andrea!
Das ist mein fünftes Buch in Zusammenarbeit mit Wendy Wolf und es wird immer besser.
Die besten Wünsche gehen an Robert »Rocky« Ford, der mich als erster in dieses kalte Wasser geworfen hat.
Und an all die anderen, die mich während des Schreibens ertragen mussten. Tut mir leid, dass ich euch am Telefon abgewürgt hab, aber, hey, damit ist jetzt Schluss!

Index

WWW's, die wir ganz hilfreich fanden

b-boys.com und **bgyrl.com** alles von Breakdance-Moves über HipHop-Medien zum Sprayer-Vokabular

at149st.com »the Bench«, umfangreiche Graffiti-Seite, benannt nach der U-Bahn-Station in New York, an der sich seit den 70ern U-Bahn-Sprayer treffen, um die Tags aus allen Stadtteilen zu bewerten

graffiti.org eine andere riesige Graffiti-Seite mit umfangreicher HipHop-Linkliste

Mehr Links und Web-Radios
orange-press.com
orange-radio.com

It's like that and that's the way it is.